Nuova Narrativa Newton
1339

Dello stesso autore:

Il gioco di Andromeda

Prima edizione: maggio 2023

ISBN 978-88-227-7495-8

www.newtoncompton.com

Realizzazione a cura di Caratteri Speciali, Roma
Stampato nel maggio 2023 da Puntoweb s.r.l., Ariccia (Roma)

Iacopo Cellini

L'enigma dello zodiaco

Newton Compton editori

Introduzione

Il libro che ti appresti a leggere contiene la prima indagine di Sibilla Agostini, la celebre detective enigmista!
In questo caso dovrà affrontare il temibile Killer degli Astrologi, un assassino seriale che uccide veggenti, chiromanti e altre sfortunate vittime appartenenti a una delle categorie che trattano di moderni vaticini.
Riuscirai ad aiutare l'eccentrica investigatrice, a risolvere l'enigma e ad acciuffare il colpevole?

Come si risolve?

Per incastrare il Killer degli Astrologi e sventare il suo ultimo delitto dovrai risolvere dodici enigmi che si susseguiranno nel corso della narrazione, uno per ogni segno zodiacale.
Ognuno dei quesiti è diviso in due parti: il rompicapo di Venere (♀) e quello di Marte (♂). **La soluzione delle prove di Venere è sempre una cifra, mentre tutti i quesiti di Marte hanno come risposta una lettera.** Questa divisione ti sarà più chiara durante la lettura del libro.
Inoltre, anche **il luogo dove vengono commessi gli omicidi dell'efferato assassino è importante.**
Fai attenzione alle parti evidenziate in **grassetto**, contengono indizi per risolvere l'enigma.
Alla fine del libro, prima dell'ultimo capitolo, dovrai rispondere a queste domande:

Quali sono il nome e il cognome del Killer degli Astrologi?

In quale capoluogo di provincia si svolgerà l'ultimo omicidio?

In che giorno e mese del 2024 si svolgerà l'ultimo omicidio?

Nell'ultimo capitolo scoprirai se hai dato le soluzioni corrette e se al posto di Sibilla avresti incastrato il Killer degli Astrologi!

Buona fortuna!

SCHEDA DI SIBILLA

Questa tabella è stata creata da Sibilla Agostini in persona. Ti aiuterà a tenere traccia delle soluzioni e degli indizi che troverai durante la lettura.

SEGNO	LUOGO	LETTERA ♂	NUMERO ♀
ARIETE ♈			
TORO ♉			
GEMELLI ♊			
CANCRO ♋			
LEONE ♌			
VERGINE ♍			
BILANCIA ♎			
SCORPIONE ♏			
SAGITTARIO ♐			
CAPRICORNO ♑			
ACQUARIO ♒			
PESCI ♓			

29/07/2023

«Muoviti, Novellino. Non abbiamo tutto il giorno».

Il richiamo dell'ispettore Fusco, sceso dalla volante subito prima di me e diretto a grandi passi verso la nostra destinazione, mi destò dallo stato di catalessi in cui stavo piombando e mi riportò alla realtà. Appena scesi dalla vettura, infatti, lo sbalzo termico tra l'abitacolo, piacevolmente rinfrescato dai getti dell'aria condizionata, e il caldo torrido che risaliva dall'asfalto bollente dei marciapiedi cittadini mi prese direttamente alla gola, impedendomi di respirare.

Mentre annaspavo in posizione china, nel vano tentativo di respirare un po' dell'aria infuocata tutt'intorno a me, pensai che sarei svenuto lì, su quella colata di cemento ardente che viene comunemente chiamata "strada". Ma la deferenza verso il mio superiore ebbe la meglio su quel principio di malore e mi costrinse a riprendermi per seguirlo all'interno dell'edificio. Raccolsi dunque tutte le forze che avevo in corpo e, dopo aver tirato un profondo sospiro, tornai in posizione eretta e gli andai dietro. Dopo qualche passo stentato raggiunsi la severa figura dall'altra parte del marciapiede, in attesa sotto l'insegna pensile che, in grandi caratteri blu disposti in verticale, recava la scritta POLIZIA STRADALE.

In teoria, il fatto che l'ispettore superiore dell'UACV –

l'Unità di analisi del crimine violento nella quale prestavo servizio da poche settimane – si recasse in quella sede, avrebbe dovuto rappresentare un evento di eccezionale rarità, specialmente se si considera la sostanziale differenza di mansioni svolte dai due reparti. Tuttavia, non appena varcammo la porta a vetri della grande stazione, ebbi la netta impressione che non si trattasse affatto di un avvenimento inusuale. Il poliziotto dietro la guardiola all'ingresso non sembrava essere minimamente stupito del nostro arrivo, né ci fece alcuna domanda riguardo ai motivi che ci avessero portato in quel distretto. Si limitò a lanciarci un'occhiata furtiva da sotto la tesa del cappello di ordinanza, per poi tornare immediatamente alle prese con i registri che stava esaminando. Trattamento simile ci venne riservato dagli agenti che affollavano l'interno dell'ufficio principale, nessuno dei quali dimostrava alcun tipo di interesse per la nostra presenza. L'unica eccezione furono due poliziotti paffutelli dall'aria oziosa, che appena ci videro smisero di armeggiare con i loro scartafacci e si scambiarono un sorrisino complice, come a dire *Ehi, guarda un po' chi è tornato!*

Ci lasciammo alle spalle lo spazioso e assolato stanzone per immetterci, con mia somma gioia, in un corridoietto di modeste dimensioni, scarsamente illuminato ma fresco. Le buie pareti erano completamente prive di finestre e l'unica fonte di luce era costituita dal baluginio biancastro emesso da una piccola lampadina al neon, tristemente incastonata nella parte superiore del muro alla fine dell'angusto passaggio. L'atmosfera claustrofobica di quell'anfratto stonava talmente tanto con l'ampio e soleggiato salone che avevamo appena percorso che mi venne da chiedermi se ci trovassimo nello stesso edificio di prima.

Inoltre, per essere una zona di transito, non sembrava che quell'andito venisse percorso con frequenza, anzi. I pochi mobili che lo arredavano erano impolverati ed erosi dal tempo e ovunque aleggiava un odore di chiuso talmente persistente da far credere che nessuno vi entrasse da mesi, se non addirittura anni. La surreale inutilità di quell'ambulacro faceva pensare che la sua architettura fosse stata progettata da qualcuno che non soltanto non lavorasse per un ente ordinario come la polizia stradale, ma non fosse neanche a conoscenza delle attività che venivano svolte in quella sede.

Io e l'ispettore proseguimmo per qualche decina di secondi fino a che non arrivammo di fronte a una porta chiusa, esattamente sotto la lampadina al neon che avevo scorto appena entrato nel corridoio. Il sordo crepitio prodotto dalla debole fonte di luce sembrava essere l'unico suono presente all'interno dello spettrale corridoio. Aguzzando le orecchie, tuttavia, riuscii a distinguere un altro rumore quasi impercettibile, stavolta proveniente da dietro il piccolo uscio, che dopo qualche secondo di attenta analisi capii appartenere a quello che con ogni probabilità era un piccolo ventilatore. Concentrandomi solamente su quel ronzio potevo persino distinguere le variazioni di intensità causate dalle rotazioni della cassa, il cui reiterarsi generava una tediosa litania di sottofondo che contribuiva a rendere la scena ancora più grottesca (come se ce ne fosse stato bisogno).

Volsi il mio sguardo verso l'ispettore Fusco, per capire cosa avessimo dovuto fare a quel punto. Lui però non sembrava curarsi affatto di me: i suoi occhi erano puntati su un foglio di carta da stampante malamente attaccato con un pezzo di scotch proprio in mezzo alla porta, che lì per lì non avevo notato. La sua espressione lasciava trasparire al tempo stesso impegno e rassegnazione, come quella di uno studente di fronte a un esame troppo difficile per il quale sapeva in anticipo di non essersi preparato a dovere.

Sopra il foglio c'era scritto qualcosa. Stavo per mettermi a leggere quando il mio capo sembrò ricordarsi tutto d'un tratto della mia presenza e mi rivolse finalmente la parola.

«Okay Novellino, è il tuo momento. Riesci a capire cosa significa la scritta su quel foglio?»

«Come, ispettore?»

«Quello che c'è scritto su quel maledetto pezzo di carta, sai cosa significa?» sbottò lui, improvvisamente alterato. «Leggi cosa c'è scritto e prova a risolverlo, ti ho già detto che non abbiamo molto tempo».

Quella richiesta così bislacca mi colse completamente di sorpresa e per qualche secondo non riuscii a proferire parola, con evidente disappunto del mio superiore che non sembrava in vena di aspettare. Cosa diamine stava succedendo? In che modo la scritta affissa sopra una porta nascosta nel distretto di polizia stradale poteva aiutarci con i nostri casi? Poi il mio senso del dovere ebbe la meglio sulla mia perplessità, smisi di farmi quelle – legittime – domande ed eseguii l'ordine dell'ispettore.

La luce era talmente fioca che dovetti avvicinarmi ulteriormente per leggere il testo all'interno del foglio:

Sotto un occhio puoi trovarmi
Se sei andato a letto tardi
Ma se la tavola è grande
La mia linea sale e scende
Sono fatta per capire
In corsia mi puoi trovare
Donne, voi mi amate così tanto
Mi portate anche per vanto!

Un indovinello? Perché mai avrei dovuto risolvere un enigma?

L'ispettore capo non aspettò neanche che potessi elaborare il contenuto di ciò che avevo appena letto che subito mi incalzò.

«Allora Novellino, qualche idea? L'altro giorno, quando durante la pausa pranzo ci siamo messi a risolvere tutti insieme quello schema di parole crociate, sembravi abbastanza capace ed è per questo che ho deciso di portarti qui con me oggi».

Ormai ero definitivamente sicuro che si trattasse di uno scherzo, il classico tiro che si gioca agli ultimi arrivati all'interno di un nuovo gruppo di colleghi per rimarcare la propria anzianità. Mi aspettavo che da un momento all'altro gli agenti sbucassero dall'oscurità del corridoio e iniziassero a prendersi gioco di me, rivelandomi i dettagli di quella burla di dubbio gusto. Ciò però non accadde e non mi rimase altra scelta che mettermi a ragionare sullo strambo arzigogolo.

Pensai intensamente per qualche minuto ma non riuscii a trovare alcuna traccia che potesse suggerirmi il vero significato di quelle frasi sibilline. I versi che formavano il componimento erano del tutto sconnessi fra di loro e non distinguevo nessun filo rosso che potesse condurmi alla soluzione. Decisi quindi di gettare la spugna. Mi rivolsi verso l'ispettore Fusco e, sommessamente, gli dissi che non avevo la minima idea di quale potesse essere la risposta. Il volto del mio accompagnatore venne attraversato da una cupa ombra di sconforto. Chinò il capo e dopo qualche secondo di silenzio sbatté forte il pugno sulla porta, esclamando: «Dannazione!».

«Mi scusi capo, ma non possiamo semplicemente bussare e chiedere spiegazioni? Magari le persone che si trovano dentro la stanza potranno dirci la risposta».

«Dietro questa porta c'è una sola persona e non ha alcuna intenzione di aprirci, tanto meno di rivelarci la soluzione del suo STUPIDO ENIGMA». Disse queste due ultime parole con un tono di voce particolarmente alto, per essere sicuro di essere udito. «Possiamo bussare quanto vogliamo, non ci farà mai entrare se non troviamo la risposta. Purtroppo la conosco MOLTO bene».

L'ispettore sembrò dimenticarsi delle sue parole il secondo dopo averle pronunciate, visto che appena ebbe finito la frase iniziò a sbattere furiosamente i pugni contro la massiccia superficie di legno.

«Agostini!», urlò, «Apri immediatamente questa porta, è un ordine!».

Il crepitio della lampada al neon e il sibilo del ventilatore furono tutto ciò che ottenne come risposta. Un senso di sconforto peggiore di quello manifestato pochi attimi prima si impadronì del mio superiore, che si abbandonò quasi inerte su uno dei due muri laterali. Sembrava che fosse stato drenato di qualsiasi tipo di energia.

Ancora incredulo dallo spettacolo cui avevo appena assistito, mi misi nuovamente a ragionare sull'enigma. Avrei voluto ricevere maggiori spiegazioni su quella bislacca vicenda, ma dallo sguardo catatonico dell'ispettore capii che non avrei ottenuto alcuna risposta. Tanto valeva provare a risolvere il quesito, anche solo per tenere la testa impegnata.

«Allora... se sono andato a letto tardi vuol dire che ho passato una nottata in bianco, quindi sono stanco: cosa mi viene sotto gli occhi se non ho riposato abbastanza? La tavola grande... Potrebbe essere la *Big Board* di New York, mi pare si chiami anche così, quella dove vengono quotati i titoli azionari. La linea che sale e scende sarebbe l'indicatore dei valori che segna i rialzi e gli abbassamenti. "Capire" significa anche "contenere" e la corsia potrebbe essere quella, ad esempio, del supermercato. E le donne la usano anche solo per un aspetto estetico... Aspetta, ci sono! La soluzione è BORSA!».

Il percorso dei miei pensieri era stato talmente serrato che non mi ero reso conto di aver esclamato la soluzione ad alta voce. L'ispettore capo alzò gli occhi dal pavimento e il suo volto riprese finalmente colore: sembrava tornato dal mondo dei morti. Nello stesso istante udii il rumore di una chiave che girava, la serratura scattò e la porta di legno davanti a noi, finalmente, si aprì.

TORO

Diario segreto

Della mattina in cui ti vidi per la prima volta ricordo perfettamente il freddo pungente. Mi erano appena stati consegnati gli indumenti che avrei indossato durante la mia permanenza alla Stella, un coacervo informe di magliette, maglioni, pantaloni, scarpe, guanti e altri capi di vestiario dall'abbinamento talmente sgraziato da far credere che fosse stato assemblato in maniera del tutto casuale (pensandoci meglio, doveva essere andata proprio in quel modo). Quegli abiti erano tanto differenti per forma, stile e colore, da farmi sembrare un piccolo Arlecchino che, scordatosi di fare la lavatrice, fosse stato costretto a mettersi gli ultimi panni puliti rimasti.

La tutrice mi stava conducendo alla mia stanza e il percorso più breve per raggiungerla era attraverso il cortile. Saremmo potuti passare anche dai corridoi interni, ma la forma a ferro di cavallo tipica di quel genere di strutture ci avrebbe fatto impiegare più tempo. La donna corpulenta preferì quindi affrontare le rigide temperature esterne piuttosto che fare il giro lungo ma al caldo, decisione con cui non ero assolutamente d'accordo ma che non ebbi il coraggio di contestare. Con il senno di poi devo ringraziare la mia infantile codardia, altrimenti non avrei mai vissuto il momento che sto per raccontare.

Nell'ampio spiazzo racchiuso tra le ali dell'imponente edi-

ficio, gli altri bambini giocavano con la neve nei modi più svariati. Chi si prendeva a pallate, chi costruiva buffi omini bianchi rinunciando alla protezione di sciarpe e cappelli pur di adornarli a dovere, chi francobollava la sua sagoma sulla candida distesa e ne generava angeli muovendo ritmicamente le braccia. Ovunque intorno a me palpitava un'aria di fibrillante eccitazione, la cui eccezionalità me ne suggerì anche la probabile rarità. Non dovevano essere tante le giornate allegre in quel luogo. Non potei fare a meno di pensare che presto anche io avrei fatto parte di tutto ciò.

L'unica nota stonata di quel fervente dinamismo era costituita da una piccola figura su una collinetta proprio davanti a noi, distesa sul manto di neve con le mani conserte dietro la nuca. Perfettamente immobile e noncurante della massa di bambini che le zigzagavano a pochi metri, guardava il cielo con aria assorta, come se la terra sotto e intorno a lei non esistesse. Quella bambina eri tu, ma io ancora non lo sapevo.

Fortuna volle che io e la mia accompagnatrice passassimo proprio davanti a quell'altura, che tu avevi eletto a tuo personale osservatorio. Fremente di curiosità, mi allontanai dalla mia accompagnatrice e mi diressi verso di te. Appena raggiunsi la cima della minuta montagnola, rivolsi lo sguardo nella tua stessa direzione, nel tentativo di capire cosa stessi fissando con così tanta attenzione. Ma il cielo, com'è tipico delle giornate di neve, era perfettamente terso e nessun elemento degno di nota si scorgeva all'orizzonte.

«Cosa stai guardando?», ti chiesi, con tono di voce incerto per la paura di disturbarti.

Tu non ti voltasti, né facesti cenno di aver udito le mie parole. Continuavi a guardare fisso davanti a te, come se un segnale potesse piombare dal cielo da un momento all'altro e ogni attimo di distrazione avesse potuto fartelo perdere.

Aspettai qualche secondo fino a quando la precettrice si inerpicò sulla collinetta per riportarmi al mio percorso origi-

nario. Mentre per un braccio mi trascinava via da te, sentii le tue parole rotolare giù per quella piccola scarpata e arrivarmi alle spalle.

«Aspetto che faccia notte per vedere le stelle».

Fu in quel preciso istante che capii che saremmo sempre stati una cosa sola.

29/07/2023

L'ispettore Fusco, travolto da un'incontenibile ondata di energia, mi spinse di lato ed entrò velocemente nella porta appena aperta, come se avesse timore che potesse chiudersi nuovamente da un momento all'altro e avessimo dovuto essere sottoposti a un altro arzigogolato enigma. La sua euforia era tale che per poco non sbattei contro la parete alle mie spalle. *Bel ringraziamento*, pensai, *se non fosse stato per me saremmo ancora qui a spremerci le meningi!*

Misi da parte quei pensieri poco rispettosi nei confronti del mio superiore e mi accinsi a seguirlo nella misteriosa stanza. La mia concentrazione mi aveva impedito di dare anche solo un'occhiata al suo interno e la fretta dell'ispettore capo aveva fatto il resto. Non avevo dubbi: l'assurda prova cui eravamo stati sottoposti doveva essere il preludio a qualcosa di incredibile. Dietro quella porta – immaginai – erano nascosti macchinari di ogni tipo, ritrovati tecnologici all'avanguardia che venivano adoperati per risolvere i casi più complessi mediante l'utilizzo di una qualche sofisticatissima intelligenza artificiale. La persona che dirigeva la stanza dei bottoni (quell'Agostini che il mio capo aveva chiamato a gran voce nel tentativo di farsi aprire) doveva essere un agente speciale talmente qualificato da essere l'unico in tutte le forze dell'ordine a possedere le capacità necessarie a far funzionare i complicatissimi software.

Probabilmente le alte sfere della polizia di Stato avevano deciso di collocare lì quel nucleo speciale per non destare alcun tipo di sospetto, depistando spie e infiltrati alla ricerca di quella preziosa fonte di informazioni più che riservate. D'altronde, chi mai avrebbe cercato una cellula di tale importanza all'interno della sede della Stradale romana?

Smisi di fare congetture e mi preparai a varcare l'ingresso, pronto a trovarmi di fronte una pletora di processori, monitor e scintillanti spie elettroniche. Entrai, e quello che vidi mi lasciò assolutamente senza parole. Le mie ipotesi non potevano essere più errate.

Il piccolo ufficio (se così si poteva chiamare) non era più grande di dieci metri quadrati ed era scarsamente illuminato, al pari del corridoio che ci eravamo appena lasciati alle spalle. Sopra la porta era incassata una luce al neon identica a quella che rischiarava lo stretto passaggio, tanto che mi venne spontaneo chiedermi se si trattasse della stessa lampadina, le cui estremità facessero capolino ai due lati del muro divisorio. Le finestre erano coperte da sdrucite tapparelle color topo e sbarrate da massicce persiane, in modo da bloccare completamente qualsiasi infiltrazione di luce solare. L'unica altra fonte di illuminazione era una piccola lampada a piantana situata nell'angolo in fondo a destra, i cui raggi giallognoli cozzavano in modo talmente innaturale con i bagliori asettici del faretto al neon da dare la paradossale impressione di trovarsi contemporaneamente all'interno di una camera di ospedale e nella sala lettura di una biblioteca.

Nella stanza vigeva il caos più completo. Ovunque sulla moquette (anch'essa di una tristissima tonalità grigiastra, stavolta tendente al cenere) erano sparsi faldoni ad anelli e fascicoli per lo più aperti, che vomitavano sul pavimento fogliacci mezzi spiegazzati i quali contribuivano a far sembrare il loculo ancora più piccolo di quello che era.

Abbandonati al loro destino c'erano anche innumerevoli confezioni di snack e dolciumi di vario tipo, i cui involucri variopinti costituivano l'unico elemento di colore del cupo cubicolo.

Eccezion fatta per un grande cassettone da cui fuoriuscivano scompostamente ogni genere di scartafacci, l'unico altro elemento di arredo era una scrivania di legno chiaro, anch'essa in preda a un assoluto disordine. La sua superficie era sommersa da verbali, resoconti, rapporti e (con mia somma sorpresa) schemi di parole crociate, che sembravano compilati con estrema minuzia. Un computer vecchio di almeno vent'anni era attorniato da quell'inferno di carta, alla stregua di un edificio sopravvissuto a un bombardamento a tappeto e ormai circondato dalle macerie.

Ora, quegli elementi erano sicuramente inusuali ma ciò che mi lasciò letteralmente senza parole fu la figura che abitava quel bugigattolo. Dietro alla scrivania, intenta a compilare uno dei tanti cruciverba che avevo scorto al mio ingresso, era seduta una ragazza che avrà avuto sui 25-26 anni. Indossava un'asettica camicetta bianca a maniche corte e teneva i capelli biondo cenere raccolti in una lunga coda di cavallo. Il capo era chino sulla scrivania e non riuscivo a vederla in volto ma le braccia scoperte rivelavano una pelle bianchissima, quasi del colore dell'alabastro, testimonianza di un'assoluta refrattarietà ai raggi solari. Il suo incarnato era talmente pallido che sembrava riflettere i bagliori elettrici delle sorgenti luminose intorno a lei, in un rapporto simile a quello che lega i raggi del sole e la superficie lunare. Impegnatissima nella sua occupazione enigmistica, sembrava non curarsi minimamente di noi e mi venne da chiedermi se si ricordasse di averci aperto la porta qualche secondo prima.

L'ispettore capo si avvicinò alla scrivania e iniziò a parlare con quel curioso personaggio.

«Bene, Agostini», iniziò con tono autoritario, «sono venuto da te perché...».

«18 orizzontale, ingrediente principale della salsa guacamole. Sette lettere», lo interruppe la ragazza, senza degnarlo di uno sguardo.

«Cosa?»

«Sei sordo? 7 lettere, qual è l'ingrediente che non può mai mancare nel guacamole? Dai, su, che lo sai».

«L'a-l'avocado?», rispose esitante l'ispettore capo. L'atteggiamento di comando nella sua voce era completamente scomparso, lasciando il posto a un incerto balbettio.

«Oh bravo, lo vedi che se ti impegni le cose le sai?»

«Ma tu non lo sapevi?»

«Certo che lo sapevo, che domande fai. Questa definizione si trova spesso nelle parole crociate perché "avocado" è una parola con tante vocali. Poi, in realtà, il guacamole non l'ho mai assaggiato ma conto di farlo alla prossima festa in piscina a cui andrò».

L'ispettore Fusco fece una smorfia. «Ma tu non vai alle feste, Agostini», disse.

La ragazza finalmente levò lo sguardo dalla rivista e riuscii a vederle il viso. Il suo pallore cereo era ancora più accentuato sul volto e faceva *pendant* con il colore dei suoi occhi azzurrissimi, quasi di ghiaccio, che le conferivano un'espressione acuta e a tratti innaturale. Fissò per uno o due secondi l'ispettore capo e con il tono di chi vuole mettere un punto definitivo alla discussione, rispose:

«Appunto».

Un surreale silenzio aleggiò nella stanza per un lasso di tempo indefinibile. Il ventilatore cambiò direzione e con il suo getto fece volare alcuni fogli, appoggiati sul bordo esterno della scrivania. Sembrava la scena di un film western, in cui i pistoleri che aspettano il momento giusto per spararsi erano interpretati dalle figure contrapposte del mio capo e della ragazza, le cartacce svolazzanti erano le balle di salsola rotolanti nel deserto e io lo sfortunato giudice di quell'infausto duello.

Il mio capo si decise a fare la prima mossa. «Okay Agostini, molto divertente, ma non sono venuto qui per giocare con te alle parole crociate. Ho bisogno di una consulenza e sei tenuta ad ascoltarmi, *in primis* perché anche se non appartieni al mio reparto sono un ufficiale di grado più alto rispetto al tuo e *in secundis* perché ho trovato la soluzione del tuo stramaledetto enigma!».

«Veramente non l'hai risolto tu», puntualizzò lei, mettendo la mano sopra uno dei verbali per impedirgli di prendere il volo. «Andando per esclusione, deve essere stato quel bambolotto impalato che non ha ancora proferito parola da quando è entrato. Non che sia un male eh, preferisco le persone silenziose a quelle che fanno mille discorsi a vanvera», e nel dirlo lanciò un'occhiata giudiziosa al mio superiore, che sconsolato alzò lo sguardo al soffitto. Poi proseguì, rivolta verso di me. «Ehi tu, ce l'hai un nome e soprattutto una lingua per parlare?».

Appena finì di formulare quella domanda in apparenza banale mi sentii pietrificato. I suoi occhi cerulei mi fissavano con fare inquisitorio e mi fecero perdere ogni tipo di sicurezza. Mi sentivo messo alla prova ancora di più rispetto a quando avevo dovuto cimentarmi con il quesito sulla porta.

«Io, ecco, sono...».

«Vabbè lascia perdere, mi rendo conto di averti fatto una domanda difficile», mi schernì, approfittando della mia titubanza, «alla fine chi se ne frega di come ti chiami. Quando eravate nel corridoio ho sentito che il qui presente ispettore si rivolge a te con l'epiteto di "Novellino". Mi sembra che ti calzi a pennello, ti chiamerò anche io così. Io invece sono Sibilla Agostini, il piacere è tutto tuo». Si rivolse nuovamente all'ispettore Fusco. «Anche se ha risolto il mio indovinello – che, c'è da dire, era molto facile – non mi sembra che il tuo amico abbia l'aria molto sveglia. Ma dove li fate i colloqui, allo zoo?».

La sfacciata impertinenza del suo discorso mi tolse di bocca anche quelle poche parole che ero riuscito a tartagliare. Rimasi immobile al mio posto, incapace non solo di parlare ma anche di effettuare il minimo movimento.

«Non importa chi ha risolto l'enigma. Conosco le regole e ovviamente le conosci anche tu visto che le hai create e pretese. Se uno dei membri del gruppo di agenti che viene a farti visita trova la soluzione del quesito affisso alla porta, guadagna il diritto di interloquire con te».

Nello scandire dettagliatamente quella norma, che aveva palesemente imparato a memoria parola per parola, il mio superiore sembrò ritrovare un po' di sicurezza. Tuttavia la sua fermezza ebbe vita breve.

«Sibilla, si tratta di una questione della massima urgenza. Devi aiutarci».

Dalla richiesta dell'ispettore capo traspariva adesso un tono supplichevole, come se avesse messo definitivamente da parte l'orgoglio in nome di una motivazione di estrema importanza. Anche il fatto che si fosse rivolto a lei chiamandola per nome indicava un completo rapporto di subordinazione, inverso a quello stabilito dai loro ruoli all'interno delle forze di polizia. Sembrava un bambino che si rivolgesse alla maestra per aiutarlo coi compiti.

Sibilla non si mostrò minimamente intenerita dalla disperata richiesta di aiuto. Fissò per qualche secondo lo sguardo da cane bastonato dell'ispettore capo e, passandosi una mano dietro l'orecchio con atteggiamento supponente, gli rispose:

«Quando hai ragione hai ragione. Se c'è di mezzo un regolamento non posso transigere, soprattutto se si tratta di dettami imposti direttamente da me. Hai il diritto di espormi i dettagli del caso che non riuscite a risolvere. Spero soltanto che si tratti di qualcosa di più interessante dell'ultima volta: ci ho messo cinque minuti a capire che il colpevole dell'omicidio in palestra fosse la moglie dell'istruttore».

Primo enigma

L'ispettore capo provò a riacquisire la sua compostezza. Si aggiustò uno dei bottoni dorati che chiudevano la sua uniforme, si schiarì la voce e iniziò a illustrare la situazione a Sibilla.

«So che ti sembrerà strano ma devo sottoporti anche io una specie di enigma. Non l'ho creato io, si tratta di una lettera che è arrivata **in un commissariato appena a sud di Città del Vaticano** qualche giorno fa».

Nel dire queste parole frugò nella tasca destra dei pantaloni e dopo qualche secondo ne tirò fuori un pezzo di carta sdrucito piegato in quattro parti.

«Inizialmente gli agenti hanno pensato che si trattasse dello scherzo di qualche buontempone, ma recenti sviluppi», nel pronunciare queste ultime due parole la sua voce si strozzò leggermente, «lasciano pensare che possa trattarsi di qualcosa di più... ehm... serio».

Fusco spostò una pila di raccoglitori davanti a Sibilla e nello spazio ricavato poggiò la misteriosa lettera. La breve spiegazione doveva aver stimolato non poco la curiosità della ragazza, visto che i suoi occhi brillarono di una luce inquietante e immediatamente si avventò sul liso foglietto con la rapacità di un falco che si stesse gettando su una preda. Per una trentina di secondi rigirò il pezzo di carta tra le dita esili, osservandolo da differenti angolazioni con sguardo indagatore, come se volesse indovinarne il contenuto senza avere bisogno di aprirlo. A un certo punto fermò quel movimento rotatorio, si passò rapidamente la lingua sulle labbra sottili e con delicatezza aprì il foglio, spiegandolo davanti a sé sulla scrivania.

Dalla mia posizione (non mi ero ancora mosso di un millimetro) non riuscivo a vedere il testo della lettera, ma dall'espressione di Sibilla capii che dovesse trovarlo estremamente interessante. La ragazza era perfettamente immobile, la bocca leggermente aperta in quello che sembrava un grande sforzo di concentrazione. L'unico movimento nel suo sguardo era quello generato dalle iridi dei suoi occhi, che rimbalzavano avidamente da sinistra a destra in uno spasmodico atto di lettura. L'ispettore Fusco, che la fissava senza dire niente, aveva un'espressione che tradiva al tempo stesso speranza e preoccupazione.

Sibilla sembrava talmente assorta che trovai il coraggio di avvicinarmi alla scrivania. La curiosità di sapere cosa ci fosse scritto su quel foglio era talmente grande da avere la meglio sul timore di essere nuovamente preso a male parole dalla rude ragazza. Come immaginai, lei non si accorse minimamente della mia iniziativa e continuò a leggere senza considerarmi. Quando finalmente riuscii a farmi largo tra il caos sul pavimento e a vedere il contenuto della lettera, rimasi esterrefatto.

Come aveva anticipato il mio ispettore capo, non si trattava di una lettera comune. Sul foglio erano vergati simboli e caratteri apparentemente incomprensibili che costituivano quello che pareva essere una sorta di messaggio in codice.

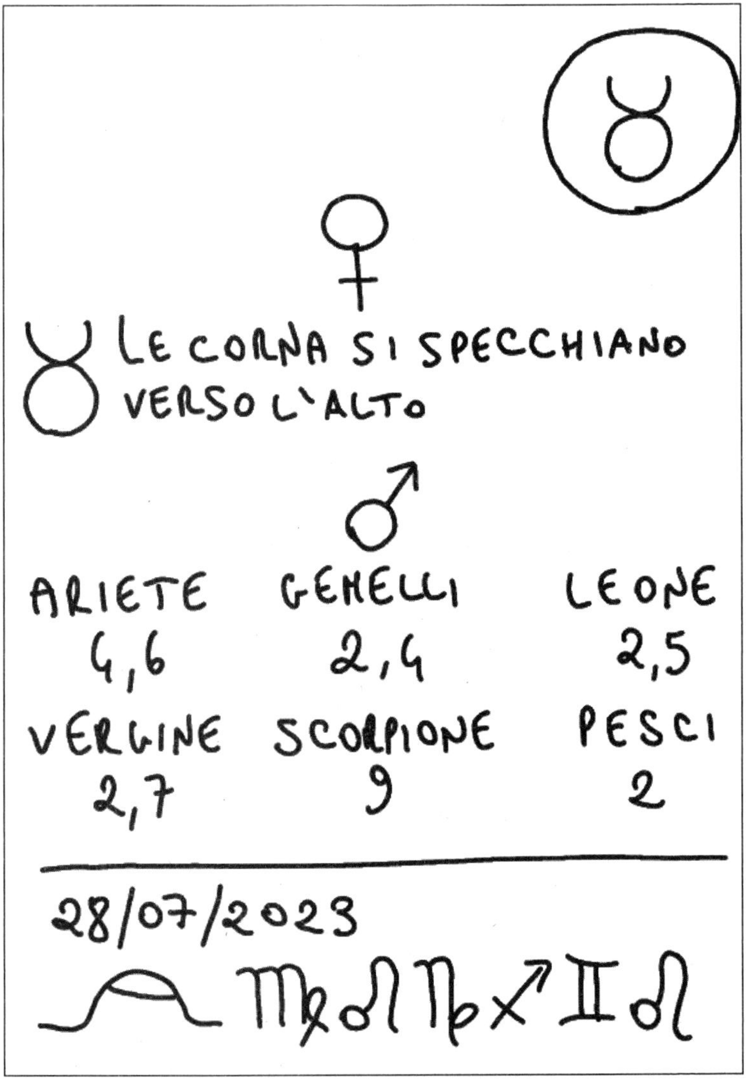

Analizzai il contenuto del misterioso messaggio per qualche secondo ma dire che non ci capissi niente era un eufemismo. In che modo i nomi dei segni zodiacali si legavano ai numeri sottostanti? Cosa significava quella frase sulle corna? Sicuramente la composizione del testo nascondeva qualche segreto, ma portarlo alla luce doveva essere una missione tremendamente ostica.

Avevo appena finito di elaborare quegli sconfortanti pensieri quando la giovane detective emise un gridolino acuto. Sembrava uscita dalla trance e il suo volto emanava un candido senso di soddisfazione.

«Finalmente mi portate qualcosa di interessante», disse con un tono allegro che non le avevo ancora sentito utilizzare. «Sembra complicato a una prima occhiata ma, una volta capita la strutturazione, questo enigma si risolve praticamente da solo. Ci ho messo più del dovuto perché – ovviamente – non ho dimestichezza con la materia astrologica, ma da qualche parte nella mia memoria sono riuscita a ripescare il significato dei vari simboli presenti nel messaggio cifrato.

Partiamo dall'inizio. *Spero* vi sarete accorti anche voi», enfatizzò particolarmente la pronuncia della parola "spero", «che le scritte sopra la linea orizzontale che divide il foglio in due parti sono precedute da due simboli molto simili tra loro. **Quei segni sono comunemente utilizzati per identificare il genere femminile e maschile ma in realtà rappresentano due pianeti del Sistema solare, Venere e Marte.** Ora, mi pare evidente che non possa trattarsi di una coincidenza ed è una pratica abbastanza comune nella composizione di enigmi utilizzare segnali di questo tipo per dare degli indizi al solutore. Fidatevi, ne so qualcosa». Un sorrisino compiaciuto attraversò la bocca di Sibilla.

«Sono sicura», continuò, «di aver trovato il messaggio nascosto sia della frase "le corna si specchiano verso l'alto" sia dei numeri sotto ai nomi dei segni zodiacali, **che costituiscono due quesiti distinti.** Come immaginavo **le rispettive risposte consistono in due elementi, se così vogliamo chiamarli, differenti.** Queste soluzioni sembrano però essere particelle che da sole non hanno nessun significato, **come se ci fosse bisogno di altri quesiti per trovare la soluzione finale.**

Anche il simbolo del Toro, cerchiato in alto a destra, pare indicare che **questo sia l'enigma relativo al segno zodiacale in questione e che per capire il resto ci sia bisogno di risolvere anche gli altri**».

L'agente interruppe momentaneamente la sua dettagliata spiegazione e puntò con decisione il polpastrello dell'indice sopra il piccolo disegno racchiuso nel tratto circolare sulla parte superiore della misteriosa missiva:

«Passiamo invece alla parte inferiore, sicuramente la più facile. La data è quella di ieri ma sono certa all'80% che questo l'abbiate capito anche voi». La ragazza si interruppe per lanciare una delle sue solite occhiate provocatorie al mio superiore, che stavolta si limitò a fissarla con un'espressione impassibile.

«Per quanto riguarda i simboli, anche in questo caso si tratta di raffigurazioni corrispondenti ad altrettanti segni zodiacali. Associando a ogni immagine la rispettiva costellazione, si ottiene la sequenza Vergine, Leone, Capricorno, Sagittario, Gemelli e ancora Leone. Inizialmente non riuscivo a capire perché fossero disposti in quell'ordine», mentre ascoltavo quelle parole, non potei fare a meno di chiedermi quale fosse stata la durata temporale di quell'"inizialmente", visto che l'intera analisi del foglio aveva richiesto a Sibilla non più di un minuto, «ma poi ho capito che si trattava di un semplice rebus, per quanto abbastanza atipico. A ognuno dei simboli corrisponde una lettera dell'alfabeto, e quale associazione più ovvia di quella tra la posizione del segno all'interno dello Zodiaco e quella della lettera stessa nell'alfabeto italiano? Seguendo questo semplice ragionamento si ottiene la seguente soluzione».

Sibilla prese un foglio a casaccio da una delle montagne di carta vicine a lei (una multa per eccesso di velocità allo sfortunato possessore di una Subaru Impreza, euro 215,60), lo girò e con la penna con cui qualche minuto prima stava compilando i suoi cruciverba disegnò questo schema:

♍	=	VERGINE	=	6°	→	**F**
♌	=	LEONE	=	5°	→	**E**
♑	=	CAPRICORNO	=	10°	→	**L**
♐	=	SAGITTARIO	=	9°	→	**I**
♊	=	GEMELLI	=	3°	→	**C**
♌	=	LEONE	=	5°	→	**E**

Ero semplicemente strabiliato. Le era bastata una manciata di secondi per risolvere un rompicapo molto complesso. Stavo iniziando a capire come mai il mio superiore fosse solito chiedere la sua consulenza per i casi più complessi. Semplicemente, Sibilla Agostini era un vero portento. Una domanda ovvia attraversò la mia mente: per quale diavolo di motivo era una semplice agente della polizia stradale e non un'ufficiale del nostro reparto?

«Ma non è finita qui», continuò Sibilla, interrompendo il flusso dei miei pensieri e riportando la mia attenzione sul misterioso messaggio, «il primo disegno è l'unico a non avere alcun corrispettivo con uno dei segni zodiacali. Immagino che si tratti di uno schizzo di un'altura, una montagna o qualcosa di simile. Quest'ultimo elemento ci permette di completare il rebus, la cui soluzione sarà quindi un luogo geografico tipo "Montefelice", "Picco Felice", o...».

«Colfelice», disse il mio ispettore capo, troncando con nostra sorpresa la catena di ipotesi della ragazza. Lo guardai e vidi che il suo volto era rigato da un'ombra funerea. «La soluzione è Colfelice», ribadì.

Sibilla lo fissò con fare interrogativo. «Sì, potrebbe anche essere. Come fai a esserne così convinto? Scusa lo stupore, ma capirai che non sono abituata a ricevere risposte da te, soprattutto con tutta questa sicurezza».

L'ispettore si passò una mano tra i capelli. Nel farlo scoprì leggermente la fronte e vidi che era imperlata di sudore.

«Perché stamani, in un capannone della cittadina di Colfelice, a un centinaio di chilometri da Roma, è stato trovato il corpo di un uomo assassinato».

ACQUARIO

Diario segreto

Il mio animo era talmente devastato che pensai di non riuscire a farcela. Per quanto anche lui, comprensibilmente, fosse distrutto, a differenza mia riuscì a trovare dentro di sé le forze per andare avanti, spinto da un ardente desiderio di vendetta nei confronti del venditore di menzogne che ti aveva portata via da noi. Nonostante fosse già carico dello stesso peso che mi stava facendo andare a fondo, in quei giorni terribili fu la mia spalla e ammetto che, se non fosse stato per lui, probabilmente oggi non sarei qui. A volte la vita sa essere davvero ironica.

L'avvocato mise subito in chiaro che le speranze di avere successo in tribunale erano ridottissime ma il mio compagno di sventure volle procedere comunque. Inutile dire che questa decisione comportò nuove spese, che si sommarono alle rate dei debiti che nel frattempo si accumulavano impietosamente. Il giorno successivo al primo appello, mi dicesti che l'accusato non si era neanche presentato al processo e aveva inviato soltanto i suoi legali, adducendo un qualche malore che gli aveva impedito di comparire. Ricordo che quella notizia mi indignò oltre ogni dire. Non soltanto aveva causato la morte di una persona con le sue bugie: non aveva neanche il coraggio di mettere la faccia in difesa delle proprie azioni.

Seguirono altri appelli fino a che un giorno, dopo logoranti mesi di serrata battaglia legale, arrivò il verdetto, quello che purtroppo era preventivabile fin dall'inizio ma che in cuor nostro avevamo rifiutato di accettare. Prosciolto da tutte le accuse.

Avevamo perso. Non c'era più niente che potessimo fare.

Fu come se un temporale si fosse abbattuto sopra i suoi occhi, spegnendo definitivamente il fuoco che li teneva in vita.

29/07/2023

Durante il viaggio verso **Colfelice**, l'ispettore Fusco ne approfittò per raccontarmi qualcosa di più a proposito di Sibilla Agostini, diretta verso la nostra stessa meta ma a bordo di un'altra volante. La ragazza si era arruolata nel corpo di polizia circa sette anni prima, appena compiuta la maggiore età, e aveva superato il concorso pubblico senza problemi. Nei due successivi anni di servizio, la giovanissima agente si distinse per la sua brillantezza e acume, venendo segnalata come elemento interessante ai piani alti della Squadra Omicidi (altro nome con cui è generalmente chiamata l'Unità per l'analisi del crimine violento). Venne quindi sottoposta a un test attitudinale al fine di vagliarne le capacità logico-deduttive, caratteristiche fondamentali per affrontare i complicati casi con cui la cellula ha quotidianamente a che fare. Il responso fu assolutamente strabiliante: mai nessuno in anni e anni di selezioni aveva ottenuto simili risultati.

Sibilla divenne quindi la più giovane poliziotta ad aver risolto un caso senza precedenti, ma la sua esperienza all'interno del prestigioso reparto durò molto poco. A una grande intelligenza e una spiccatissima capacità di analisi, infatti, facevano da contraltare un'attitudine indolente, incapace di concentrarsi sui compiti poco stimolanti e soprattutto totalmente manchevole di qualsivoglia rispetto nei confronti dell'autorità. Nel giro di circa sei mesi il rapporto tra la brillante agente e l'allora ispettore capo Rinaldi – Fusco era solo sovrintendente – si deteriorò irrimediabilmente. La ragazza portava al lavoro decine di riviste di enigmistica, sua grande passione, e si dedicava a rebus, sciarade e indovinelli anziché svolgere le noiose pratiche che compongono la vita d'ufficio di qualsiasi reparto di polizia. Trascorreva così le sue giornate, noncurante dei continui richiami dei suoi superiori, mettendosi a disposizione solo quando si presentava un caso che reputasse di un qualche interesse e che non mancava mai di risolvere con una facilità disarmante.

La goccia che fece traboccare il vaso fu quando, all'ennesimo rimprovero di Rinaldi per la condotta di Sibilla sul posto di lavoro, lei gli rispose: «È proprio grazie ai giochi enigmistici che vuoi impedirmi di fare che sono molto più intelligente di te, vecchio babbione» (L'ispettore Fusco sottolineò che furono le sue ESATTE parole). Quella mancanza di rispetto non poteva restare impunita e, nonostante le sue incredibili abilità, Sibilla ricevette un richiamo ufficiale e venne trasferita di reparto. Tuttavia, in virtù dei servizi resi durante il breve periodo nell'unità, le venne concesso di scegliere in quale sezione avrebbe continuato a prestare servizio. Il mio attuale ispettore capo, che era presente a quel colloquio, mi disse che quando Sibilla scelse la polizia stradale, con grande stupore da parte di tutta la commissione, non sembrava affatto scontenta. Anzi, dopo che la sua richiesta venne accettata, rivolse ai membri un sottile sorrisetto beffardo, come se avesse già calcolato in anticipo la conseguenza delle sue azioni e tutto fosse andato esattamente come prestabilito.

Sibilla pretese un ufficio privato all'interno della sede della polizia stradale e lo ottenne: un vecchio archivio in una delle ali inutilizzate dell'edificio venne svuotato e adibito a suo spazio personale. In cambio accettò di continuare a dare consulenze alla Squadra Omicidi, a patto che la disturbassero soltanto per i casi più complicati. Da allora la scena a cui avevo personalmente assistito che vede l'ispettore capo Fusco (Rinaldi dette le dimissioni poche settimane dopo per motivi poco chiari) recarsi alle porte di Sibilla per chiederle aiuto si perpetuava con regolarità. Mi disse che invece il "test", se così vogliamo chiamarlo, affisso sulla porta e che doveva essere superato per guadagnarsi la consulenza era una novità relativamente recente, stabilita circa un anno prima. Fusco non mancò di riportare quell'assurdità ai superiori, ma appena arrivò la direttiva del Quartier Generale in cui si chiedeva di smetterla con quella pratica, Sibilla minacciò di dare le dimissioni e nessun provvedimento venne preso. Questa, in soldoni, era la storia di quella stramba e geniale ragazza di nome Sibilla Agostini.

Il viaggio in macchina da Roma a Colfelice durò poco meno di due ore, ma gli avvincenti racconti dell'ispettore Fusco lo fecero sembrare molto più corto. Prima di partire mi ero informato un po' su quel piccolo paesino di poco più di mille anime e avevo letto che non si trattava di una città unica ma di due piccoli borghi uniti tra di loro, Coldragone e Villafelice. Dalla descrizione su internet sembrava il classico paesello arroccato sulla collina come ce ne sono a bizzeffe in quelle zone del frusinate ma non ebbi l'occasione di poterlo constatare di persona. Il luogo del delitto non era infatti all'interno del centro abitato ma si trovava in una posizione leggermente periferica. Si trattava di un capannone di medie dimensioni, raggiungibile lasciando la strada principale poco prima di arrivare nel centro città in favore di una rustica viuzza sterrata, che conduceva nel cuore delle antiche campagne ciociare. L'edificio, che aveva l'aria di essere completamente abbandonato, sembrava in passato avere svolto la funzione di magazzino per i contadini, probabilmente adibito allo stoccaggio di macchinari, sementi e prodotti agricoli di vario tipo. Mano a mano che ci avvicinavamo e il malmesso fabbricato diventava sempre più grande, cresceva in me la convinzione che si trattasse di un luogo ideale in cui consumare un omicidio senza timore di venire disturbati.

Molti dei miei colleghi dei reparti più disparati erano già sul posto e facevano brulicare la scena di una fervente operosità, che quasi sicuramente doveva essere sconosciuta a quel luogo da diversi anni. I componenti della Scientifica, rinchiusi da capo a piedi nelle loro caratteristiche tutine bianche, entravano e uscivano dall'ampio ingresso alla ricerca di prove e campioni da analizzare in laboratorio, causando evidente disturbo a due agenti, che avevano l'aria di appartenere alla polizia locale, i quali stavano cercando di srotolare il nastro rosso e bianco intorno alla scena del crimine. Riconobbi anche qualche membro del mio stesso reparto, in particolare uno che, appoggiato alla volante parcheggiata sotto l'ombra di un maestoso ulivo, aveva l'espressione sconvolta. Per un attimo pensai che avesse avuto un malore durante il tragitto per arrivare in quel posto sperduto: d'altronde la strada, soprattutto nell'ultimo tratto, era disagevole e puntellata da numerose curve, senza contare che ci saranno stati 35 gradi. Poi riconobbi la vettura: era la stessa in cui era salita Sibilla.

L'ispettore capo mi fece cenno di muovermi e gli tenni dietro. Mostrammo i distintivi ai due poliziotti di guardia all'entrata, che con uno sbuffo staccarono per l'ennesima volta il nastro con la scritta "polizia scientifica – Non oltrepassare" per permetterci di entrare all'interno del capannone. Superammo un piccolo disimpegno e, finalmente, fummo dentro.

Nonostante le luci nell'ampio edificio fossero spente e sulle pareti di cemento non fosse presente alcuna finestra, i raggi solari penetravano dalle numerose fessure del tetto di lamiera usurato dal tempo, illuminando sinistramente l'ambiente. All'interno erano stipati mobili da lavoro, macchinari agricoli e altri elementi d'arredo tipici di quel genere di struttura. L'unica nota stonata era costituita da un largo tavolo di plastica sul lato sinistro, di quelli pieghevoli e comodi da portarsi dietro ad esempio per un pic-nic, su cui erano appoggiati vari oggetti del mestiere di astrologi e fattucchieri vari, come amuleti, pendagli e astrolabi. Anche se si trattava di un elemento minoritario rispetto al resto, quell'angoletto cozzava in maniera così evidente con il resto della scena da catturare prepotentemente l'attenzione dell'osservatore.

Sul pavimento impolverato, proprio al centro del vasto spazio e circondata da un nugolo di agenti, era riversa la figura senza vita. Dalla posizione in cui mi trovavo non riuscivo a vederla bene ma distinsi alcune sporgenze fuoriuscire dal suo corpo, come se fosse stato penetrato da numerose schegge di qualche scuro e acuminato materiale: a prima vista mi sembrarono sottilissimi cocci di pietra. Silenziosamente, aspettai dietro l'ispettore Fusco, che si era messo a parlare con un uomo della Scientifica. Appena la sua conversazione finì, mi fece cenno di seguirlo e insieme ci avvicinammo al cadavere. Come mi trovai a pochi passi dal corpo, un brivido di freddo mi attraversò la schiena.

Quelli che da lontano mi erano apparsi come frammenti di pietra **erano in realtà carte, conficcate nelle pallide carni del povero malcapitato alla stregua di piccoli pugnali.** Il retro plastificato mi fece inizialmente pensare alle classiche carte da gioco, come le napoletane o le francesi, di quelle che avevo visto numerose volte utilizzare dai miei nonni per mettere su accese partite di briscola o scopone scientifico. A un'occhiata più attenta notai però che il fronte di quei sottili rettangoli cartacei era riempito da strane immagini mistiche che nulla avevano a che fare con l'asetticità numerica dei mazzi classici. Raffigurazioni di papi e regnanti si alternavano a quelle di diavoli, virtù cardinali e giudizi universali, tutte riconoscibili grazie alla nomenclatura presente alla base delle rispettive figure e legate da una comune tonalità cromatica sbiadita e monocorde. Nel volto, proprio in mezzo agli occhi, era tristemente conficcata una carta che non sembrava essere stata messa lì a caso, ma anzi rappresentava un elemento di definizione della vittima stessa: Il Matto. **Capii che si trattava di tarocchi.**

La grottesca teatralità della scena era resa ancor più vistosa dalla posizione del cadavere martoriato. Il corpo era legato mani e piedi da alcune piccole corde, di quelle che vengono usate in campagna per chiudere sacchi o per fissare i rampicanti di vitigni ai loro supporti artificiali. Gli spaghi passavano attraverso le cavità di piccoli morsetti di metallo, saldamente inchiavardati al pavimento e che impedivano qualsiasi movimento degli arti. Con ogni probabilità, era stato legato in quella posizione e torturato a morte con l'ausilio delle taglienti carte, facendo sopraggiungere il decesso per dissanguamento.

Ma la cosa più innaturale di quella scena era la disposizione delle braccia: anziché essere distese accanto al torso, come sarebbe stato lecito aspettarsi, **erano scompostamente disposte sopra la testa e puntavano in direzioni differenti.** Per qualche motivo, l'assassino aveva legato la sua vittima in quella inusuale posizione e sul momento non seppi dire se quella scelta fosse dettata da una antecedente posizione degli archetti di ferro o da una scelta consapevole. Il risultato finale era una forma sgraziata, la cui involontaria comicità mi ricordò quella di un vigile del traffico imbranato che nel tentativo di dare indicazioni alla fauna stradale muovesse le mani un po' a casaccio, nella malriposta speranza di riuscire a trasmettere le giuste indicazioni.

A completare il quadro, un elemento forse ancora più disturbante di quelli visti finora. **Sopra e sotto la sagoma inerte, con il sangue che quasi sicuramente apparteneva alla sfortunata vittima, erano tracciate delle spesse linee ondulate.**

Mi voltai verso l'ispettore capo che, come me, stava osservando quella scena con una mesta espressione seriosa. Dopo qualche secondo scosse leggermente la testa, come per allontanare da sé la morbosità di quella tetra immagine, e si rivolse a un poliziotto vicino a noi che non avevo mai visto prima d'allora. Si trattava di un uomo attempato, i cui folti baffi a manubrio striati di peluria bianchiccia e i capelli brizzolati suggerivano un'età intorno ai cinquanta-cinquantacinque anni. Dalla postura impettita e dal cipiglio austero capii che si trattava dell'uomo a capo del commissariato locale.

«Buonasera, lei dev'essere il comandante Bracaglia, giusto? Ispettore capo Fusco». Il mio superiore porse la mano all'ufficiale, che prontamente la avvinghiò in una stretta decisa. «Brutta occasione per incontrarsi, eh? Con questo caldo avrei preferito fare la sua conoscenza come vicino d'ombrellone».

Il comandante aggrottò leggermente le sopracciglia e non rispose, né dimostrò di aver capito in alcun modo la battuta. Dopo qualche secondo di imbarazzo, l'ispettore Fusco continuò: «Bene, mi dica qualcosa di più di questo fatto. Chi è la vittima? Come è stata ritrovata?».

Sotto gli spessi baffi a manubrio di Bracaglia le labbra si inarcarono in un sorrisetto soddisfatto, come se non aspettasse altro che gli venissero poste quelle esatte domande. Tirò indietro il petto, si schiarì la voce e iniziò un soliloquio che sciorinò a memoria senza mai dare l'impressione di riprendere fiato.

«Il nome della vittima era Fulvio Lunardi, anni 53, nato e cresciuto a Treviso, capoluogo di provincia veneto. L'uomo svolgeva la dubbia professione di cartomante e all'interno di quell'ambito si faceva chiamare con il "nome d'arte", se così posso dire, di "Lunarius". La sua reputazione non era delle migliori: infatti, nonostante molte persone si rivolgessero a lui per farsi predire il futuro, i suoi oracoli venivano considerati dai più come poco attendibili e fondamentalmente truffaldini. Il corpo è stato ritrovato stamani, 29 luglio 2023, nel capannone dove ci troviamo in questo momento ma le prime analisi della Scientifica rivelano che il decesso risale almeno a 24 ore fa. La vittima è stata legata al pavimento dello stabile mediante cordame e torturata con l'ausilio di diciassette carte plastificate infilate nelle carni in varie parti del corpo, anche se le ferite complessive riportate sono ventidue. Il decesso è sopraggiunto per dissanguamento in seguito alle suddette ferite. L'uomo abitava e svolgeva la sua professione a Treviso, le prime indagini non hanno fatto emergere alcun tipo di collegamento professionale o di parentela con la città di Colfelice o dintorni e le motivazioni che lo hanno spinto a recarsi in queste zone non sono chiare».

Sia io che l'ispettore capo eravamo impressionati. La velocità con cui il comandante aveva spiattellato quella sequela di informazioni non aveva niente di umano. Bracaglia, dal canto suo, era visibilmente soddisfatto e sulle sue gote grassocce si formarono delle turgide pieghe di candida boria. Dopo qualche secondo di sbigottimento, Fusco si riprese e rispose al vanaglorioso collega.

«Gra-grazie mille per l'esauriente riassunto», balbettò. «Quindi si trattava di un cartomante, eh? Questo spiega la scelta dei tarocchi come strumento per il supplizio e a pensarci bene si collega ai segni astrologici della lettera: alla fine sia la cartomanzia che l'astrologia servono a prevedere il futuro... Sta diventando tutto tremendamente inquietante. E i segni con il sangue?», chiese l'ispettore capo.

L'uomo baffuto rimase un attimo interdetto, come se non si aspettasse la domanda e non avesse nessuna risposta preimpostata da dare. Ragionò per qualche istante con espressione aggrottata e infine formulò la sua ipotesi.

«Ancora non ne siamo certi, ma sono abbastanza sicuro che i due segni raffigurino delle onde. La mia opinione è che questo delitto abbia qualcosa a che fare con il mare ed è da lì che inizierei le ricerche».

«Credo di non aver mai sentito una sciocchezza più grande di questa in tutta la mia vita. Al mare dovrebbe andare a farsi un bagno, si sa mai che le rinfreschi le idee».

Da dietro un divisorio di acciaio in fondo al capannone emerse la sagoma cerea di Sibilla. Bianca com'era, sembrava appartenere al mondo in cui era recentemente naufragato il povero Lunarius, piuttosto che a quello dei vivi. Si diresse verso di noi e appena ebbe raggiunto il nostro gruppetto si mise con decisione in mezzo a Fusco e Bracaglia, rivolgendosi direttamente a quest'ultimo.

«Sa, dopo una certa età bisognerebbe appendere i neuroni al chiodo, anche se mi sembra che nel suo caso non ci sia molto da appendere».

Nel capannone calò un silenzio di tomba. Tutti i presenti all'interno dell'edificio adesso guardavano nella nostra direzione e cercavano con gli occhi la fonte di quell'esternazione tanto insolente nei confronti di un comandante della polizia di Stato. Le palpebre spalancate di Bracaglia riflettevano la sua espressione assolutamente esterrefatta. Era evidente che in decenni di onorata carriera nessuno aveva mai osato rivolgerglisi in quel modo.

«Co-come si permette, signorina! È con il comandante del commissariato di Colfelice che sta parlando!».

Sibilla si passò una mano davanti alla bocca, come a replicare una mal simulata sensazione di pentimento. Fusco si spostò da dietro le sue spalle e si posizionò accanto ai due, nel tentativo di calmare le acque.

«Agostini, ti prego, porta un po' di risp...».

«Mi scusi signore, non avevo idea di trovarmi al cospetto di un'autorità di simile caratura», disse Sibilla a mo' di scherno, ignorando completamente la raccomandazione del suo superiore. «Il comandante della città di Colfelice! Stando così le cose, cambia tutto. Le chiedo umilmente perdono e la prego di continuare a illustrare i suoi brillanti ragionamenti!».

Perfino Bracaglia dimostrò di aver riconosciuto il tono di sarcasmo nella voce di Sibilla. Il piglio impeccabile tenuto fino a quel momento si flesse in una postura arcuata e sbilenca e, con voce risentita, replicò:

«Bene signorina, se pensa di essere tanto intelligente, perché non ci spiega lei come sono andate le cose? Siamo tutti in attesa di scoprire il significato dei segni e di queste strane carte!».

Sibilla sorrise. I suoi occhi di ghiaccio avevano assunto la stessa luce che avevo visto quella mattina mentre analizzava spasmodicamente il messaggio arrivato alla centrale e adesso erano più gelidi e penetranti che mai.

«Finalmente ha detto qualcosa di intelligente», esclamò, «volentieri accolgo la sua richiesta e vi spiego il significato di quest'omicidio».

Secondo enigma

Sibilla si allontanò dal terzetto composto da me, Fusco e Bracaglia e fece qualche passo verso la parte interna del capannone, fermandosi esattamente sopra la sagoma vagamente cristologica del cartomante deceduto.

«Iniziamo dalle linee tracciate con il sangue. Non è un riferimento al mare, come da lei erroneamente ipotizzato, anche se comunque c'entra con l'acqua. **Questo è il simbolo che rappresenta il segno zodiacale dell'Acquario**».

Aveva ragione. Ero sicuro di averlo già visto da qualche parte ma non ero riuscito a capire cosa mi ricordasse.

«La grandezza dei tratti con cui sono state disegnate le linee ondulate fa pensare che il killer abbia voluto farci capire che sia un elemento identificativo di questo omicidio, esattamente come il simbolo cerchiato del Toro identificava il messaggio cifrato della lettera arrivata al commissariato. In parole povere, questo non soltanto è un enigma, ma è **l'enigma dell'Acquario.** Va da sé che quello precedente era **l'enigma del Toro**».

Un nodo mi strinse la gola. Mi voltai verso l'ispettore capo e dalla sua espressione terrea capii che eravamo giunti alla stessa conclusione. Lo Zodiaco è composto da dodici segni diversi. **Se a ogni enigma corrispondeva un segno zodiacale, vuol dire che all'appello mancavano ancora dieci omicidi.** Spostai il mio sguardo di qualche centimetro e vidi che Bracaglia fissava Sibilla con un'espressione stolida. Era evidente che non ci stesse capendo molto delle osservazioni della detective. Continuai a ragionare sulle affermazioni che avevo appena sentito e fui pervaso da un dubbio.

«Mi scusi», dissi rivolto a Sibilla in un improvviso accesso di coraggio, «però c'è una cosa che non torna. Il Toro è il secondo segno e l'Acquario è l'undicesimo. Perché l'ordine degli omicidi non rispetta quello zodiacale?».

In un sol colpo tutti si girarono sbigottiti verso di me. Fusco, in particolare, mi fissò con gli occhi sgranati e la bocca spalancata, come a dire «ma sei impazzito?!?». Dopo aver realizzato che avevo osato interrompere un ragionamento di Sibilla Agostini mi pietrificai, e sperai dentro di me che l'insulto che ne sarebbe susseguito non fosse troppo pesante.

«Giusta osservazione, Novellino», mi rispose invece lei, con grande stupore mio e di tutti gli altri agenti. Le mie membra si rilassarono tutte d'un colpo, e tirai un lungo sospiro di sollievo. «Perché gli omicidi non sono nel giusto ordine? Le ipotesi sono due: la prima è che siano stati commessi almeno altri nove omicidi e non ce ne siamo accorti, cioè quello dell'Ariete, primo segno zodiacale, e gli altri otto compresi tra il Toro e l'Acquario, ma nonostante la conclamata inefficienza dei miei stimatissimi colleghi, direi che possiamo escludere questa idea. Per spiegarvi la seconda ipotesi, invece, devo chiedere a tutti di seguirmi».

Veloce com'era apparsa, Sibilla scomparve dietro lo stesso divisorio d'acciaio da cui era sbucata qualche minuto prima. Dopo qualche secondo di incertezza, il nutrito manipolo di agenti si accodò alla cerea figura e io andai insieme a loro.

Il gruppetto era adesso molto compatto e dovetti sgomitare per guadagnarmi una posizione da cui poter vedere cosa stesse succedendo. Dietro il divisorio c'era un vecchio archivio d'acciaio, consunto in più punti da pesanti strati di ruggine. Sibilla stava accanto al malridotto mobile con il piglio di una maestra in procinto di spiegare una qualche equazione di matematica ai suoi alunni.

«Avrete visto che il corpo di Lunarius è legato mani e piedi in una posizione alquanto inusuale. Le due braccia sono rivolte in direzioni asimmetriche differenti, come se volessero indicare qualcosa. Il punto rivelato dall'arto destro è questo», e nel dirlo sfilò uno dei cassettoni dell'archivio di metallo, ne svuotò il contenuto composto da fogliacci giallognoli incartapecoriti dall'umidità e, ribaltandolo, lo appoggiò sul pavimento con la parte inferiore rivolta verso l'alto. Dalla piccola folla si levò un grido di stupore. Sotto il cassetto, **fissati con del nastro adesivo con sopra disegnato il simbolo di Venere**, c'erano dei ritagli di alcune carte dello stesso tipo di quelle usate per uccidere Lunarius:

«Questi ritagli costituiscono una delle due parti principali dell'enigma», continuò Sibilla in preda a una febbrile eccitazione. Era palesemente soddisfatta dell'effetto di stupore che la rivelazione aveva scatenato nel suo uditorio. «Esattamente come per la lettera, **i due quesiti sono distinti attraverso due simboli, Venere e Marte. Questo è l'indovinello di Venere**». Nel dirlo indicò le sottili strisce di scotch che fissavano i pezzi di carta.

«Si tratta di **frammenti di quattro carte degli Arcani Maggiori dei Tarocchi di Marsiglia.** Li conosco perché a volte le loro figure vengono utilizzate nei rebus e in qualche quiz visivo».

Sibilla si interruppe, come se stesse aspettando qualche domanda dal pubblico in merito a qualcuno dei giochi menzionati. Quando capì che nessuno avrebbe chiesto delucidazioni e che non aspettavano altro che continuasse il suo ragionamento, fece una leggera smorfia di disappunto.

«**Si tratta delle carte, nell'ordine, del Carro, della Stella, della Morte e del Sole. Il modo in cui sono stati tagliati non è casuale. Se poteste andare a controllare i disegni degli Arcani Maggiori** vi accorgereste che sono troncati secondo direttrici ben precise e che unendo i vari frammenti tra loro si ottiene una **soluzione affine a quella dell'enigma di Venere sulla lettera del Toro**».

Ormai tutti pendevano dalle labbra di Sibilla. Anche il comandante Bracaglia, fino a qualche secondo prima ragionevolmente maldisposto nei confronti della giovane agente, aveva abbandonato la sua espressione accigliata in favore di uno sguardo di evidente stupore.

«Ora tutti vi starete chiedendo: dov'è l'enigma di Marte?», proseguì Sibilla, sempre più padrona della situazione. «Non ho ancora controllato ma, seguendo lo stesso ragionamento che ci ha condotto all'archivio, direi che possiamo fare affidamento sull'altro braccio del povero cartomante.

Tenete in considerazione che sul corpo sono conficcate diciassette carte, mentre qua ne abbiamo trovate quattro. Gli Arcani Maggiori sono in tutto ventidue, quindi ne manca una. Seguitemi».

Sibilla si mosse verso la parte sinistra del capannone e noi ci incamminammo nella sua stessa direzione senza dire una parola. La curiosa processione ricordava una fila di turisti che seguisse la guida di un museo per farsi spiegare il significato dell'opera d'arte successiva. Vista dall'esterno quella scena – un manipolo di agenti in divisa e in tuta bianca protettiva che andava dietro a una giovane ragazzetta pallida in camicetta bianca – doveva suscitare più di qualche domanda.

Arrivammo al tavolo pieghevole. Sibilla si avvicinò al ripiano e si mise a soppesare uno per uno tutti i misteriosi manufatti appoggiati sulla sua superficie. Ero sicurissimo che nessuno, men che meno un'agente semplice della polizia stradale, potesse toccare gli indizi presenti sulla scena di un crimine ma nessuno osò dire una parola. La sua scelta parve ricadere su un rosso pendaglio di ceramica dalla forma rettangolare, non più grande del palmo di una mano. Lo fissò con fare indagatorio per qualche istante e poi lo scagliò rovinosamente a terra, rompendolo in mille pezzi. Accanto a me vidi l'ispettore Fusco chiudere gli occhi e stringere forte le labbra, nell'evidente sforzo di trattenersi dal far notare all'indisciplinata investigatrice che non era il caso di mettersi a devastare il luogo del delitto.

Quindi Sibilla si chinò e sparpagliò i cocci sul pavimento, fino a che qualcosa non catturò la sua attenzione. Prese tra le mani un oggetto di proporzioni simili a quelle del monile appena fracassato ma molto più sottile, dello spessore, circa, di un foglio di carta. Lo fissò per una decina di secondi con i suoi occhi glaciali, rigirandolo più volte tra le dita affusolate. Quando sembrò soddisfatta della sua analisi, si alzò nuovamente in piedi e si rivolse verso di noi.

Con un colpo di teatro, ci mostrò la carta dei tarocchi mancante. L'angolo in alto a destra era strappato ma era da escludere che il danno fosse stato accidentalmente procurato da lei durante il poco ortodosso atto di ricerca. **La parte lacerata, infatti, era stata incollata alla carta come a volerla fissare in quella particolare posizione di proposito:**

«L'Appeso, l'ultimo degli Arcani Maggiori assente all'appello. Come potete vedere il disegno è stato modificato e, ovviamente, non è un caso. Dietro ci sono scritte queste parole».

Rigirò la carta e ci lesse la **frase, accompagnata dal simbolo rappresentante il pianeta rosso:**

♂

L'Appeso non merita di morire. Salvalo, e ti sarà rivelata la verità.

«La soluzione di questo enigma, che io ho già trovato, va cercata proprio in questo messaggio, osservando l'Arcano lasciatoci dal killer».

Ero senza parole. Tutti eravamo senza parole. Sibilla si era nuovamente interrotta e aspettava che qualcuno dalla platea dicesse qualcosa. Alla fine, con grande sorpresa da parte di tutti i presenti, a prendere la parola fu proprio il comandante Bracaglia.

«Ma perché l'omicidio è stato commesso proprio a Colfelice?».

Sibilla tirò un lungo sospiro. Aveva l'aria affranta di chi è costretta a spiegare qualcosa di fastidiosamente elementare a una persona poco ricettiva, ma una lieve increspatura all'angolo del labbro inferiore testimoniava una sostanziale soddisfazione per l'imminente delucidazione che si accingeva a fornire.

«Il segno zodiacale è una componente dell'enigma. I tarocchi sono componenti dell'enigma. I simboli sono componenti dell'enigma. La città…», Sibilla tenne la frase in sospeso, aspettando che il comandante la finisse al posto suo.

«Ma certo!», esclamai invece io in preda a un altro accesso di improvvisa iniziativa. «La vittima non si trovava a Colfelice per qualche ragione particolare. È stata rapita e portata qui dal killer che ha preparato l'allestimento all'interno di questo capannone. **Anche il luogo fa parte dell'enigma!**».

Sibilla si passò una mano dietro il collo e si sistemò i lunghi capelli biondo cenere.

«Vabbè, questo te l'ho praticamente detto io. Adesso non ti dare troppe arie, Novellino».

Il rimprovero che non era arrivato al mio commento precedente giunse adesso in modo fulmineo e mi colse doppiamente impreparato. Abbattuto, chinai il capo e non proferii più parola. Fusco storse leggermente la bocca e mi lanciò la classica occhiata alla "te l'avevo detto".

«Bene, mi sembra che qui abbiamo trovato tutto. Lascio le quisquilie tipo l'analisi del corpo e altre sciocchezze simili alla Scientifica e alla polizia locale. Possiamo andare».

Sibilla si allontanò a larghi passi dal tavolo pieghevole e si diresse verso l'uscita. Il gruppetto di agenti si sfaldò e ognuno tornò alla sua occupazione precedente, mentre io, l'ispettore Fusco e il comandante Bracaglia seguimmo la cerea agente verso l'esterno. Il massiccio e attempato ufficiale di Colfelice affiancò Sibilla nel breve tragitto che conduceva all'alto ingresso.

«Lo riconosco, Agostini, lo spettacolo che ha dato poc'anzi è stato veramente impressionante. Però dovrebbe essere più umile e meno arrogante, così non otterrà altro che farsi odiare dalle persone».

Il tono di Bracaglia mancava adesso di qualsiasi connotazione di autorità ed era anzi mellifluamente paterno, come se quella fosse l'unica carta da potersi giocare per riuscire ad avere un qualche tipo di ragione sulla giovane ragazza. Senza neanche guardarlo, Sibilla gli rispose:

«Anche voi potreste essere un po' più svegli e meno ottusi, ma io, al contrario vostro, non ho la sfacciataggine di chiedervelo».

Quello fu il colpo da ko. Bracaglia si arrestò e rimase fermo come un baccalà, i folti baffoni impietriti sul volto esterrefatto. Dopo qualche istante provò a tartagliare qualcosa ma alla fine, definitivamente sconfitto, girò i tacchi e tornò sulla scena del delitto senza voltarsi indietro.

Mentre uscivamo dal fabbricato, vidi che l'ispettore Fusco stava fissando Sibilla con uno sguardo misto di rabbia e rassegnazione, simile a quello che si riserva ai gatti domestici disobbedienti dopo che hanno fatto cadere qualche soprammobile o sporcato un paio di lenzuola pulite con le zampette sporche. Lei, per contro, gli rispose con la stessa occhiata di sorniona indifferenza che i suddetti gatti sono soliti riservare ai loro padroni in quelle situazioni, al fine di rimarcare l'assoluta inesistenza del loro pentimento.

LEONE

Diario segreto

Stavo tornando da una delle lezioni tenute dalla nostra istitutrice (era ormai arrivata quell'età in cui non ci si deve limitare a sopravvivere ma è necessario imparare qualcosa) e decisi di venirti a cercare. Quel giorno non ti eri presentata a lezione, adducendo un malore che ti aveva costretta a rimanere a riposo. Durante la conta dei presenti ebbi l'impressione che non fossi l'unica a mancare all'appello ma in quel momento non feci caso a chi fosse l'altro assente.

La sera, triste per la giornata trascorsa senza di te, aprii la finestra della mia stanza e appoggiai i gomiti sul davanzale. La tua camera si trovava nell'ala opposta dell'edificio e, quando non sgattaiolavamo in cortile, eravamo soliti fare quel gioco, in cui entrambi ci affacciavamo alla rispettiva finestra, ci guardavamo per qualche istante e poi posavamo contemporaneamente lo sguardo sulla collina, immaginando di essere lì insieme. Il giorno successivo ci scambiavamo i nostri pensieri e quando combaciavano, anche se solo a grandi linee, ci convincevamo di aver parlato di quell'argomento la notte precedente. Sperai che almeno fossi presente a quel nostro, personalissimo rituale ma quando guardai in direzione dei tuoi alloggi vidi, con tristezza, che la finestra era chiusa.

Meccanicamente, abbassai comunque lo sguardo verso la collina. Il gelo più profondo si impadronì del mio corpo e per qualche istante pensai di svenire. Immersa nella caligine notturna c'eri tu, ma non eri sola. Nel chiarore della luna riconobbi i ciuffi spettinati che sembravano farti il solletico e titillare quella risata argentina che tanto avevo amato e che si trasformò per me nel più terribile dei requiem. Qualcosa, dentro di me, morì quella notte e non sarebbe mai più tornato in vita.

12/08/2023

«Detesto uscire, soprattutto con questo caldo, però almeno stiamo visitando dei bei luoghi. Ricordo che l'ultima volta che ho visto questo posto è stato nella foto sull'angolo del cruciverba *Una gita a...* su "La Settimana Enigmistica"».

Le parole di Sibilla, che in piedi accanto a me stava fissando con sguardo ammirato il ciclo di affreschi quattrocenteschi del **Duomo di Spoleto**, mi riportarono alla coscienza. Rapita dal gioco di colori e prospettive che il pittore Filippo Lippi, più di 500 anni prima, aveva realizzato all'interno dell'abside della maestosa cattedrale, sembrava ignorare completamente il cadavere dell'uomo brutalmente crocifisso davanti a noi e che per poco non mi aveva fatto perdere i sensi. Più passava il tempo, più mi stupivo delle astruse stravaganze caratteriali di quella ragazza, contemporaneamente tanto eccentrica quanto geniale.

Nel corso di quei giorni in cui avevo lavorato a stretto contatto con la detective enigmista, ne avevo approfittato per studiarla più da vicino. Appena rientrammo da Colfelice, infatti, la ragazza chiese a Fusco di fornirle una risorsa che la aiutasse 24 ore su 24 nelle indagini, svolgendo al posto suo tutto quel lavoro di investigazione, ricerca di piste da seguire e analisi della documentazione proveniente dai vari reparti che lei trovava estremamente noioso. Il mio ispettore capo non mancò di far valere la sua differenza di grado nei miei confronti e mi assegnò quell'infausto compito. Quando mi comunicò la sua decisione, riconobbi sul suo volto un'espressione a metà tra il sollievo – dato che la presenza di un suo sottoposto nell'ufficio di Sibilla avrebbe deviato numerose grane altrimenti rivolte alla sua persona – e il dispiacere per la tortura cui mi stava sottoponendo e della cui entità era perfettamente consapevole. Per quanto fossi estremamente intimorito dalla figura della spaventosa poliziotta, tuttavia, una parte di me era affascinato dall'idea di condividere l'ufficio con una personalità tanto brillante e fuori dagli schemi, dandomi la possibilità di osservare le abitudini e il modo di lavorare che le avevano permesso di affinare a tal punto le sue capacità logico-deduttive.

Ben presto, però, la mia eccitazione lasciò il posto a un profondo senso di scoramento: essere alle dipendenze di Sibilla Agostini era un vero e proprio incubo. La mia "postazione", se così si poteva chiamare, era costituita da una scomoda sedia senza braccioli incastrata in uno degli angoli del tenebroso sgabuzzino, cui si accompagnava uno sgabello leggermente più alto e di dimensioni ridotte che avrebbe dovuto fungere da scrivania. Appena i colleghi della polizia stradale recapitavano all'ufficio i materiali da analizzare, questi venivano immediatamente dirottati sopra il mio trespolo, che assumeva le sembianze di una pericolante torre mal progettata la cui stabilità era perennemente minacciata dal refolo ininterrotto del ventilatore, unica entità che Sibilla sembrava avere a cuore. La mancanza di luce, il persistente odore di chiuso e il terribile disordine contribuivano a rendere quel luogo un inferno in terra.

L'unica nota positiva era la totale mancanza di distrazioni, che mi permetteva di concentrarmi sull'investigazione al cento per cento. Per la maggior parte del tempo, Sibilla se ne stava in silenzio a compilare i suoi schemi di parole crociate e mi ignorava completamente, come se non fossi presente all'interno della sua sfera di percezione. Non mi chiedeva mai niente riguardo al lavoro che svolgevo e leggeva soltanto i materiali che io le selezionavo, la maggior parte delle volte con evidente scarso interesse salvo rari casi in cui vedevo le sue iridi glaciali accendersi di curiosità. In quelle settimane di collaborazione ricevetti un singolo, incomprensibile ordine: la mattina, prima di entrare in ufficio, dovevo passare dall'edicola più vicina, acquistare una copia di ogni rivista scandalistica appena uscita e fargliele trovare sulla scrivania. Nonostante non avessi la minima idea di quali informazioni utili potesse trovare all'interno di quei giornalacci di gossip, decisi di non farmi troppe domande e tutti i giorni, immancabilmente, eseguivo la richiesta senza fiatare.

Insomma, le condizioni di lavoro non favorivano certamente lo svolgimento sereno delle attività investigative ma almeno, come anticipato, sfruttai l'occasione per analizzare più a fondo la figura di Sibilla Agostini.

Contrariamente a quanto si potesse pensare, non era affatto una persona di cultura. Intendiamoci, con questo non voglio dire che fosse ignorante, anzi. Aveva una conoscenza letteralmente smisurata di ogni campo dello scibile umano, specialmente in relazione alla sua giovane età, ma i suoi saperi si fermavano a uno strato superficiale e dimostravano una scarsa, se non nulla, propensione all'approfondimento. Poteva recitare a memoria i nomi dei premi Nobel per la letteratura dalla prima assegnazione all'anno in corso senza mai aver letto un singolo libro degli autori insigniti; conosceva l'esatta locazione di monti, fiumi e laghi di tutto il mondo nonostante nella sua vita avesse viaggiato pochissimo; mi stupì in particolar modo la familiarità con compositori e titoli di opere liriche, materia della quale aveva una conoscenza enciclopedica enorme ma di cui non avrebbe saputo recitare mezza aria (anzi, una volta, mentre compilava uno dei suoi inseparabili schemi di parole crociate, si domandò ad alta voce come mai i cruciverbisti avessero quel feticismo nei confronti di «quella schifezza di musica sinfonica»). Il suo cervello era paragonabile a una Treccani i cui redattori avessero dimenticato di scrivere al suo interno i vari significati delle voci, a eccezione delle prime due o tre righe necessarie per inquadrare a grandi linee l'argomento e il contesto di riferimento.

Aveva inoltre delle lacune incredibili riguardanti tutto ciò che concerneva la politica e più in generale l'attualità. Non aveva idea dell'orientamento del governo insediato, le riforme in corso, quali guerre stessero turbando gli equilibri geopolitici planetari. A volte mi sembrava che non fosse neanche del tutto informata sugli ultimi casi di cronaca nera, come se anche quegli avvenimenti, in apparenza così inerenti alla sua sfera di interesse, non rientrassero in alcun modo nel novero delle cose che la riguardassero. «Gli eventi contemporanei», mi disse una volta, in uno dei rari slanci di loquacità che erano sempre spiegazioni non richieste dei meccanismi sottostanti a un qualche gioco enigmistico, «non sono usati nelle definizioni degli schemi di parole crociate perché, essendo ancora in corso, possono essere soggetti a cambiamenti e non danno adito a soluzioni univoche e quindi accettabili». Come quel chiarimento potesse costituire una motivazione valida del suo totale disinteresse verso quello che stava accadendo nel mondo non avrei proprio saputo dirlo, ma con ogni probabilità l'intento dietro al commento era puramente didattico e non quello di giustificarsi di alcunché.

Per riassumere, Sibilla provava una sincera e naturale indifferenza nei confronti di tutto ciò che avveniva all'infuori delle quattro pareti ammuffite del suo tugurio che non le fosse di qualche aiuto per risolvere i suoi giochi enigmistici. Che un fatto, un concetto, o una nozione potessero poi esserle di qualche utilità per la sua attività investigativa era un effetto del tutto collaterale.

Ma la caratteristica che rendeva Sibilla una persona decisamente fuori dell'ordinario, oltre all'incredibile memoria che le consentiva di ricordare istantaneamente qualsiasi cosa leggesse e che era alla base della vastissima mole di conoscenze enciclopediche che possedeva, era la capacità di creare collegamenti tra elementi distantissimi fra di loro con una semplicità disarmante, abilità che le permetteva di tenere insieme quella sconfinata rete nozionistica attraverso una moltitudine di fili d'unione. Bastava che le venisse detta una data ed era in grado di nominare nascite, morti, conquiste, scoperte e qualsiasi tipo di fatto rilevante fosse accaduto durante quel giorno. Le nominavi una pianta o un fiore e poteva recitare a menadito ogni libro che avesse il nome del vegetale nel titolo, gli utilizzi più comuni in medicina, gli habitat dove era possibile trovarli, ma non avrebbe saputo descriverne l'odore se non con qualche aggettivo preimpostato che sembrava uscito direttamente dallo Zanichelli. Era questa particolarissima e incredibilmente rara qualità, credo, a costituire quel sesto senso che le permetteva di risolvere i casi più complessi senza apparente sforzo, astraendosi dalla realtà dei fatti e "unendo i puntini" generati dagli indizi lasciati dai colpevoli. Vedendola all'opera, non potevo fare a meno di pensare che il suo cervello dovesse essere strutturato proprio come un complicatissimo, gigantesco cruciverba.

Nonostante i progressi sull'indagine in corso latitassero, Sibilla non sembrava preoccuparsene e dava costantemente l'impressione di avere tutta la situazione sotto controllo. Quotidianamente Fusco si recava da lei (in via del tutto eccezionale, nessun enigma impediva l'accesso all'ufficio) per essere aggiornato sugli svolgimenti e con la speranza di ottenere buone notizie, visto che il suo reparto brancolava nel buio più nero. Lunarius, il cartomante assassinato qualche giorno prima, era un uomo piuttosto solitario, senza parenti o amici, e nessuno aveva denunciato la sua scomparsa. L'ultima persona ad averlo visto risultava essere un'anziana signora trevigiana, che si era recata nel suo appartamento tre giorni prima del ritrovamento del corpo per farsi leggere le carte, ma dall'interrogatorio non emerse niente che potesse considerarsi una pista. La perquisizione dell'appartamento, similmente, non portò alla luce nessun indizio: l'unica cosa strana era l'assenza di qualsiasi telefono, sia fisso che mobile, negli interni dell'abitazione, che suggeriva che l'assassino se ne fosse probabilmente sbarazzato per evitare che i registri di chiamate potessero essere controllati. Era lecito pensare che il contatto tra il killer e il veggente fosse avvenuto proprio telefonicamente e che le loro conversazioni sarebbero quindi rimaste a lungo inaccessibili. La totale mancanza di sviluppi stava caricando l'ispettore Fusco di pressioni pesantissime da parte della Magistratura, in virtù della curiosità che l'omicidio del cartomante stava suscitando nei media per via della sua bizzarra e affascinante dinamica.

Ogni giorno Sibilla rispondeva all'ispettore capo che era troppo presto per poter sperare di catturare il colpevole e che ancora molti tasselli mancavano per prevedere la sua prossima mossa. Non si trattava di una semplice catena di omicidi imputabili a qualche assassino psicopatico: era un gioco, una sfida morbosa che il misterioso omicida aveva lanciato alle forze dell'ordine per una qualche ragione ancora non chiara. Le soluzioni che Sibilla aveva trovato agli "enigmi di Marte e Venere", come li chiamava lei, e la presenza dei simboli dei segni astrologici sulla missiva recapitata al commissariato vicino Città del Vaticano e sulla scena del crimine le davano l'assoluta certezza che ci trovassimo solo nelle fasi iniziali di qualcosa di ben più complesso e che la cosa più saggia da fare fosse, semplicemente, aspettare.

Alla richiesta di Fusco di riferirgli le risposte dei quesiti, per capire se potessero in qualche modo aiutarli con le indagini, Sibilla replicava sempre con lo stesso sardonico sorrisetto, con il quale lasciava intendere che comunicargli le soluzioni ottenute fino a quel momento sarebbe stato inutile dato che non ne avrebbe compreso il senso, reazione che mandava l'ispettore capo su tutte le furie ma di cui la ragazza non si curava minimamente. Più passavano i giorni e più la pazienza del mio superiore diminuiva e dalle sue domande sempre più pressanti, cui otteneva sempre le solite lapidarie risposte, traspariva uno scetticismo nei confronti della fantomatica catena di omicidi zodiacali che Sibilla aveva vaticinato. E se l'omicidio del cartomante fosse stato un caso isolato, tutto l'apparato scenico un semplice modo per prendersi gioco della polizia?

Non ci volle molto tempo, tuttavia, per scoprire che Fusco si stava sbagliando e che l'agente Agostini aveva ragione.

Terzo enigma

La mattina del 12 agosto giunse la notizia che il corpo di Padre Michele Krüger, prete spoletino di origini tedesche conosciuto in zona per le sue sedicenti capacità esorcistiche (per le quali si faceva pagare lautamente da tutti coloro che credessero di avere un parente posseduto dal demonio), era stato ritrovato crocifisso nel Duomo della sua città. L'assassino, differentemente da quanto avvenuto con Lunarius, doveva aver avuto vita decisamente più facile con l'omicidio dell'uomo di chiesa. Padre Krüger, che era affiliato all'Arcidiocesi di Spoleto ed era solito officiare messa proprio all'interno della chiesa che era diventata adesso la sua tomba, viveva in una canonica lì vicino. Al killer era stato probabilmente sufficiente attirare con una scusa il malcapitato prete all'interno del Duomo – magari con la finta richiesta di un esorcismo – e una volta dentro aveva avuto piena libertà di orchestrare l'efferato crimine. La polizia cittadina, inoltre, riferì al telefono che sull'addome del prete era stato disegnato con il sangue un **simbolo somigliante al segno del Leone.** Immediatamente ci recammo alla volta della cittadina umbra, dove vedemmo il corpo nudo del prete orrendamente inchiodato a due assi di legno incrociate che fecero rabbrividire tutti i membri della spedizione, a esclusione di Sibilla.

La composizione di quell'enigma, se così possiamo chiamarlo, non era tanto dissimile da quello precedente. Anche in questo caso il corpo era stato sistemato in modo da assumere una posizione cristologica, resa ancora più evidente dall'esplicito riferimento alla crocifissione che rappresentava una sorta di contrappasso all'ignominiosa attività esorcistica praticata dal prete durante la sua vita. Si poteva già riconoscere un filo conduttore tra i due omicidi commessi fino a quel momento. Le vittime venivano torturate e successivamente uccise con gli strumenti da loro utilizzati per ingannare le prede: i tarocchi nel caso di Lunarius, la croce, simbolo della fede e della protezione dai demoni, per Padre Krüger. Immancabile il simbolo zodiacale, stavolta disegnato direttamente sull'addome dello sfortunato prete, che come già anticipato dalla chiamata della polizia rappresentava il **segno del Leone.**

Non mi sfuggì il fatto che sul dorso delle mani erano state incise le due icone che ormai stavo imparando a riconoscere. **Sulla sinistra era stato tracciato l'emblema di Venere, mentre una cicatrice con la forma del simbolo di Marte si stagliava sulla carne della mano destra.** Sopra i palmi, tesi verso l'alto in segno di redenzione, erano appoggiati due oggetti di fattura molto differente tra loro. Sulla mano sinistra campeggiava un piccolo oggetto scuro dalle striature metallizzate, che dopo qualche secondo di osservazione riconobbi trattarsi di un registratore. Tra le dita della mano destra era invece infilato un pezzetto di carta rettangolare, la cui sproporzione tra le due dimensioni era tale da renderlo più una striscia che un foglio.

Dalla posizione in cui mi trovavo, riuscivo a vedere che sopra vi erano scritte alcune parole, ma ero troppo distante per capire quali fossero. **Notai anche che l'indice di quella mano era piegato in maniera innaturale, come se fosse stato forzato volontariamente a indicare una direzione differente rispetto a quella verso cui puntavano i suoi compagni.**

L'ispettore Fusco fu il primo a prendere la parola.

«Pare che Agostini avesse ragione», disse con un tono di voce che esprimeva profondo rammarico, «questo è solo l'inizio. Dobbiamo essere pronti a tutto perché siamo di fronte a un caso che nessuno di noi ha mai affrontato prima».

La lapidaria constatazione rese il silenzio seguente ancora più tombale rispetto a quello che ci aveva accompagnati sin dall'ingresso nella cattedrale. Un alone di morte si era sprigionato dalle parole dell'ispettore capo, che tutti noi sapevamo corrispondere all'atroce verità.

«Cerchiamo di mantenere la calma e agiamo seguendo tutte le procedure del caso. Poco prima di entrare ho telefonato alla Scientifica e mi hanno detto che saranno qua a momenti, nel frattempo noi limitiamoci a guardarci intorno in cerca di indizi e mi raccomando non tocchiamo null… AGOSTINI, CHE DIAVOLO STAI FACENDO?».

Rapida e furtiva come un gatto, Sibilla si era avvicinata al crocifisso e ora la sua mano era tesa verso il palmo sinistro del cadavere nel tentativo di rimuoverne il registratore. Allungata com'era ai piedi di quella lugubre replica del Cristo morto, sembrava una madonna che, anziché piangere la triste sorte del figlio giustiziato sul Golgota, approfittasse della sua dipartita per depredarlo degli ultimi averi. Appena riuscì nel suo intento, scese dalla scalinata che conduceva all'abside e, con la solita aria di assoluta noncuranza, ci mostrò il minuto registratore. Paragonai le espressioni stampate sui volti di Padre Krüger e di Fusco e notai che la mimica facciale del secondo trasmetteva una sensazione di dolore molto più intensa rispetto al primo.

«Agostini, giuro che prima o poi mi farai diventare matto. Ma ti rendi conto di cosa hai fatto? Non solo hai manomesso la scena del crimine prima dell'arrivo della Scientifica, hai contaminato lo stesso cadavere! Hai completamente alterato le informazioni che costituiranno la base delle nostre indagini!».

«Per quanto considerassi già tutte queste operazioni abbastanza prive di fondamento», rispose Sibilla armeggiando agilmente con il dispositivo elettronico appena recuperato, «in questo caso particolare credo che rasentino la totale inutilità. Tu ispettore, tutti voi, non avete ancora capito che abbiamo di fronte un avversario formidabile, un freddo calcolatore la cui estrema meticolosità lo rende incredibilmente pericoloso. No, non riusciremo a catturarlo semplicemente indagando, sperando che abbia lasciato inavvertitamente qualche indizio che ci permetta di risalire a lui. Non lascerà tracce a meno che non voglia farlo, ed è esattamente quello che sta facendo. Questo», esclamò, alzando sopra la testa il registratore, «è l'unico modo che abbiamo per poterlo catturare. Noi siamo solo delle pedine del suo gioco malato, i cui scopi ancora non mi sono chiari. Ma una cosa ve la posso garantire: con me ha trovato pane per i suoi denti e si pentirà amaramente di avere osato sfidarmi. Vuole giocare? Bene, sono pronta non soltanto a giocare, ma a vincere».

La fierezza emanata da quella minuta ragazza con la camicetta bianca era tale da riempire ogni interstizio dell'austera cattedrale. Fino a quel momento credevo che fosse incapace di provare emozioni che non fossero sdegno, disprezzo e, nel migliore dei casi, una divorante curiosità. Adesso, invece, i suoi occhi divampavano di un bagliore incendiario che mai avrei creduto di poter vedere. In quell'istante capii un'altra cosa dell'agente Agostini, che in effetti si incastrava perfettamente con tutte le caratteristiche che avevo scoperto di lei: era terribilmente competitiva e non amava perdere.

«Bene, direi che possiamo procedere all'ascolto. Chissà qual è il contenuto di questo aggeggio». In un secondo la baldanza che le imporporava le pallide guance lasciò il posto a un'eccitazione quasi infantile e vidi i suoi occhi riempirsi nuovamente della luce che le conferiva quell'espressione incredibilmente acuta. Aprì il palmo della mano sinistra, ci appoggiò il piccolo oggetto e con un gesto deciso schiacciò il tasto *play*.

Le navate della chiesa si riempirono di un sinistro e reiterato rumore. Rimbalzando sulle alti pareti di pietra e percorrendo le ampie cavità di quel sacro luogo, il Duomo ci restituiva terribilmente ingigantita la voce metallica, probabilmente artefatta con l'utilizzo di qualche software per non essere riconoscibile, emessa dal riproduttore elettronico, che in una straziante litania ripeteva sempre le stesse due parole.

Nazioni... Unite... Nazioni... Unite...

Quel suono gracchiante aveva un'inflessione talmente malevola da farmi prima accapponare la pelle, e poi contrarre lo stomaco in quello che credetti essere un primo accenno di nausea. Mi guardai intorno e vidi che la mia sensazione di malessere era condivisa con i miei compagni di reparto ma non – ovviamente – da Sibilla, che anzi alternava lo sguardo impassibile verso differenti punti dell'imponente volta, come se tentasse di capire quale di questi fosse la reale origine di quella terribile voce. Dentro di me pregai che spegnesse velocemente il registratore ma venni accontentato solo diversi secondi più tardi, che a me parvero durare un'eternità. Sibilla rimase qualche secondo in silenzio fissando stavolta il pavimento, come se cercasse la risposta ai suoi interrogativi sulla punta delle scarpe da tennis. Infine, alzò la testa e con il suo solito sorriso sghembo ci riportò, trionfante, le sue conclusioni.

«Non ve l'ho detto prima perché non avevo abbastanza elementi per poterlo affermare con sicurezza ma, se è vero che tre indizi fanno una prova, adesso posso dichiararlo con matematica certezza. **Le soluzioni delle prove di Venere, cui questo registratore appartiene, sono sempre numeri. Per essere precisi, delle singole cifre»**.

Tutto mi aspettavo tranne che un'affermazione di questo tipo. Numeri? E a cosa ci potevano servire dei numeri per risolvere il caso?

«La risposta insita in questo messaggio registrato è piuttosto semplice, almeno per me», continuò, in preda a una sorta di trance, «se volete arrivarci anche voi, anche se nutro molti dubbi sulla riuscita di questa operazione, vi consiglio non soltanto di ragionare sul contenuto di ciò che avete ascoltato ma anche sul modo in cui esso va interpretato. Il registratore si trovava sulla mano sinistra, che risaputamente viene definita anche "mano del diavolo". **E come parla il diavolo, soprattutto quando si manifesta durante uno dei suoi atti di possessione demoniaca?»**.

Provai a ragionare sulle informazioni che la ragazza ci aveva suggerito. Sentivo il mio cervello che andava a mille all'ora, come se per osmosi beneficiasse dell'influsso intellettivo delle parole di Sibilla.

«Dunque, Nazioni Unite, che si chiamano anche... Però devo leggere come parla il diavolo... Ma certo, ci sono!», esclamai fra me e me. Un numero, lo avevo trovato, quindi dovevo aver capito la soluzione corretta. Tuttavia ero riuscito a comprendere il vero significato di quell'oscuro messaggio soltanto grazie alle imbeccate dell'investigatrice, altrimenti non sarei mai stato in grado di arrivarci.

Come aveva fatto lei a capire tutte queste cose? Nonostante ormai avessi dovuto farci il callo, non riuscivo a smettere di strabiliarmi delle incredibili doti di Sibilla Agostini.

«Passiamo adesso al messaggio sulla mano destra. **Anche se non ho ancora letto il contenuto, posso già dirvi che la soluzione, come tutti gli altri quesiti accompagnati dal simbolo di Marte con cui abbiamo avuto a che fare e con cui ci imbatteremo in seguito, sarà una lettera**».

Sibilla si voltò scese dalla scalinata che conduceva all'abside. Quella figura lunare che silenziosamente percorreva la navata centrale della cattedrale permeata di spiritualità sembrava adesso una dama arturiana, una novella Morgana che a ogni suo passo lasciava alle spalle una mistica aura di magia. Si avvicinò al corpo martoriato e, similmente a quanto fatto poc'anzi col registratore, gli sfilò dalle mani il piccolo lembo di carta. Lo tese davanti ai suoi occhi e ne lesse avidamente il contenuto.

«Fortuna che appena siamo arrivati alla piazza del Duomo mi sono messa a guardare gli affreschi e soprattutto i mosaici», ridacchiò. Fece a ritroso il percorso in mezzo alle panche e agli inginocchiatoi e ci mostrò la scritta sul foglietto:

Annis Inventis Cum Septem Mille Ducentis
xxxxx
xxxx
xxxX

«**Annis Inventis Cum Septem Mille Ducentis…** Non fatevi fregare da questa frase in latino, non si tratta di un test matematico. **Guardate la mano del prete, non vedete che punta in alto, verso la facciata principale? Lì bisogna cercare il significato del messaggio e, come nelle mappe piratesche, la X evidenziata ci indicherà il tesoro!**».

Sibilla era in preda a una fibrillazione incontenibile. Era

talmente contenta da risultare meno arrogante del solito. All'improvviso lasciò cadere il prezioso biglietto e, facendosi bruscamente largo tra i componenti del piccolo gruppo, si diresse velocemente all'esterno del Duomo. Appena arrivò alla grande piazza antistante la chiesa, le vidi alzare lo sguardo al cielo, verso il tetto della grande cattedrale longobarda. Mentre ci avvicinavamo, la sentii bisbigliare una sola, semplice parola:

«**Gesù...**».

GEMELLI

Diario segreto

Quella notte tra i corridoi regnava un silenzio irreale. All'orario stabilito ci trovammo al punto d'incontro, proprio davanti alla porta a vetri che conduceva all'ufficio delle istitutrici (dentro di me covava prepotente il sospetto che avessi scelto quello specifico luogo appositamente per fare loro un dispetto). Ci rannicchiammo per dirigerci verso la finestra difettosa al piano terra da cui, agili come due gatti di strada, evademmo in giardino.

L'edificio che ci ospitava era piuttosto lontano dal centro abitato e le uniche luci che rischiaravano l'oscurità erano quelle delle stelle, che imponenti scintillavano sopra le nostre teste. Soltanto molti anni più tardi lessi la storia di quei due guerrieri, Eurialo e Niso, che uscirono di nascosto dall'accampamento troiano per causare perdite all'esercito rivale, guidati solo dalla luce della luna e dallo scintillio delle armature nemiche. Non potei fare a meno di notare molte analogie con l'avvenimento che sto raccontando adesso, in particolare il rapporto di tenera complicità che legava i due sfortunati eroi.

Dopo pochi secondi (il cortile era di dimensioni piuttosto esigue anche se a noi, all'epoca, sembrava sconfinato) iniziammo a scorgere la piccola collinetta dove ti avevo vista per la prima volta. Appena ne intravidi gli sfumati contorni sentii il mio cuore saltare un battito. A tentoni cercammo di inerpicarci su per la sdrucciolevole salita, aggrappandoci con la poca forza che avevamo a disposizione a ogni filo d'erba, nel tentativo (non sempre vittorioso) di non scivolare. Quando finalmente conquistammo la tanto agognata cima, ci sdraiammo sul declivio ammantato dalla brina notturna e iniziasti a raccontare la storia della tua vita.

Ma non della vita passata, a tuo giudizio di scarso interesse e ancora limitata dall'esiguo ammontare di tempo trascorso su questa terra. No, mi raccontasti per filo e per segno la tua intera esistenza da quel momento in avanti, tutto ciò che la permanenza nel mondo ti avrebbe riservato. Mi dicesti di come fosti riconoscente alla Stella, luogo tanto infelice, perché nonostante le difficoltà era lì che avresti conosciuto l'amore della tua vita, e di come una volta uscita da lì il tuo futuro sarebbe stato costellato di successi e soddisfazioni. Non riuscivo a vederti in volto a causa dell'oscurità ma il tono della tua voce era fermo, deciso, come se stessi leggendo parola per parola, partendo dal fondo, le pagine di un libro di storia.

La meraviglia nei confronti di ciò che mi avevi detto mi portò a chiederti come facessi a sapere tutte quelle cose sul tuo avvenire. Senza dire una parola, indicasti in alto: avevi visto tutto nelle stelle. La mia natura scettica mi impedì di crederti ma tu non sai, davvero non sai quanto avrei voluto che tu avessi avuto ragione.

Restammo in silenzio per un lasso di tempo che a me parve interminabile. A un certo punto, come se fosse la cosa più naturale del mondo, le nostre mani si sfiorarono, fino a che quel lieve tocco non si trasformò in una tenue, dolcissima stretta. Purtroppo, non avevo capito che quel gesto, per noi, avesse significati completamente diversi.

04/09/2023

Quella mattina, quando girai la chiave della porta di legno ed entrai come consuetudine nell'ufficio di Sibilla, con grande stupore notai che lei era già al lavoro dietro la sua scrivania. Un'altra delle caratteristiche della mia temporanea responsabile era quella di non rispettare alcun orario predefinito, nonostante l'approccio metodico e l'attenzione ai dettagli dimostrati durante l'analisi degli indizi facessero pensare che anche la sua tabella di marcia, come la sua mente, dovesse essere organizzata secondo uno schema rigoroso. Io, invece, che ho sempre reputato la puntualità una delle più grandi virtù che un essere umano possa avere, ogni mattina alle 9:00 spaccate mi presentavo nell'insolito studio, ed era in assoluto la prima volta che la trovassi già operativa. *Strano*, pensai fra me e me, *dopo quello che abbiamo passato ieri*. Il suo orario di uscita era ancora più variabile. La maggior parte delle volte se ne andava poco dopo la mia pausa pranzo, che consumavo sempre da solo alla mia sbilenca postazione dato che l'alimentazione di Sibilla era costituita quasi esclusivamente da cioccolato, dolcetti, merendine e tutta un'altra gamma di cibi spazzatura che avrebbe messo a dura prova anche un bambino delle elementari particolarmente goloso. Altre volte, invece, rimaneva rinchiusa nel suo bugigattolo a tempo indeterminato dopo il mio orario di uscita, che in quei giorni di estrema emergenza non era mai anteriore alle 20:00/20:30.

Mi sfilai lo zaino dalle spalle e meticolosamente feci passare le cinghie zigrinate intorno allo schienale della malconcia sedia, incastrando la sacca tra il muro retrostante e la parte posteriore della seduta, al fine di non comprometterne il già precario bilanciamento. Facendo attenzione a non spostare troppo il baricentro del pericolante accrocchio aprii la zip, ne estrassi i materiali riguardanti il caso e con attenzione iniziai a impilarli sul tavolo-sgabello. Mattina dopo mattina, avevo studiato il modo migliore per disporre i fogli sull'esigua superficie e avevo raggiunto un risultato che consideravo più che ragguardevole, consentendomi di tenere tutto organizzato e anche di ricavare un piccolo spazio che andava a costituire la mia effettiva area operativa. Certo, tenere tutto in ordine e soprattutto in equilibrio richiedeva un'abilità manuale degna di un prestigiatore, ma devo dire che ormai da quella routine mattutina ricavavo un certo piacere.

Vedere la grande scrivania di Sibilla inghiottita da chili di carta inutilizzata, quando io dovevo destreggiarmi in una manciata di centimetri quadrati, inizialmente mi dava non poco fastidio, ma con il tempo avevo iniziato a non farci più caso. Come al solito aveva in mano una biro nera, unico tipo di utensile che le avessi mai visto utilizzare, ma notai che stavolta non si stava cimentando con una delle sue adorate riviste di enigmistica.

Ormai avevo imparato a riconoscere il gioco che stava affrontando semplicemente attraverso l'osservazione del movimento della penna sul foglio: quando il tratto si alternava freneticamente fra le due dimensioni orizzontale e verticale, animata dalla fervente meticolosità di un pittore impressionista che componesse la sua tela, era alle prese con un cruciverba; se la biro rimaneva sospesa a mezz'aria per un lasso di tempo più o meno lungo, a seconda della difficoltà del gioco, per poi avventarsi famelicamente sulla carta stampata, stava sicuramente risolvendo un rebus o uno dei tanti indovinelli presenti su «La Settimana Enigmistica»; quando il movimento era zigzagante come quello di una guida ubriaca non avevo dubbi che la sua vittima fosse il celebre gioco del "Bersaglio", in cui bisogna collegare tra loro varie parole unite da una qualche sorta di affinità semantica o letterale. C'erano anche altri giochi ai quali riuscivo ad assegnare una movenza caratteristica (l'andamento rimbalzante da un'immagine all'altra delle quali si devono individuare le differenze, o la linea continua generata dall'unione dei puntini numerati), ma erano molto più rari rispetto a quelli appena descritti. Comunque, ero sicuro che stesse facendo qualcosa di diverso dal solito e alzai leggermente la testa per guardare con la coda dell'occhio il contenuto del foglio che aveva davanti, facendo attenzione a non farmi scoprire. Evidentemente non fui abbastanza furtivo, visto che dopo qualche secondo Sibilla levò bruscamente la testa dalla scrivania e mi fulminò con i suoi occhi vitrei.

«Ehi Novellino, lo sai che non è permesso sbirciare i compiti altrui?», mi rimbrottò, mentre con i polpastrelli lisciava lievemente la superficie plasticosa della biro. «Fossimo ancora a scuola saresti già stato bocciato. Per tua fortuna io sono molto più magnanima delle maestre che hanno avuto la sfortuna di doverti insegnare qualcosa e non solo ti perdono, ma ti permetto anche di guardare cosa sto facendo. Dai su, avvicinati, non mordo mica».

Non ero del tutto convinto della veridicità dell'ultima affermazione, ma tenni quel riserbo per me. Sibilla continuava a fissarmi intensamente e credetti che sarebbe rimasta immobile in quella posizione fino a che non avessi obbedito al suo velato ordine. Gli unici movimenti visibili erano quelli della biro che ondeggiava ritmicamente tra le punte delle sue dita sottili e i verbali delle multe che, colpiti crudelmente dal perpetuo soffiare del ventilatore, svolazzavano tutt'intorno alla sua esangue figura. La suggestione di quell'immagine mi paralizzò per qualche secondo ma, dopo essermi ripreso, attraversai il caos che regnava sulla polverosa moquette e mi posizionai di fronte alla ragazza, osservando il foglio che, in uno slancio di imprevista gentilezza, aveva girato verso di me per permettermi di guardare meglio.

Sul pezzo di carta – che dal timbro sbiadito della polizia stradale capii essere una vecchia multa di cui l'agente avrebbe dovuto occuparsi da tempo – era disegnato una specie di schema, senza ombra di dubbio collegato alla catena di omicidi che da più di un mese ci stava angustiando:

SEGNO	LUOGO	LETTERA ♂	NUMERO ♀
ARIETE ♈			
TORO ♉			
GEMELLI ♊			
CANCRO ♋			
LEONE ♌			
VERGINE ♍			
BILANCIA ♎			
SCORPIONE ♏			
SAGITTARIO ♐			
CAPRICORNO ♑			
ACQUARIO ♒			
PESCI ♓			

Osservai la strana tabella per qualche secondo, cercando di capirne la logica che stava dietro alla sua strutturazione. **Ovviamente i segni zodiacali, ognuno accompagnato dal rispettivo simbolo, corrispondevano ai vari delitti, mentre la colonna che indicava il luogo serviva a tenere traccia delle varie località dove gli omicidi erano stati consumati. Le restanti due voci erano quelle più astratte e avevano la funzione di catalogare le lettere e i numeri risultanti dagli enigmi dei delitti.**

Ma concretamente, perché aveva costruito quello schema? Cosa sperava di ottenere? Sibilla lesse nel mio sguardo perplesso gli interrogativi che affollavano la mia mente e non aspettò che li formulassi ad alta voce per rispondermi.

«Sai, Novellino, generalmente non mi piace affidarmi a un supporto cartaceo per tenere traccia dei miei ragionamenti: il mio cervello basta e avanza per ricordare tutti gli elementi interessanti di un caso da risolvere e collegarli tra loro in modo da far emergere la verità. Tuttavia questa volta devo fare un'eccezione, perché **sono convinta che i dati che ho riportato nella tabella siano fondamentali per comprendere la soluzione finale di questo intricato enigma**».

Adesso Sibilla aveva nuovamente lo sguardo piantato sullo schema. Attraverso le disordinate ciocche della sua chioma potevo distinguere l'espressione concentrata di quando era alle prese con un arzigogolo particolarmente ostico, le mani sulle tempie in posa di concentrazione. Sembrava essersi completamente dimenticata di me e quindi richiamai nuovamente la sua attenzione con altre domande.

«Mi sembra un'ottima idea, tuttavia ci sono alcune cose che non capisco. Vedo che... hai messo i segni zodiacali nell'ordine astrologico e non in quello cronologico degli omicidi».

Nel pronunciare quest'ultima frase il cuore mi balzò in gola. Dopo qualche secondo di indecisione avevo optato per darle del "tu" anziché del "lei", come avevo sempre fatto sino a quel momento. In fondo, avevamo più o meno la stessa età e mi sembrava il modo più naturale per rivolgermi a lei. Tuttavia, non avevo idea di quale sarebbe stata la reazione dell'eccentrica ragazza, che aveva più volte dimostrato estrema noncuranza per cose che avrebbero fatto arrabbiare un santo ed enorme suscettibilità per cose che non avrebbero infastidito letteralmente nessuno. Fortunatamente, il mio ardire enunciativo sembrò ricadere nella prima categoria e continuò a fissare la scrivania senza muovere un solo muscolo.

«Perché hai deciso di disporli in questo modo?», continuai. «Inoltre, come mai manca la data degli omicidi fra le colonne?».

Silenzio. Anche in questo caso, la ragazza rimase assorta nei suoi pensieri e non fece cenno di avermi sentito. Imbarazzato, mi guardai intorno e mi domandai se non fosse il caso di tornare alla mia postazione, lasciando che i miei dubbi venissero spazzati via dal turbinare eolico del ventilatore insieme ai poveri scartafacci. Stavo per fare dietrofront quando Sibilla si svegliò di colpo e tornò a parlare.

«Sto cominciando a pensare che tu non sia completamente stupido ma solo stupido, Novellino. Fidati, detto da me è un grande complimento».

Per essere un elogio non era che mi lusingasse granché, ma alla fine era meglio di niente.

«Iniziamo dall'ordine dei segni», riprese Sibilla, contraendo gli zigomi in un atteggiamento serioso. «La lettera arrivata al commissariato di Roma nel mese di luglio conteneva il simbolo zodiacale del Toro. O meglio, al suo interno erano presenti vari segni, ma quello del Toro era in una posizione privilegiata rispetto agli altri e cerchiato, in modo da metterlo in evidenza. Come già ampiamente dimostrato, a ogni enigma corrisponde un segno zodiacale: tuttavia il Toro non è il primo segno zodiacale ma il secondo. L'indovinello successivo era quello dell'Acquario, undicesimo segno, poi Leone, quinto segno, e così via... Perché quindi i delitti non si susseguono secondo l'ordinamento più naturale cioè, appunto, quello zodiacale?».

Sibilla tacque e allungò le mani verso una delle pile cartacee accanto a lei e ne estrasse un fogliaccio tutto spiegazzato (Dacia Duster, divieto di sosta, euro 63,20), lo girò e sul retro scrisse una sola, semplice parola:

ISTIGANO

Si appoggiò allo schienale e iniziò a fissarmi, la testa leggermente reclinata come per sottolineare qualcosa che avrebbe dovuto essere ovvio. Io non potei far altro che contraccambiare con uno sguardo inebetito, visto che non avevo la benché minima idea di dove volesse andare a parare. Aspettò qualche secondo, in quello che stava assumendo sempre più i contorni di un atto di fede piuttosto che dell'attesa di un qualche segnale di comprensione da parte mia, fino a quando emanò un profondo sbuffo di disappunto e continuò a scrivere:

6	4	5	8	2	1	7	3
I	S	T	I	G	A	N	O

1	2	3	4	5	6	7	8
A	G	O	S	T	I	N	I

«Questo è un anagramma, Novellino». Quel briciolo di stima che avevo guadagnato nei confronti di Sibilla grazie alla puntualità delle mie osservazioni era già sparito. Continuò a spiegare come se si stesse rivolgendo a un bambino di 5 anni. «Praticamente è quando prendi le lettere di una parola e le sposti in modo da formarne un'altra. "Istigano" è un anagramma del mio cognome, "Agostini". Hai capito?»

«Lo so che cos'è un anagramma», le risposi, stupendomi del tono stizzito della mia stessa voce, «semplicemente non l'avevo riconosciuto e continuo a non comprendere cosa c'entri con l'ordine dei segni zodiacali… ma certo, ho capito! **Le risposte agli enigmi sono gli elementi di altre soluzioni che non sono in ordine. Esattamente come in un anagramma!**».

«**E l'ordine in cui vanno disposte è dato dalla posizione dei segni all'interno dello Zodiaco**, proprio come i numeri indicano il giusto collocamento delle lettere nell'anagramma del cognome», concluse tranquilla Sibilla, non mostrando di essersela presa per il mio inalberamento di poco prima. «Sono sicura che trovando le risposte a tutti gli enigmi e mettendole nell'ordine giusto, otterremo gli elementi necessari per catturare il colpevole. Per questo nutro la convinzione che l'unica cosa che possiamo fare adesso è aspettare, perché non abbiamo abbastanza elementi per capire cosa il killer abbia intenzione di comunicarci».

Ancora una volta rimasi a bocca aperta di fronte all'acume di quella incredibile ragazza. Quante volte ancora sarebbe riuscita a stupirmi?

«Veniamo alla seconda domanda, quella delle date. In questo caso si tratta di un'intuizione, più che di un vero e proprio ragionamento».

Nel pronunciare quelle parole distinsi nel tono di voce di Sibilla una punta di vergogna, come se non andasse fiera della metodologia utilizzata per giungere a quella conclusione.

«Le risposte degli enigmi venusiani sono tutte cifre. **E quale dato importante potrebbero comunicarci questi elementi numerici se non una data?**»

«Ma se fosse vero», la interruppi io in uno slancio di iniziativa, «la data sarebbe composta da 12 cifre. Quale data potrebbe essere composta da così tanti numeri?»

«Già», rispose laconica Sibilla, «purtroppo è così. **Eppure qualcosa dentro di me mi dice che quegli enigmi saranno la chiave per capire il giorno in cui l'assassino colpirà per l'ultima volta... Solo che c'è ancora qualcosa che mi sfugge**».

Le sparute macchie rosacee che puntellavano l'esangue volto di Sibilla sparirono e assunse un colorito più cadaverico che mai. Non riuscire a capire qualcosa doveva essere per lei un dolore incommensurabile.

«Ma allora, secondo la stessa logica, le lettere potrebbero indicare l'area geografica in cui si svolgerà l'ultimo delitto. Questo renderebbe inutili le località in cui sono stati ritrovati i cadaveri fino a questo momento, perché l'identificazione del luogo dove sarà consumato l'omicidio finale avverrebbe tramite la combinazione...», mi arrestai qualche secondo per associare tra di loro i vari elementi del gioco, «delle soluzioni ottenute dai quesiti di Marte».

«Impossibile», affermò lei con decisione, rigettando immediatamente il mio suggerimento, «**due delle vittime sono state rapite e uccise in luoghi con cui non avevano niente a che fare, segno che l'omicida ha deciso volontariamente di portarcele per mandare avanti il suo gioco. Non so ancora cosa indichino le lettere ottenibili con gli enigmi di Marte ma sicuramente non hanno niente a che fare con la geografia dei crimini**».

Come al solito, aveva ragione.

Non sapevo più cosa dire. Adesso mi era più o meno tutto chiaro e non mi venivano in mente altre domande da porle. Impacciato, mi guardai intorno per qualche secondo e, quando rivolsi nuovamente il mio sguardo verso Sibilla, non soltanto vidi che il suo incarnato aveva riacquisito il poco di colore andato perduto durante la conversazione, ma mi parve anche di scorgere agli angoli delle sue labbra un timido accenno di sorriso. Per qualche ragione che non riuscivo ad afferrare, sperai che a farle tornare il buonumore fosse stato il breve confronto finale avuto con me, ma non ne ero molto convinto.

«Comunque, non ho certamente intenzione di starmene con le mani in mano mentre il mio avversario fa fuori gli stregoni di mezza Italia, per quanto non sia una categoria che mi stia particolarmente simpatica». Con un agile gioco di mano impugnò la penna e si mise a scrivere all'interno dei riquadri nella tabella. «Ecco il punto a cui sono arrivata».

Finì di riempire i vari campi e mi mostrò il risultato. La riga del Toro era riempita con la città dove era stato ricevuto il primo messaggio (Roma), la soluzione della prova di Venere e quella della prova di Marte, che constavano rispettivamente di una cifra e di una lettera. Similmente, nella riga dell'Acquario e del Leone c'erano le località dove erano stati ritrovati i cadaveri di Lunarius e Padre Krüger (Colfelice e Spoleto), oltre alle risposte ai quesiti. Non potei fare a meno di notare tristemente che anche **la riga dei Gemelli riportava i dati dell'omicidio dei gemelli Giacomo ed Elena Venturi, i cui corpi erano stati ritrovati il giorno precedente nel circo itinerante che si trovava tre/quattro chilometri a sud della città di Nepi.** Chiusi gli occhi e con la mente ripercorsi gli ultimi avvenimenti…

Quarto enigma

Non appena scesi dalla volante venni stordito dal lampeggiante bombardamento dei flash che, unito agli intermittenti bagliori dei girofari posti sopra le numerose vetture della polizia, generavano un mix potenzialmente epilettico. Nonostante il tentativo delle forze dell'ordine di tenere segrete almeno le dinamiche di quegli strani omicidi, molte notizie erano ormai trapelate e un nugolo di giornalisti era stato attirato sul luogo dell'ultimo delitto come falene su un lampione. *Non c'è niente da fare*, pensai tra me e me, *è proprio in queste occasioni che la morbosità dell'animo umano viene alla luce, espandendosi a macchia d'olio.* Sibilla scese subito dopo di me ed ero sicuro che, nella sua apparente impassibilità, condividesse la mia opinione. Certamente la pensava così l'ispettore Fusco che, facendosi largo tra la folla di paparazzi, si diresse verso il grande tendone, ostentando un'evidente espressione disgustata e utilizzando metodi non proprio gentili. Approfittando della scia del mio caporeparto mi destreggiai tra la fiumana di fotografi, scivolai sotto il nastro segnaletico e, dopo aver superato la cortina colorata che fungeva da ingresso, mi addentrai all'interno dell'imponente padiglione.

Raramente avevo provato un simile senso di soggezione entrando in un edificio. Neanche l'ingresso nel Duomo di Spoleto mi aveva fatto sentire così piccolo, nonostante la sacra chiesa avesse alle spalle una storia secolare mentre il destino del tendone fosse quello di essere periodicamente smantellato e rimesso in piedi, in un circolo vizioso di interminabile caducità. Il telo che faceva da tetto all'enorme padiglione era ovunque sopra di noi e, attraverso i maestosi tessuti variopinti, filtrava i raggi del sole. Lungo l'anello esterno erano disposte, in fila come schiere di obbedienti soldatini, una moltitudine di poltroncine rivestite di stoffa ocra, attraversate da un sinistro silenzio che evocò nella mia mente la surreale scena di un pubblico invisibile che stesse assistendo a uno spettacolo che non c'era. L'arena centrale era come imprigionata nella morsa circolare dei sedili, alla stregua di un prigioniero che volesse fuggire dai suoi carcerieri senza avere alcuna via di scampo. Al centro del gigantesco palcoscenico riuscivo a distinguere le sagome senza vita dei due fratelli assassinati, disposte una di fronte all'altra in posizione fetale ed entrambe racchiuse all'interno del **simbolo zodiacale dei Gemelli** che, tracciato a spessi tratti con della vernice nera, assumeva i contorni di un utero materno che avesse accolto nuovamente dentro di sé coloro a cui, decenni prima, aveva donato la vita.

♊

Sfilammo attraverso la passerella che si snodava in mezzo alle file di poltroncine e scendemmo al centro del padiglione circense. Il silenzio tombale che regnava in quel luogo era interrotto saltuariamente dai brusii dei pochi presenti sulla scena del crimine, prevalentemente agenti di polizia che stavano meticolosamente appuntando sui loro fedeli taccuini le testimonianze degli allestitori che quella mattina erano entrati all'interno del tendone per le preparazioni in vista dello spettacolo serale e si erano imbattuti nella terribile scena. Con mia grande sorpresa notai che tra gli interrogati c'era anche un uomo vestito da clown. Probabilmente, a causa della concitazione degli eventi, non aveva avuto il tempo di cambiarsi e sfoggiava i suoi abiti da lavoro in quel tetro scenario così poco attinente all'allegria che quei colori avrebbero dovuto trasmettere.

Arrivammo ai piedi del gigantesco simbolo ma nessuno di noi tre, neanche Sibilla, ebbe l'ardire di oltrepassare la funerea linea che separava i due corpi dal resto dell'arena circolare. Era come se quella demarcazione delimitasse il confine tra il regno dei morti e quello dei vivi e, una volta superata, non si potesse più tornare indietro. Restammo in piedi per alcuni secondi a fissare imbambolati la scena macabra ma al tempo stesso dolce dei due fratelli che si stringevano nel freddo abbraccio, fino a che l'ispettore Fusco non estrasse la sua agenda dalla tasca interna della giacca nera e, con tono solenne, iniziò a leggere ad alta voce.

«Giacomo ed Elena Venturi, classe 1996, in arte i "Gemelli Indovini". La loro scomparsa era stata denunciata questa mattina dai genitori, che non avendoli visti rientrare nell'abitazione di Roma dove vivevano insieme ai figli si sono allarmati e hanno telefonato in commissariato. Frequentavano l'università nella capitale e nonostante la loro giovane età erano molto conosciuti per le loro capacità divinatorie, che si manifestavano attraverso l'utilizzo di una sfera di cristallo. Erano, quindi, due chiaroveggenti».

L'ispettore fece una breve pausa e si guardò intorno. Sembrava avesse paura che qualcuno lo stesse osservando.

«I due gemelli lavoravano sempre in coppia», continuò.

«Quando qualcuno si recava da loro per chiedere un oracolo, si disponevano ai lati opposti del tavolo e insieme osservavano all'interno dell'artefatto sferico da due diverse angolazioni. Poi, nel medesimo istante, recitavano ad alta voce lo stesso identico vaticino, come se entrambi venissero illuminati contemporaneamente dalla medesima rivelazione divinatoria. Il loro inganno venne scoperto quando due conoscenti, con un problema simile, si recarono dai due gemelli a mesi di distanza e ottennero in risposta un'uguale profezia, parola per parola, capendo quindi che i vaticini dei sedicenti maghi erano sceneggiature preparate anticipatamente e recitate secondo un copione collaudato. Nonostante lo scandalo che li travolse, i fratelli Venturi continuarono a perpetrare il loro inganno ai molti che si rifiutarono di accettare quella realtà, continuando a credere ciecamente alle loro predizioni».

Non era chiaro se l'ispettore Fusco stesse leggendo i dettagli del caso per comunicarli a noi oppure a sé stesso. Ripeteva quelle informazioni meccanicamente e con un immutabile tono incolore e monocorde.

«Come nel caso del cartomante Lunarius, anche loro non sono originari del luogo del delitto: sono nati e cresciuti a Roma e non sono ancora emersi collegamenti con la città di Nepi. Non avevano neanche legami con il circo itinerante. Nonostante molti chiaroveggenti viaggino con le carovane circensi, i gemelli Venturi erano invece soliti offrire i loro servizi in un piccolo studio poco distante dalla loro abitazione. Lo staff ha riferito che non hanno mai partecipato a nessuno dei loro spettacoli e nessuno di loro li aveva mai visti prima di questo momento.

Causa della morte: siamo in attesa degli esiti della Scientifica per avere risposte definitive, ma lo stato dei cadaveri lascia pensare a…».

Smisi di ascoltare l'ispettore capo e le sue successive parole si persero nell'aria come mero rumore di fondo. La mia attenzione venne infatti catturata dalla figura di Sibilla che, con il solito passo silenzioso, si era allontanata dal nucleo centrale del palcoscenico e si trovava ora nella parte posteriore dello spazio circolare, al cospetto di **due alti specchi verticali la cui forma ricordava una silhouette femminile** che a causa delle poca luce non avevo ancora notato. Cercando di non farmi vedere dall'ispettore capo, che imperterrito continuava a recitare la sua monotona salmodia, mi avvicinai alla ragazza. Inizialmente, come spesso accadeva, sembrò non accorgersi di me, in preda a una sorta di trance che mi parve più trascendente del solito. Poi, tenendo gli occhi fissi sulle due superfici riflettenti, iniziò a parlare, modulando la voce secondo una cadenza non dissimile dalla litania di Fusco.

«Questi specchi... puntano direttamente sulla scena del crimine».

Volsi il mio sguardo dagli specchi al suo viso e vidi le sue pupille restringersi all'inverosimile, assorbite completamente dall'espandersi delle iridi di ghiaccio.

«Sembrano dei semplici oggetti di scena, ma in realtà non è così. Gli specchi hanno un significato simbolico molto variegato ma in genere indicano ribaltamento, sovversione della verità, visto che quando le cose vengono rifratte da una superficie riflettente appaiono al contrario rispetto a come sono realmente. Ma stavolta è diverso, lo sento... **Non si tratta di un rovesciamento ma di una moltiplicazione. I gemelli non sono morti soltanto nel nostro mondo ma anche nei mondi contenuti all'interno di questi specchi. Le vittime sono più di due»**.

Dopo aver udito quello sconnesso discorso mi ero convinto che stesse delirando. Quello scenario raccapricciante era riuscito a suggestionare perfino colei che aveva fatto della logica e della razionalità i suoi cavalli di battaglia e che adesso invece sproloquiava sotto l'effetto di chissà quale mistico influsso. Avrei voluto dirle qualcosa per riportarla alla ragione ma, tutto d'un tratto, Sibilla si girò e si diresse scivolando verso la scalinata che conduceva alla platea riservata agli spettatori.

La seguii nuovamente e, man mano che mi avvicinavo, notavo dei bagliori scintillanti provenire proprio dai sedili verso cui stava andando. Evidentemente, aveva scorto il luminoso sfavillare mentre stava ancora analizzando gli specchi. Una volta raggiunta, osservai le **sei poltroncine che costituivano la fila da cui scaturivano gli strani luccichii. Sopra ognuno di essi era posizionato un piccolo frammento di vetro**, invisibili da lontano a causa della penombra ma adesso facilmente visibili davanti a noi. Avevano una forma leggermente arcuata e immaginai fossero frammenti di una sfera di cristallo, probabilmente lo stesso oggetto utilizzato dai gemelli Venturi per rendere più credibile la loro messinscena e abbindolare gli sprovveduti che pensavano che il misterioso artefatto contenesse i segreti del loro avvenire. Erano tutti più o meno delle stesse dimensioni **a eccezione del quinto a partire da sinistra, sensibilmente più grande.**

Ma non era finita lì. Aguzzando la vista vidi che sulla parte superiore dello schienale, più o meno nel punto in cui era previsto che si poggiasse la testa degli spettatori, erano state cucite alcune parole e simboli. Il filo rosso che era stato utilizzato per imprimere i caratteri nella morbida pelle contrastava nettamente con il colore giallognolo delle sedute, rendendoli facilmente leggibili, quanto meno a quella distanza. Partii dalla prima poltrona a sinistra e percorsi la fila dall'inizio alla fine, leggendo man mano le scritte che formavano una lapidaria, inquietante frase:

Il FUTURO è in pezzi ♂

Un groppo mi annodò la gola impedendomi per qualche secondo di respirare normalmente. **Cosa significava quella minacciosa sentenza? Perché la parola "FUTURO" era scritta in maiuscolo?** Ero sicuro che si trattasse di uno degli enigmi dell'assassino ma temevo che Sibilla, frastornata com'era dall'ambiente circostante, non fosse in grado di ragionare lucidamente e non sarebbe riuscita a trovare il significato nascosto all'interno del messaggio. Sfiduciato, mi voltai verso la ragazza e, con mia grande sorpresa ma soprattutto sollievo, vidi che sulle sue labbra era comparso il suo solito, sghembo sorriso soddisfatto.

CANCRO

Diario segreto

Con il passare degli anni il nostro legame divenne sempre più saldo. Anziché corrodersi e usurarsi con il tempo, il filo invisibile che ci univa si strinse in una morsa indissolubile: eravamo letteralmente inseparabili. A volte capita che non siano soltanto le cose belle, come l'amicizia e l'amore, a rafforzare il rapporto tra due persone, ma può succedere che un simile rinvigorimento avvenga anzi grazie all'odio comune nei confronti di qualcuno o qualcosa. Fu esattamente ciò che avvenne il giorno che lo incontrammo.

Era l'ora del pranzo e come al solito ci trovavamo nell'austera sala mensa, seduti al tavolo sotto la grande finestra centrale dalla quale potevamo osservare l'amato cortile mentre consumavamo il nostro pasto. In quel periodo eri riuscita a farti dare dalle tutrici alcune riviste perlopiù scandalistiche, delle quali ricordo vagamente la sagoma ingessata della celebrità di turno accompagnata da titoloni sensazionalistici stampati in caratteri cubitali. Ovviamente a te dei gossip contenuti al loro interno non interessava nulla ma avevi totalmente perso la testa – è il caso di dirlo – per gli oroscopi dell'ultima pagina, che leggevi e mi recitavi con una dedizione quasi fideistica. Già allora capii che quella tua passione morbosa potesse celare qualcosa di preoccupante ma all'epoca non gli diedi particolare peso e mi limitavo ad annuire con espressione diffidente, dicendomi che, in fondo, era proprio quella tua amabile credulità che ti rendeva così speciale.

Avevi la testa china sulle pagine e il tuo naso quasi stava sparendo tra le righe di quei dubbi vaticini quando all'improvviso, dalla parte opposta della sala, dove si dipanava la coda per accaparrarsi la razione di cibo quotidiana, saettò una polpetta fatta di riso ammassato che ti colpì in pieno volto, sfaldandosi in chicchi scomposti sul tavolo e sulla rivista. In preda allo stupore, mi girai e vidi un ragazzo con i capelli spettinati sorridere beffardo verso di noi con il petto gonfio di boria e ti schernì:

«Ehi stramba, i tuoi oracoli questo non lo avevano previsto?».

In un lampo percorsi la lunga stanza e gli saltai addosso, scaraventandolo furiosamente a terra, e iniziai a prenderlo a pugni con tutta la forza che avevo in corpo. Purtroppo non riuscii a spaventarlo, né tanto meno i miei colpi parvero sortire alcun effetto visto che sotto il turbinio delle mie mani lo vidi ridere di sincero gusto, come se non si fosse mai divertito tanto. Le inservienti smisero di servire i pasti e intervennero fulmineamente per sedare la rissa, staccandomi dall'odiato bulletto. Ancora oggi, il ricordo di quella scena mi ferisce in una maniera che non sono in grado di descrivere.

Più tardi, sopra la nostra collina, facemmo un giuramento. Una promessa di odio eterno, di vendetta nei confronti di quel maledetto ragazzo che aveva osato farci un simile affronto. Ricordo come se fosse ieri il sorriso che, a mignoli intrecciati, ti illuminò il volto e che ti rese più bella e radiosa di come ti avessi mai visto. Dentro di te, stava nascendo qualcosa che ti avrebbe cambiata completamente, per sempre.

03/10/2023

Non ci volle molto tempo prima che i media venissero a conoscenza dei dettagli del caso e li dessero in pasto all'opinione pubblica, continuamente affamata di nuovi scoop. Se inizialmente la curiosità dei giornalisti era stata solleticata unicamente dall'affascinante filo rosso che univa tra di loro le varie vittime, tutte quante collegate al mondo della veggenza e del paranormale, dopo l'omicidio dei Gemelli Indovini l'interesse del mondo dell'informazione crebbe considerevolmente e assunse proporzioni che divennero, in brevissimo tempo, incontrollabili.

Un reporter d'assalto era infatti riuscito a intrufolarsi, pare con l'aiuto di un contatto all'interno delle forze di polizia, dentro il tendone del circo itinerante di Nepi, procurandosi abbondante materiale fotografico del raccapricciante omicidio che vendette alle testate giornalistiche più importanti d'Italia. L'immagine dei due fratelli racchiusi nel gigantesco simbolo astrologico fece il giro di quotidiani, riviste, notiziari, rimbalzando in ogni tipo di media, e nel paese scoppiò una vera e propria mania nei confronti di quello che ormai era stato ribattezzato con l'iconico appellativo di "Killer degli Astrologi", per via del segno tracciato sul palcoscenico dell'arena circense. Ogni volta che sentivo qualcuno riferirsi all'omicida mediante l'utilizzo di quel nome non potevo fare a meno di sorridere fra me e me, visto che fra tutte le categorie di oracoli che il misterioso assassino aveva colpito, gli astrologi, paradossalmente, erano stati al momento risparmiati.

Più passavano i giorni e più il fenomeno diventava ingestibile. Le fughe di notizie erano all'ordine del giorno (imparai che i mezzi spionistici dei giornalisti sono molto più potenti di quanto si pensi) e sempre nuove indiscrezioni sul caso si univano alla valanga di fake news generata ogni giorno, rendendo impossibile per l'opinione pubblica il discernimento tra le notizie vere e quelle false. Non c'era prima pagina dei quotidiani che non presentasse un aggiornamento più o meno veritiero sugli sviluppi delle indagini e ci furono giornali, anche molto attendibili e che godono di ottima reputazione, che riservavano rubriche apposite all'interno delle loro pagine, con titoli accattivanti come «Chi è il Killer degli Astrologi?» o «Risolviamo insieme l'Enigma dello Zodiaco». Gli psicologi criminali divennero le star del momento ed erano continuamente ospiti in ogni genere di talk show affinché potessero esporre al conduttore di turno – e di riflesso al pubblico sempre più affamato di nuovi aggiornamenti e congetture – le loro teorie sul profilo psicologico dell'efferato criminale, ipotizzando ogni genere di trauma infantile, abuso sessuale e altre scioccanti verità.

Ma il vero delirio avveniva sui social. Nel giro di poche settimane proliferarono gruppi Facebook, creati per risolvere in compagnia di altri appassionati i quesiti del fantomatico killer, e pagine a tema raggiunsero centinaia di migliaia di follower con una velocità incredibile. Ogni giorno un numero indefinibile di utenti postava aggiornamenti in cui sostenevano di aver trovato la soluzione del gioco o di sapere chi fosse l'assassino, taggando direttamente i profili delle forze dell'ordine in modo da ricevere un qualche tipo di risposta o immaginando addirittura di essere direttamente insigniti con la medaglia al valore per l'indispensabile contributo apportato. I centralini degli uffici di polizia erano sommersi di telefonate da parte di novelli investigatori, presunti testimoni, addirittura c'era chi chiamava per sostenere di essere il Killer degli Astrologi con la richiesta di sottoporre personalmente uno dei suoi enigmi al corpo di polizia, rendendo le indagini sulla catena di omicidi ancora più difficoltosa di quanto già non fosse. Era come se tutti volessero prendere parte a quella sfida morbosa, ignorando più o meno volutamente il fatto che all'interno del regolamento redatto dal creatore di quel discutibile *certamen* era prevista, a chiare lettere, la morte di altre persone. Questo dettaglio sembrava del tutto insignificante e chi si fosse fatto scrupoli a partecipare solo per questo "trascurabile" motivo sarebbe stato tagliato fuori dal gioco del momento e si sarebbe privato di una ingente, adrenalinica dose di puro divertimento.

Le uniche persone a non essere state travolte da quella gigantesca ondata di eccitazione erano proprio coloro che costituivano le prede del famigerato assassino. Cartomanti, chiromanti e tutta un'altra serie di *-manti* di cui prima di quel momento non conoscevo neanche l'esistenza contribuivano a intasare le già bollenti linee telefoniche dei commissariati di mezza Italia, in cerca di protezione da parte di quella stessa legge che il più delle volte avevano tentato di raggirare per tornaconto personale.

Svolgendo le ricerche sul caso scoprii che non era la prima volta che un evento simile sconvolgeva la popolazione. Già in passato un killer aveva sfidato le forze dell'ordine a una gara di intelligenza e, analogamente a quanto stava avvenendo con la nostra vicenda, pure in quell'occasione le persone impazzirono, si generarono fenomeni di appartenenza e, cosa ben più pericolosa, di simulazione. Si trattava del caso del "Killer dello Zodiaco" anche noto come "Zodiac", che imperversò nella California settentrionale verso la seconda metà degli anni Settanta. Il misterioso criminale era solito inviare crittogrammi e altri tipi di messaggi cifrati a noti quotidiani locali, attraverso i quali sfidava apertamente la polizia a risolverli al fine di sventare il suo omicidio successivo, che puntualmente avveniva pochi giorni dopo la ricezione della lettera. Il caso fece scalpore e divenne un fenomeno mediatico di proporzioni incommensurabili. Nonostante gli sforzi delle squadre investigative, però, Zodiac non venne mai catturato. Il rumore di fondo generato dalle false testimonianze e dai numerosi enigmi che continuamente venivano inviati ai giornali da parte di epigoni del serial killer complicarono terribilmente le indagini, impedendo la cattura del colpevole. Dentro di me covavo il timore che al nostro caso fosse riservato lo stesso destino, ma ogni volta che venivo pervaso da quei pensieri sconfortanti pensavo che noi, a differenza degli investigatori californiani di circa cinquant'anni prima, potevamo contare su un'arma formidabile, il cui incredibile potere era racchiuso tra le anodine stoffe di una blusa bianca.

Il cadavere della quarta vittima uccisa dal Killer degli Astrologi, che corrispondeva al quinto enigma della serie (il primo era costituito dalla lettera arrivata al commissariato), venne ritrovato la mattina del 3 ottobre. La preda dell'assassino seriale era stavolta un ipnotizzatore, tal **Mario Donato, ucciso nel suo studio situato a cinque chilometri a ovest della cittadina umbra di Narni.**

Se è vero che l'ipnosi non ha di base niente di disonesto, essendo una pratica comunemente utilizzata da vari tipi di psicologi per estrarre i pensieri rimossi e farli emergere fino al piano della coscienza, Donato era solito sfruttare la procedura, che padroneggiava alla perfezione, per fini truffaldini. Dopo aver ipnotizzato i suoi pazienti raccontava loro che durante la fase di trance, della quale non ricordavano assolutamente niente, avevano proferito delle frasi misteriose che riguardavano eventi importanti non soltanto del loro passato ma anche e soprattutto del loro futuro. In poche parole, l'astuto ammaliatore li convinceva che attraverso la sua ipnosi fosse in grado di rivelare avvenimenti che dovevano ancora accadere, caratteristica che come si può immaginare era molto richiesta e che faceva gonfiare la parcella del dubbio dottore.

Secondo uno schema ormai riconoscibile, la vittima era stata uccisa mediante l'utilizzo degli strumenti che egli utilizzava in vita per circuire i suoi bersagli. In questo caso si trattava del pendolo, con cui l'omicida non soltanto lo aveva brutalmente strangolato ma che aveva anche utilizzato per tracciare **il solito simbolo corrispondente a uno dei segni dello Zodiaco, in questo caso quello del Cancro.**

Il giorno del sopralluogo nello studio dell'ipnotista, Sibilla non c'era. L'eccentrica detective si rifiutò infatti di venire sul luogo del delitto, sostenendo che «ascoltare le amenità proferite dagli altri poliziotti era soltanto una gran perdita di tempo» e mi incaricò di fare un accurato resoconto sia scritto che fotografico della stanza. Ricordo che l'espressione dell'ispettore Fusco, quando gli spiegai che l'agente aveva preferito rimanere a Roma invece che visitare personalmente la scena del crimine, lasciava trasparire un'emozione indecifrabile che racchiudeva un misto di sdegno, rassegnazione ma, soprattutto, sollievo.

Quinto enigma

Il pomeriggio stesso tornai nello studio di Sibilla con la documentazione richiesta. La poliziotta, che probabilmente mi aveva sentito arrivare, mi stava aspettando sull'uscio e mi strappò rudemente di mano i fascicoli che avevo preparato appositamente per lei durante il viaggio di ritorno. L'ordine maniacale con cui avevo sistemato le varie tipologie di materiali ebbe vita brevissima, visto che appena arrivò alla sua poltrona aprì famelicamente il faldone, rovesciò il contenuto sulla scrivania dominata dal caos e guardò uno dopo l'altro i fogli senza un apparente ordine di continuità, separando quelli che contenevano informazioni di qualche interesse da quelli che reputava inutili, ai quali toccava la triste sorte di venire appallottolati e lanciati ai quattro angoli della lurida stanzetta. Vidi che sopra uno di questi, che Sibilla scagliò a pochi millimetri dalla mia faccia in preda a un impeto inarrestabile, erano riportate le informazioni riguardanti la vita e i trascorsi della vittima, fattori che lei doveva considerare, contro ogni logica investigativa, assolutamente marginali. Come facesse a distinguere i materiali che le avevo portato dalla babele cartacea composta da multe, verbali e riviste enigmistiche di tutti i tipi era un mistero, a cui neanche il più acuto degli osservatori avrebbe saputo dare risposta. Fatto sta che, una volta portata a termine quella sua operazione di selezione, doveva essere piuttosto soddisfatta e mi chiamò a sé con il tono di voce convinto di chi ha capito tutto quello che c'era da capire.

«E quindi questo è l'enigma del Cancro. Devo dire che, essendo ormai quasi al giro di boa, mi aspettavo qualcosa di più complesso».

Sibilla prese la fotografia raffigurante il simbolo zodiacale dell'astrologico granchio che il killer aveva ricreato con due pendoli da ipnotista e, con fare deciso, puntò il dito sulla metà inferiore. Incuriosito, guardai l'area indicata in cerca di qualche elemento particolare ma non vidi assolutamente niente che fosse degno di nota. Spazientita, Sibilla sollevò l'immagine dalla scrivania e me la avvicinò bruscamente a pochi millimetri dalla faccia, puntando l'indice prepotentemente nello stesso punto di prima.

Fu allora che li vidi. Io, che avevo esaminato quella scena dal vivo e che avevo scattato la fotografia che Sibilla stava tenendo in mano, non me ne ero assolutamente accorto. Come aveva fatto lei a notare quel piccolo, apparentemente insignificante dettaglio?

Lungo tutto il contorno della parte inferiore del simbolo era presente un minuscolo segno circolare seguito da una sfilza di puntini e linee blu che, a prima vista, sembravano delle semplici macchiette causate, ad esempio, dalla perdita di una stilografica. Un'analisi più accurata, però, rivelava una periodicità nella sequenza con cui quei minuscoli pallini si susseguivano, mostrando una chiara intenzionalità dietro quella disposizione:

♀

.- .--. .--. --- --. --. .. .- -- ..   ..- .-.. .-.. .-   .--. ..- -. — .-

«Morse», dissi io, riconoscendo subito il codice utilizzato per criptare il messaggio puntiforme. «Accendiamo il tuo PC, Sibilla, online troveremo facilmente il significato dei segni».

Sibilla sollevò le sopracciglia e mi rivolse uno sguardo carico di compiacimento. Il solito ghigno trionfante le stava illuminando il volto. Emisi un lungo sospiro, mentre piano piano mi rendevo conto dell'inutilità del mio suggerimento.

«Lo hai già tradotto, non è vero?»

«**"Appoggiami sulla punta". Questo c'è scritto. Se pensi intorno a cosa è scritto, la soluzione della prova di Venere vien da sé**».

Guardai nuovamente il simbolo nella fotografia alla luce di quelle informazioni. In effetti, con l'aiuto di Sibilla, l'operazione da effettuare era abbastanza evidente.

«Poi vabbè, c'è l'altro enigma, quello del pendolo. Spero che almeno quello tu lo abbia notato durante il tuo sopralluogo. O in quello studio ci sei entrato bendato e hai scattato foto a casaccio?».

Sentii le guance diventare rosse dalla vergogna. Ovviamente avevo visto anche io ciò di cui stava parlando.

Sopra un mobile vicino al cadavere dell'ipnotista c'era un **supporto di metallo, a cui era stato legato un altro pendolo.** Normalmente quel dettaglio, visto il luogo dove era situato e la professione della vittima, non avrebbe costituito un elemento di interesse, ma sotto il pendolo era presente una **lunga striscia di carta sopra la quale era vergata una fila di lettere:**

♂ONSZRAMEFOLNGMELORGHCPLVITIPIN

«Pare che siamo tornati a scuola, Novellino. Spero che durante le ore di fisica alle superiori tu abbia prestato attenzione. Io no, a dire il vero, avevo altro da fare che ascoltare quelle capre dei miei professori, ma fortunatamente non bisogna essere Galileo per risolvere questo enigma. Ho fatto bene a non venire con voi a Narni. **In fondo, a cosa serve la pratica quando si conosce la teoria da cui questa deriva?**».

Come tutte le volte che aveva l'occasione di dare sfoggio delle sue capacità, Sibilla era raggiante. Non potevo fare a meno di pensare che non si rendesse conto della pericolosità della situazione che stavamo affrontando e che per lei tutto questo fosse soltanto un gioco particolarmente stimolante. Ero immerso in quelle riflessioni quando, all'improvviso, l'agente mi sorprese esclamando una frase che mai avrei pensato di sentirle dire.

«Bene Novellino, prendi le tue cose e usciamo».

Lì per lì pensavo che si trattasse di uno scherzo. Non avevo memoria che Sibilla Agostini mi avesse mai proposto spontaneamente di mettere piede fuori dalla sua tana, neanche per andare a prendere un caffè, che del resto non beveva. Tuttavia, appena prese dallo schienale della sua sedia la giacchetta a vento che da qualche giorno aveva iniziato a indossare, e che per una qualsiasi altra persona non sarebbe stata minimamente sufficiente a fare fronte al fisiologico abbassamento delle temperature dovuto all'arrivo dell'autunno, capii che faceva sul serio e, titubante, le chiesi dove fossimo diretti. Mentre stava infilando l'ultimo bottone nell'asola in basso, alzò lo sguardo verso di me e con tutta la semplicità del mondo, come se si trattasse di una cosa estremamente ovvia, mi rispose: «Alla sede della Squadra Omicidi».

Appena varcammo la porta che conduceva al reparto operativo della Squadra Omicidi, in un solo istante sentii gli occhi di tutti i presenti girarsi nella nostra direzione, come se fossero stati attratti da un magnete che avevamo inconsapevolmente attaccato addosso. Sibilla Agostini che entrava nella sede da cui era stata allontanata, peraltro con la tranquillità di chi sta facendo una cosa all'ordine del giorno, doveva essere per loro una scena al limite dell'incredibile, soprattutto considerando che l'agente aveva dimostrato di disprezzare quel luogo a tal punto da obbligare il responsabile a recarsi personalmente nel misero studiolo da lei presidiato. Come era facilmente preventivabile, l'espressione più stupita era proprio quella dell'ispettore Fusco che, appena scorse la cerea figura di Sibilla da dietro le veneziane che tappezzavano la porta a vetri del suo ufficio privato, per poco non cadde dalla sedia.

«A-Agostini», tartagliò non appena varcammo la soglia che conduceva al suo studio, ovviamente senza che ci venisse accordato alcun tipo di permesso, «per quale motivo sei venuta personalmente alla sede della Omicidi? Da quando sei stata trasferita di reparto non sei più tornata».

«Lo so ispettore, non fa piacere neanche a me», rispose lei mentre apriva la cerniera della nera giacchetta, «ho solo brutti ricordi legati a questo posto, specialmente verso quell'idiota che sedeva al suo posto quando lavoravo qui e che credeva di essere più intelligente di me». Sibilla emise un risolino di scherno, a sottolineare l'assurdità di quella convinzione. «Niente a che vedere con l'angolo di paradiso che mi sono ritagliata adesso, dove faccio quello che mi pare e sono lontana da tutto e da tutti».

Nell'udire quelle parole non potei fare a meno di confrontare mentalmente il tetro antro di Sibilla con l'ufficio dell'ispettore Fusco, perfettamente ordinato, senza un granello di polvere e soprattutto caldamente illuminato dalla luce del giorno.

«Purtroppo», continuò Sibilla con tono rammaricato, «avevo bisogno di consultare alcuni documenti dei vostri archivi e per ragioni di sicurezza non c'è modo di farseli recapitare direttamente alla sede della Stradale. Come se qui fossero al sicuro!».

«Documenti?», chiese Fusco, perplesso. «In quegli archivi ci sono soltanto i materiali relativi a indagini passate, niente che possa tornarti utile per il caso con cui siamo impegnati adesso. Cosa devi controllare di preciso?».

La bocca di Sibilla si aprì per rispondere a quella domanda ma, un istante prima che potesse proferire parola, la porta dell'ufficio si aprì nuovamente, accompagnata stavolta dal forte urto dell'uscio contro il muro. Allarmato, mi voltai, e vidi un signore alto ed emaciato, completamente vestito di nero, che in preda a un evidente panico se ne stava fermo a pochi passi di distanza dall'ingresso da noi varcato pochi secondi prima. Dietro di lui, imbambolata sull'uscio, la segretaria che io e Sibilla avevamo incontrato in accettazione al piano terra, che con ogni probabilità aveva inseguito lo scarno personaggio nel tentativo, fallito, di fermarlo prima che potesse irrompere nel reparto operativo. Tutti erano voltati verso di lui, forse dentro di loro calcolavano quali fossero le probabilità che a una manciata di minuti di distanza si verificassero due ingressi così anomali in quel locale, dove generalmente le attività si svolgevano senza particolari imprevisti. Dopo qualche secondo in cui il tempo sembrava essersi fermato, il misterioso intruso si mise a urlare con una voce profonda, che difficilmente gli sarebbe stata attribuita basandosi soltanto sull'osservazione dell'esile figura.

«Vi prego, vi prego, dovete aiutarmi! Io sarò la prossima vittima del Killer degli Astrologi! Io l'ho vista!».

L'uomo si portò le mani sulla nuca, afferrandosi i capelli in un gesto di puro terrore. L'espressione dei suoi occhi sbarrati dalla paura mi sconvolse oltre ogni dire.

«Ho visto la mia morte nei fondi di caffè».

Dopo che gli agenti riuscirono a calmare l'uomo iniziarono a organizzarsi per portarlo al commissariato più vicino, ma Fusco disse loro di lasciar perdere e anzi lo fece accomodare all'interno del suo studio, insieme a me e a Sibilla. L'ispettore tornò dietro la sua scrivania e dallo sguardo penetrante con cui lo scrutava capii che doveva trovare quel personaggio di grande interesse. Probabilmente anche lui era rimasto impressionato dalla scena di poco prima. Per quanto il mio lato razionale mi dicesse che doveva sicuramente trattarsi di un folle in preda a chissà quale crisi isterica, una parte di me condivideva la curiosità del mio superiore e smaniava per sapere cosa, di preciso, gli avesse provocato tanta paura. Sibilla, al contrario, era visibilmente scocciata e aveva l'aria di chi non volesse perdere tempo.

«In condizioni normali», esordì Fusco tenendo le mani conserte ad altezza della vita in atteggiamento intimidatorio, «lei, a quest'ora, sarebbe già dietro le sbarre. Forse non ne è al corrente, ma introdursi senza permesso in una sede di polizia di Stato è un reato piuttosto grave. Tuttavia, oggi mi sento buono e ho deciso di sentire cos'ha da dire. Inizi col fornire le sue generalità, altrimenti mi vedrò costretto a cambiare idea e a tirare fuori le manette».

Sentire l'ispettore Fusco parlare con un tono così risoluto, degno del più *cool* dei detective usciti da un film americano, mi fece un effetto straniante, visto che in genere ero abituato a vederlo bastonato dalle osservazioni sarcastiche di Sibilla. L'interlocutore obbedì all'ordine impartitogli e iniziò a parlare.

«Il mio nome… sì, il mio nome è Giorgio Borboni», iniziò l'uomo con voce affannata, «chiedo scusa se mi sono recato qui e ho fatto quella scenata: ho necessità di spiegare la situazione di estremo pericolo in cui mi trovo e ho deciso di presentarmi alla vostra sede, visto che in televisione dicono che questo è il centro operativo delle indagini».

Fusco lanciò allo strano personaggio uno sguardo obliquo.

«Dovete sapere che anche io opero nel campo del paranormale, proprio come le altre vittime del Killer degli Astrologi», continuò Borboni. «Per essere preciso sono un caffeomante. Posseggo la dote speciale di interpretare i fondi residui del caffè e leggere il futuro attraverso le sagome raffigurate. Adesso è una pratica in disuso, ma un tempo la nobile arte della caffeomanzia era molto più celebre e coloro che erano in grado di praticarla erano trattati con deferenza e rispetto».

In un attimo la voce di Borboni era cambiata: adesso non comunicava più timore ma era anzi rivestita di una certa solennità. Per quanto sapessi che dovesse trattarsi di un mucchio di sciocchezze, la sacralità con la quale il veggente spiegava i rudimenti del suo lavoro mi colpì e riuscì a sospendere la mia incredulità nei suoi confronti. E se fosse stato veramente in possesso di quel dono?

«Ero a casa e avevo preparato un caffè – rigorosamente turco – quando, dopo averne assaporato l'ultimo sorso, ne ho letto il fondo seguendo il classico rito e vi ho visto un presagio dal significato inequivocabile, che nel linguaggio della caffeomanzia significa una cosa sola.

Una corona di croci. Presagio di morte.

Ovviamente anche io ho sentito parlare del killer che uccide oracoli e veggenti. Mi riguarda in prima persona visto che si tratta della mia categoria e, anche se così non fosse, ormai il caso è sulla bocca di tutti. Mi sono fatto prendere dal panico ed ecco che adesso mi trovo qui, di fronte a voi, certamente più calmo ma comunque allarmato. Dovete sapere che sono molto famoso, il mio nome è conosciuto non soltanto qui a Roma ma in tutta Italia. Ho bisogno di protezione, altrimenti l'assassino degli astrologi farà fuori anche me. Se mi affiderete una scorta, riusciremo a fermare l'omicida prima che possa torcermi anche un solo capello e passerete alla storia come gli eroi che hanno interrotto la catena di assassini del terribile criminale».

Fece una pausa enfatica e alzò le braccia all'altezza delle spalle, rivolgendo i palmi delle mani verso l'alto con ieratica fierezza.

«Vinceremo tutti, fidatevi di me».

Fusco sembrava come rapito dalle parole del veggente. La

sicurezza che aveva manifestato poc'anzi si era già dileguata e aveva lasciato il posto alla stessa sensazione di riverenza che stavo iniziando a provare anche io nei confronti di quel personaggio, che adesso mi sembrava degno di rispetto e di imponente statura morale. Nessuno osava aprire bocca fino a quando Sibilla, che durante la lunga dissertazione del caffeomante non aveva proferito parola, interruppe il silenzio abbandonandosi a una sguaiata, fragorosa risata.

«Le croci nel fondo di caffè... Farebbe meglio a leggere le chiazze nella tazza del cesso dopo averlo utilizzato: mi creda, sarebbe molto più attinente alla sua persona!».

Nelle settimane che avevo trascorso con Sibilla, mai le avevo sentito utilizzare un linguaggio tanto scurrile. Certamente la ragazza era solita fare ricorso a un eloquio rude e poco conciliatorio, ma nel suo vocabolario non erano presenti termini volgari. Quell'esclamazione triviale, unita alla sonora sghignazzata di poco prima, ebbero un effetto riesumante e mi scossi dal torpore in cui gli ipnotici ragionamenti del caffeomante mi avevano fatto sprofondare.

«Ma lei, come si permette... come osa insultare così la mia persona!».

«Lei non ha visto alcuna immagine nel suo caffè, signor Borboni». Sibilla scandì pesantemente la pronuncia labiale delle B nel cognome, per ridicolizzare ancora di più il suo bersaglio. «Si è trattato soltanto di una sceneggiata per suggestionare le menti deboli presenti in questo ufficio. Devo ammettere che la sua recita è stata veramente notevole: l'abito nero, la voce stentorea, il tono cupo e severo... è così che irretisce gli sprovveduti che spenna con i suoi metodi?».

Borboni provò ad aprire la bocca per parlare ma Sibilla lo interruppe immediatamente.

«Una cosa vera l'ha detta. Lei è realmente famoso a livello nazionale, Borboni». Ormai ero fermamente convinto che Sibilla ripetesse il cognome solo per enfatizzarne la ridicolezza onomatopeica, visto che pronunciato da lei aveva un suono simile al verso di una caffettiera brontolante. «Ma non per l'attendibilità dei suoi vaticini, bensì per il numero di denunce per truffa ricevute a causa dei suoi oracoli mai avveratisi e soprattutto dell'insistenza con cui tormentava le sue vittime per chiedere continuamente altro denaro, al fine di prevenire sciagure e disgrazie che altrimenti si sarebbero abbattute su di loro e sulle loro famiglie. Cosa crede, che non mi sia documentata sulla vostra categoria in questi giorni? Ovviamente l'ha sempre fatta franca dato che la legge prevede che, avvisando preventivamente il richiedente della non scientificità del metodo, non si commetta nessun reato, ma certamente le sue vittime si ricorderanno a lungo di lei».

Il caffeomante era adesso completamente annichilito. La grave austerità sfoggiata poc'anzi era stata sostituita da un timoroso disagio.

«Lei ha semplicemente paura di essere una delle prossime vittime perché sa che il killer non uccide tutti gli oracoli ma soltanto i truffatori consapevoli, quelli che non credono nell'occulto ma sfruttano il fascino che l'ignoto esercita sulle persone per raggirarle per tornaconti personali. E sa cosa le dico, Borboni?», Sibilla si chinò leggermente in avanti per enfatizzare ulteriormente la sua sentenza. «Se lei venisse fatto fuori, di certo non verrei a piangere sulla sua tomba. Quella vera, intendo, non quella che si è inventato di aver visto nel caffè».

Borboni non parlò. Tenendo il capo chino, si alzò dalla sedia e silenziosamente si diresse verso la porta a vetri che separava l'ufficio del direttore dal resto del reparto. Dopo aver abbassato la maniglia, la aprì, la superò e in pochi passi scomparì dalla nostra vista.

«Sibilla...», disse sottovoce l'ispettore Fusco, anche lui definitivamente destatosi dall'avvolgente stato di trance, «non credi di aver esagerato?».

Sibilla lo fulminò con lo sguardo. Dai suoi occhi di ghiaccio fuoriuscirono lampi invisibili che trapassarono l'ispettore da parte a parte.

«C'è una sola cosa che odio più degli stupidi, Fusco. I ladri. Secondo te perché ho deciso di arruolarmi nella polizia? Perché se ho capito che se per la stupidità è una battaglia persa, visto che siamo circondati da idioti che non hanno neanche le capacità intellettive per comprendere di essere tali, sono invece convinta che gli sforzi per fermare chi ruba non siano del tutto vani. Certo, c'è da dire che le vittime di questi truffatori da quattro soldi sono generalmente gli idioti appartenenti alla prima categoria, però non è così che va punita la loro imbecillità!».

Fusco rifletté su quelle parole. Scosse la testa con fare sconsolato – evidentemente non era del tutto d'accordo con la severità draconiana del giudizio di Sibilla – ma non disse niente, limitandosi a fare spallucce e a ritornare sul discorso interrotto dalla visita inaspettata del truffatore.

«Va bene, Agostini, stavamo dicendo... Quali documenti devi controllare? Magari puoi spiegarmelo mentre ti accompagno giù in archivio».

L'ispettore fece per alzarsi ma venne interrotto dalla ragazza che, con un gesto repentino, sfilò un giornale che teneva infilato nei pantaloni dietro la schiena e lo sbatté forte sulla lucida scrivania. Si trattava di un quotidiano locale di poco conto che aveva la fama di pubblicare notizie perlopiù false o inutilmente sensazionalistiche.

«Ma non c'è alcun bisogno che mi accompagni. Ci siamo già stati!».

L'ispettore Fusco guardò prima il giornale e poi mi lanciò un'occhiata accusatoria. Poteva aspettarsi che l'indisciplinata agente non gli avesse detto niente ma si aspettava che un suo diretto sottoposto gli avrebbe comunicato per tempo un'infrazione così grave.

«Glisso sul fatto che non avresti potuto accedere all'archivio senza il mio permesso e passo direttamente alla domanda che mi sorge spontanea. Perché diavolo sei salita su agli uffici se hai già preso quello che ti serve?»

«Ma come siamo scorbutici», rispose Sibilla ironicamente, «che c'è, non si può neanche passare a salutare?».

Ero sicuro che Sibilla provasse un recondito piacere nel far ammattire il povero ispettore, operazione che anche stavolta le era riuscita perfettamente.

Fusco scosse la testa. Era visibilmente disperato. Osservò la prima pagina del quotidiano e, dopo averne constatato la fattura, esclamò:

«Diamine, Agostini... Spiegami cosa pensi di trovare in un giornalaccio locale di dieci anni fa».

Sibilla si sporse dalla sedia verso la scrivania e, dopo essersi umettata l'indice della mano destra, iniziò a sfogliare con decisione le pagine dell'ingiallito rotocalco. Dopo qualche secondo si fermò, girò il quotidiano verso l'ispettore e indicò un piccolo trafiletto su una delle colonne laterali, già cerchiato da qualche lettore precedente. Il segno era sbiadito, probabilmente per la grande quantità di tempo trascorsa dal suo tratteggiamento.

«Semplice: il movente e l'ultima vittima della catena di omicidi».

Come se fossimo una sola persona, io e Fusco ci alzammo dalla sedia e leggemmo il titolo dell'articolo.

Giovane donna perde tutto e si uccide.
Aveva creduto a un oroscopo del celebre astrologo Sidereo.

SAGITTARIO

Diario segreto

Quando, messo alle strette, si convinse ad accettare la mia proposta, era ormai troppo tardi. Non soltanto avevi investito i pochi denari a vostra disposizione ma te n'eri fatti dare molti altri da una compagnia di prestiti, di quelle che non scendono a compromessi neanche nei casi più estremi. Oltre ad aver perso tutto, vi siete ritrovati indebitati fino al collo, senza alcuna certezza di cosa vi avrebbe riservato il domani. Io feci il possibile per aiutarvi, lo sai, ma il mio intero conto in banca non era lontanamente sufficiente a ricoprire le spese che dovevate sostenere.

I mesi successivi furono strazianti. Per tirare avanti iniziaste a vendere ogni cosa in vostro possesso che avesse un minimo di valore. Ogni volta che venivo a farvi visita notavo che qualche elemento d'arredo, dal piccolo souvenir che avevate comprato insieme durante una vacanza a qualcuno dei grandi mobili che decoravano le varie stanze, era sparito, in un gioco delle differenze in cui non avrei mai voluto cimentarmi. Mi stupii di scoprire quanto poco tempo fosse stato necessario per trasformare quell'accogliente nido d'amore, creato attraverso anni di meticoloso lavoro sinergico, in un luogo triste, vuoto, completamente privo di vita. Purtroppo sapevamo che, se non fosse successo un qualche miracolo, quello sarebbe stato solo l'inizio e ben presto sareste stati costretti a vendere la casa, senza alcun posto di ripiego dove andare. Ma io, nei miracoli, non ho mai creduto.

Il progressivo disgregamento del vostro ambiente domestico si riverberava sul tuo aspetto, sempre più dimesso e trasandato. I tuoi capelli, un tempo dorati e luminosi, scolorirono a vista d'occhio, fino a diventare una massa stopposa di sbiadito paglierriccio. La scintilla di vitalità che accendeva le tue scure pupille venne inghiottita dal baratro di tristezza in cui eri sprofondata e da cui non avevi le forze per riemergere. Il tuo sorriso, capace di irradiare gioia anche nelle giornate più buie, lasciò per sempre le tue labbra e né io, né lui, da quel maledetto giorno, lo rivedemmo più.

Stare accanto a te diventò tremendamente difficile ma, nonostante gli sforzi, non ti lasciammo mai da sola. Lui, come me, non ti abbandonò mai. Ma non fu sufficiente.

03/10/2023

Io e Fusco eravamo rimasti imbambolati a fissare il piccolo trafiletto che Sibilla ci aveva indicato con tanta sicumera. Il segno circolare, che attorniava le parole di quell'articolo dal titolo così stravagante, ci suggeriva la probabile importanza che il suo contenuto potesse avere ai fini della nostra indagine, ma una recondita titubanza impediva a me e al mio superiore di procedere con l'atto della lettura, forse per paura di scoprire le informazioni racchiuse al suo interno. *Una donna si è uccisa per un oroscopo? Come può essere avvenuta una cosa del genere?* pensai incredulo fra me e me.

Nell'inconscio tentativo di rimandare la lettura dello stelloncino, indugiai per un po' sulla fotografia stampata accanto alle ordinate righe, in cui si distinguevano un uomo e una donna intenti a farsi schermo con le mani dai flash dei paparazzi. Entrambi dimostravano circa una quarantina d'anni. **Lui sembrava molto alto e l'acuto profilo aquilino, insieme ai folti capelli neri spettinati, conferiva al suo aspetto un'aria indomabile, da ribelle. Della donna, seminascosta dal corpo del compagno che si era frapposto a mo' di scudo fra lei e le fotocamere, si distinguevano soltanto alcuni ciuffi di lunghi capelli biondi e un occhio castano.** Dalla porzione di volto visibile traspariva uno sguardo puro e innocente ma le profonde occhiaie e l'espressione stanca erano testimoni del periodo difficile che stava attraversando. La visione di quell'immagine vinse ogni mia resistenza. Spostai nuovamente gli occhi sulla parte superiore dell'articolo e iniziai a leggere.

Oggi, 24 settembre 2013, si sono svolti a Roma i funerali di Chiara Innocenti, la donna suicidatasi qualche giorno fa a causa del tracollo economico in cui due anni prima erano stati trascinati lei e il marito, Giovanni Esposti. La causa del crac che ha travolto i due coniugi è da attribuirsi a un investimento sbagliato che le sarebbe stato suggerito... indovinate un po'? Nientepopodimeno che da un oroscopo!

Per quanto possa sembrare assurdo, pare che la donna di 40 anni abbia veramente affidato tutti i suoi averi al responso di un oracolo. Il signor Esposti ha dichiarato che da qualche anno la moglie, da sempre appassionata di tutto ciò che riguardava segni zodiacali e affini, aveva sviluppato un sentimento di cieca e completa fiducia nei confronti delle profezie del celebre astrologo Sidereo, i cui vaticini sono ormai diventati un cult della rivista scandalistica «Scoop». Sempre secondo la testimonianza del marito, circa due anni fa la Innocenti ha interpretato fin troppo alla lettera la frase, presente nella parte riguardante i consigli economici per il suo segno, «è il momento dell'azione, investite tutti voi stessi con Intraprendenza». *A causa di un refuso di stampa il sostantivo è stato stampato con l'iniziale maiuscola, errore che ha convinto ancora di più la donna che si trattasse di un'indicazione delle stelle che le suggerivano di impiegare tutti gli averi a disposizione nelle "azioni" di una compagnia quotata in borsa che si occupava di intermediazioni finanziarie dal nome, appunto, Intraprendenza. Innocenti prese anche un grosso finanziamento, convinta che l'investimento avrebbe ripagato abbondantemente la somma chiesta in prestito. Pochi giorni dopo l'azienda ha dichiarato bancarotta e la coppia si è trovata indebitata fino al collo. Incredibile, non trovate?*

Il marito ha annunciato che farà causa alla rivista, sostenendo di aver ricevuto delle minacce dalla casa editrice di «Scoop» in seguito alle lettere che la donna avrebbe inviato alla redazione, in cui manifestava ferocemente il suo dissenso per il mancato avveramento della profezia. Pare che il signor Esposti abbia il sospetto che non si tratti di semplice suicidio ma che possa essere in realtà un delitto ordito dalla testata per sbarazzarsi dei due scomodi coniugi e che lui sarà il prossimo a essere fatto fuori! Tuttavia, non ci sono evidenze che le parole del disperato vedovo corrispondano a verità e probabilmente si è inventato tutto per avere la meglio in tribunale.

Come andrà a finire questa tanto avvincente quanto curiosa storia? Lo scopriremo nei prossimi numeri!

Nonostante avessi letto l'articoletto svariate volte, non riuscivo a credere che le vicende narrate fossero vere. Come si può avere una fede così incrollabile nei confronti di un oroscopo da affidarvi una scelta così importante come l'investimento di tutto ciò che si possiede? Eppure, per quanto la notizia fosse stata probabilmente gonfiata per esigenze di vendita, il pezzo doveva contenere un fondo di verità, per quanto incredibile potesse sembrare.

«Vediamo se ho capito bene», esordì Fusco, dopo aver anch'egli letto attentamente il trafiletto, «quindi tu credi che questa assurda vicenda datata più di un decennio fa possa essere collegata all'Enigma dello Zodiaco?».

Sibilla assunse un'espressione incredula. Sembrava che non si aspettasse una domanda la cui risposta fosse tanto ovvia, neanche da una persona su cui non riponeva alcuna aspettativa come l'ispettore Fusco.

«Mi sembra evidente», si limitò a dire, alzando i palmi delle mani verso l'alto.

«E come fai a esserne tanto sicura? Fermo restando che sulla veridicità del racconto si potrebbe avere più di una riserva, cosa ti fa pensare che i due fatti non potrebbero essere del tutto scollegati tra loro?».

Sibilla tirò un lungo, sconfortato sospiro.

«Devi sapere che mentre voi agenti indirizzavate i vostri sforzi su elementi di poco conto, come ad esempio le dinamiche degli omicidi e le biografie delle vittime, io mi sono concentrata su un dettaglio che voi avete sempre trascurato, quando invece è la chiave per capire le mosse del nostro avversario».

Senza chiedere il permesso, la ragazza estrasse una matita dal portapenne dell'ispettore Fusco, girò la pagina della rivista e iniziò a scrivere in un piccolo spazio bianco, continuando a parlare.

«Come abbiamo potuto vedere da quando sono iniziati gli omicidi, a ogni enigma corrisponde un delitto, e ovviamente ogni delitto deve avere almeno una vittima. Le vittime sono sempre veggenti, oracoli o comunque truffatori che sfruttano il paranormale per circuire le persone a proprio vantaggio».

Sibilla iniziò a tracciare i vari simboli zodiacali degli omicidi che erano stati commessi, disegnando accanto a ognuno di essi uno sgorbio che solo con grande sforzo riuscii ad associare a ognuna delle vittime (un mazzo di carte per Lunarius, una croce per padre Krüger e così via). Vidi che in cima alla lista, accanto al segno del Toro, c'era un simbolo circolare, che non riuscii a capire cosa rappresentasse.

«Ora, è lecito assumere che ogni enigma costituisca un tassello necessario a ricostruire il mosaico finale, l'ultima sfida che ci aspetta. Sin dal ritrovamento del primo cadavere ho infatti avuto la convinzione che i delitti fossero soltanto dei pezzi di un gioco più grande, necessari a comprendere l'ultima, definitiva risposta. E quale potrebbe essere la soluzione di una catena di omicidi?»

«L'ultimo omicidio», dissi io, sommessamente. Fusco mi guardò con espressione interrogativa.

Sibilla scosse lentamente la testa senza interrompere il contatto visivo con la pagina di giornale, che aveva assunto la funzione di taccuino per i suoi appunti. «Proprio così», asserì con tono solenne. «**Soltanto risolvendo tutti gli enigmi possiamo sventare l'assassinio finale**».

Nell'ufficio calò il silenzio. Sibilla persisteva a guardare la pagina della rivista, il profilo sottile completamente assorbito dallo schema appena tracciato, come se stesse cercando di scorgervi una qualche verità ancora sommersa. Fusco aveva un'espressione severa dipinta sul volto, probabilmente stava riflettendo mentalmente sulla morbosità del gioco di cui eravamo stati forzatamente designati come partecipanti. Anche io ero immobile, in attesa che l'arguta ragazza prendesse nuovamente la parola e continuasse il filo dei suoi ragionamenti. Passò qualche decina di secondi, quando finalmente Sibilla riprese.

«Ed ecco la domanda da un milione di euro, il jackpot finale di questo lugubre quiz a premi. Chi è l'ultima vittima, quella che il killer ci sfida a salvare? Apparentemente, non c'è una risposta a questo interrogativo ma in realtà basta ragionare a ritroso ed ecco che il cerchio, magicamente, si chiude».

La mina della matita era adesso piantata sul centro del simbolo tondo di cui non riuscivo ancora a comprendere il significato. La mano pallida dell'investigatrice tracciò una linea curva che, partendo da quel punto, superò lateralmente tutti gli altri simboli fino ad arrivare in fondo allo spazio bianco.

«Il primo enigma, il Toro, è costituito da simboli zodiacali, cioè gli elementi principali degli oroscopi. A questo enigma non corrisponde nessun delitto e, secondo il ragionamento appena fatto, **all'ultimo delitto non corrisponderà nessun enigma perché non si tratterà di un quesito del gioco, ma della soluzione stessa**».

Sibilla alzò finalmente la testa dalla scrivania e mi guardò direttamente negli occhi. Il bagliore emanato dal suo sguardo era più acuto e penetrante che mai. Per un attimo credetti di non riuscire a sopportarlo ed ebbi la sensazione di svenire.

«Il cerchio si chiude. L'ultima vittima è un astrologo».

In quel momento capii che il segno circolare che Sibilla aveva tracciato accanto alla raffigurazione del Toro era proprio l'elemento che aveva dato il nome all'enigma: lo Zodiaco. La teoria che aveva esposto non faceva una piega e spiegava anche come mai a ogni omicidio corrispondesse un segno astrologico.

«Seguendo questa pista, mi sono fatta portare dal Novellino tutte le riviste che pubblicassero gli oroscopi degli astrologi più famosi». Il tono della sua voce era adesso molto meno grave e aveva anzi un'inflessione leggera, quasi divertita. «Non avete idea di quante sciocchezze ho dovuto leggere ma era necessario per potermi fare un quadro generale. Mi sono appuntata i nomi e attraverso qualche ricerca sono risalita al curioso caso di Sidereo, astrologo famosissimo ancora oggi, che dieci anni prima generò un piccolo scandalo. Tuttavia, per motivi di privacy, in nessuna delle mie fonti riuscivo a trovare il nome dei coniugi coinvolti e, visto lo scalpore sollevato da questo curioso fatto di cronaca e il fatto che alcune ipotesi considerassero un intervento esterno nella morte della donna, ho immaginato che il caso potesse essere passato, anche se per breve tempo vista l'infondatezza delle accuse del marito, sotto le vostre mani e che avrei trovato più informazioni nell'archivio. I fatti», Sibilla indicò il quotidiano spiegazzato, «mi hanno dato ragione. Anzi, devo dire che uscirò da questo edificio con molti più dati di quelli che mi aspettassi!».

Fusco guardò Sibilla con espressione perplessa. Non sembrava convinto, almeno non del tutto.

«Ammetto che si tratta di una buona pista da seguire, anche se comunque ci sono un bel po' di cose che non mi quadrano. Voglio darti fiducia, Agostini, chiederò a una parte dei miei agenti di mettersi in contatto con questo astrologo, Sidereo, e con il marito della donna suicida».

«Non una parte, tutto il reparto deve dedicarsi alla ricerca del marito», chiarì Sibilla. «È in assoluto il sospettato numero uno, nessuno può avere un movente più forte del suo e non mi stupirei se si fosse nascosto da qualche parte per non farsi catturare. Quindi, per prima cosa, è necessario prendere un elenco telefonico e chiamare tutti coloro che hanno quel nome e cognome. Generalmente non mi piace lavorare in squadra, ma questo compito ripetitivo in cui non si deve usare il cervello sembra perfetto per i tuoi sottoposti».

Fusco provò a ribattere, probabilmente per dire che lei non aveva nessuna autorità per decidere come impiegare le risorse coinvolte nell'indagine, ma la mano di Sibilla fu più veloce della bocca dell'ispettore e si levò in alto prima che potesse proferire parola.

«E ovviamente devono scandagliare anche tutti i vecchi orfanotrofi della città».

«Cosa? Gli orfanotrofi? E adesso questa da dove ti viene? Non esistono nemmeno più, sono stati chiusi tutti anni fa!».

Sibilla, con un gesto teatralmente drammatico, si mise le mani sulla faccia e il pallore del suo volto si fuse con quello dei dorsi, creando un omogeneo miscuglio incolore di pura sconsolatezza.

«Innocenti, Esposti... non vi suggeriscono niente? Dai Novellino, almeno tu dammela una soddisfazione!».

Ma certo! Quei due cognomi, come Diotaiuti o Sperandio, appartenevano alla categoria che veniva assegnata ai trovatelli, i quali erano poi affidati ad appositi istituti. Se la donna dieci anni fa aveva una quarantina d'anni, era logico pensare che sia lei che il marito si fossero conosciuti all'interno di uno di essi e che fosse stato, per loro, un luogo molto importante.

Anche Fusco sembrava essere arrivato alla stessa conclusione e si limitò ad annuire con aria corrucciata. Come al solito, aveva ragione lei.

«D'accordo Agostini, procederemo come hai suggerito. Dirò ai miei uomini di concentrare le loro ricerche su Sidereo, Giovanni Esposti e sugli ex orfanotrofi della zona».

Seguendo un copione già visto molteplici volte, Fusco aveva ceduto alla caparbia cocciutaggine di Sibilla, visto che come al solito era accompagnata da ragionamenti inattaccabili. Per sottolineare ulteriormente il rapporto di subordinazione che si era instaurato tra i due, fece un'ulteriore, arrendevole domanda.

«Cos'altro possiamo fare?».

Sibilla si alzò e prese la giacca a vento dallo schienale della sedia su cui l'aveva appoggiata, segno che la conversazione era finita e che aveva ottenuto tutto ciò che reputava necessario dall'incontro con l'ispettore. Dai suoi occhi traspariva una grande determinazione, che cozzava terribilmente con la risposta che si apprestava a pronunciare:

«Semplice: aspettare il prossimo omicidio».

Sesto enigma

Non trascorsero molti giorni prima che il killer facesse la sua mossa successiva e uccidesse un'altra delle pedine del gioco. La vittima era stavolta Luigi Palumbo, detto "Gigione" per via della sua imponente stazza, napoletano di 44 anni trovato morto il 9 ottobre nel **Sacrario militare dedicato alla Brigata Majella, una cappella di modeste dimensioni erta in onore di 55 partigiani vicino a Taranta Peligna**, piccolo comune arroccato sulle pendici delle montagne abruzzesi. Appena ci venne girata la segnalazione da parte delle forze dell'ordine locali, che a loro volta erano state allertate da alcuni turisti che si erano imbattuti per caso nel cadavere durante una visita, partimmo immediatamente alla volta del paesello. Sibilla, contro ogni aspettativa, decise di unirsi a noi, adducendo la discutibile motivazione che Taranta Peligna fosse un nome curioso per un comune, per via del fatto che la prima metà fosse costituita dal nome di un'altra città però trasformato di genere. Cosa ci fosse di interessante, e soprattutto come quella stravaganza toponomastica potesse costituire un elemento per decidere se recarsi o meno non tanto in quel luogo specifico, ma in QUALSIASI luogo, non saprei proprio dirlo.

Seguendo la regola del contrappasso con cui ormai avevamo tutti – purtroppo – familiarizzato, anche Palumbo era stato ucciso dagli oggetti che costituivano il fulcro dei suoi raggiri. L'uomo era specializzato nell'interpretazione dei sogni, ma non quella psicanalitica di freudiana o junghiana derivazione. Il pingue personaggio era infatti un esperto conoscitore della Smorfia, il dizionario simbolico della tradizione partenopea che associava varie immagini a un numero da 1 a 90.

Attraverso quella cabala è possibile, sempre secondo le superstizioni, scandagliare i propri sogni e decidere quali numeri giocare al lotto e vincere l'agognato montepremi. Palumbo, che dalle prime indagini risultava che avesse vissuto a Napoli per tutta la vita e non avesse alcun tipo di legame con la località abruzzese, era molto conosciuto nell'intera regione per la sua capacità di decifrazione delle immagini oniriche, per la quale richiedeva ovviamente un compenso monetario enormemente più alto di qualsiasi somma che i suoi assistiti avessero mai potuto vincere grazie alle sue consulenze. Il killer aveva deciso di punire l'inganno proprio utilizzando i numeri del lotto, simbolo di una ricchezza promessa agli altri ma, di fatto, ottenuta soltanto per sé stesso.

Appena entrammo nel sacrario le nostre narici vennero pervase da un acre odore di morte. Secondo i primi accertamenti della Scientifica, l'uomo doveva essere deceduto da non più di ventiquattro ore, ma le dimensioni contenute del sepolcro avevano contribuito a trattenere il nauseante fetore di decomposizione, appestandone le basse pareti in mattoni e rendendolo insopportabile. Esattamente al centro della stanza si trovava il cadavere del cabalista, legato mani e piedi a una sedia di acciaio, anch'essa fissata al pavimento attraverso delle asole metalliche simili a quelle trovate sulla scena del primo delitto. Addosso aveva soltanto una camicia azzurra, slacciata nella parte inferiore, da cui fuoriusciva il ventre prominente che si riversava in avanti, coprendo con la sua massa imponente parte delle cosce e i genitali. Verso la parte del colletto, il colore dell'abito andava progressivamente amalgamandosi all'incarnato del volto, ricoperto da orribili chiazze blu tendenti al violetto emerse in seguito a un probabile soffocamento.

Oltre allo stato di cianosi, un'altra prova – a dire il vero molto più evidente – a sostegno di quell'ipotesi sulla causa del decesso era la bianca pallina che gli usciva dalla bocca, stretta dalle labbra serrate in un morso da cui traspariva il terrore provato dalla vittima durante la tortura. Su di essa, nonostante le macchie di sangue che ne contaminavano l'immacolatezza, **era facilmente distinguibile il numero 62.** Soprattutto alla luce dell'attività svolta in vita dal povero Gigione, era evidente che si trattasse di una delle sfere utilizzate durante l'estrazione del lotto, generalmente pescata dalla mano di un innocente fanciullo e adesso trasformata in uno strumento di morte. Effettuando un paragone un po' ingeneroso nei confronti di qualcuno brutalmente assassinato da meno di un giorno, la sua figura ricordava l'illustrazione che generalmente viene fatta nei fumetti per disegnare un maiale arrosto, in cui la mela in bocca era stata sostituita dal piccolo globo bianco.

Tutte intorno al corpo erano sparpagliate decine di altre palline, ognuna di esse recante sulla sua superficie uno dei numeri estraibili sulle ruote delle varie città. Sembravano disposte in un ordine casuale, come se fossero state lanciate senza preoccupazione di dove sarebbero finite, a eccezione di alcune che erano anzi state incollate sul pavimento, proprio ai piedi del cadavere, in modo da **formare il sempre presente simbolo zodiacale, stavolta corrispondente al segno del Sagittario.**

♐

Lo spazio all'interno del sacrario era talmente ridotto che era impossibile pensare di entrarci in più di cinque o sei alla volta (chiaramente escludendo il gigantesco corpo della vittima che, da solo, occupava il volume di due persone normali) e in quel momento soltanto io, Sibilla, Fusco e altri due agenti della Squadra Omicidi ci trovavamo lì dentro. Ma mentre l'attenzione di questi ultimi era rivolta principalmente al cadavere e alla pallina incastrata nella cavità orale dell'assassinato, notai che Sibilla era invece china in un angolo del piccolo mausoleo, apparentemente privo di interesse. Ero certo che l'acume della ragazza fosse riuscito a notare un dettaglio che a noi era invece sfuggito e decisi quindi di avvicinarmi per vedere cosa avesse catturato la sua attenzione.

Come al solito, la poliziotta percepì il mio arrivo senza neanche voltarsi. I suoi occhi dovevano possedere qualche particolare potere paranormale e, proprio come la sfera di cristallo dei Gemelli Indovini, riuscivano a vedere cose che noi comuni mortali non siamo in grado di rilevare. Senza voltarsi, alzò una mano e mi fece cenno di avvicinarmi e chinarmi accanto a lei, operazione che compii senza fiatare.

«Guarda, Novellino», mi disse, indicandomi una delle piccole sfere che si era andata a ficcare in un cantuccio isolato, «non noti niente di strano? Questa pallina non ha il numero».

Mi sporsi in avanti per vedere meglio ed effettivamente aveva ragione. La superficie visibile della sfera era completamente bianca e non presentava alcuna cifra. Sibilla protese l'esile mano in avanti e afferrò il globo ma, mentre lo portava a sé, notai che l'oggetto opponeva un'insolita resistenza, come se non fosse stato semplicemente appoggiato ma fissato con qualche tipo di collante. Dopo averlo esaminato attentamente per una manciata di secondi, la ragazza girò la piccola biglia e vidi i suoi occhi spalancarsi a dismisura.

«Be', è proprio il caso di dirlo: Bingo!».

Senza abbandonare la sua posizione rannicchiata, Sibilla sollevò la sferetta all'altezza del mio volto e girò l'emisfero che aveva appena analizzato verso di me. Nell'effettuare quel movimento per poco non mi colpì in faccia a causa del ridottissimo spazio e i nostri volti erano adesso separati solamente dalla pallina che teneva sospesa tra il pollice e l'indice. Mi chiesi come facesse lei a non provare dolore, visto che le mie ginocchia stavano implorando pietà ed ero in quella posizione da pochi secondi. Cercando di ignorare la sofferenza, mi concentrai sull'oggetto e vidi che sopra c'era una minuscola, quasi invisibile, scritta blu:

♀

Guarda: ai lati! Ma parti dalla fine.

La mia espressione pensierosa non trovò riscontro in quella di Sibilla, che da dietro la pallina vedevo invece essere palesemente esultante. Ai lati? Alla fine? Si trattava di una strana caccia al tesoro da condurre all'interno di quel monumento ai caduti? Tuttavia, viste le esigue dimensioni del posto mi sembrava alquanto improbabile, e non spiegava perché alla brillante ragazza era stato sufficiente leggere quelle parole per trovare la risposta, senza muoversi di un passo. Per evitare di essere preso a male parole (o per cercare di impressionarla?), provai a capire da solo la soluzione ma dovetti arrendermi all'evidenza e chiedere delucidazioni.

«Questo non è così facile, Novellino», spiegò Sibilla, stranamente comprensiva e non beffarda nei miei confronti, «soprattutto se si pensa che **la soluzione deve essere necessariamente un numero.** Tuttavia c'è una risposta intermedia e poi... **fortuna che i simboli della Smorfia Napoletana sono spesso presenti nelle definizioni dei cruciverba.** Non hai mai giocato a Tombola, Novellino? Io no, ma sai, nel mio caso non ce n'è bisogno».

Provai a riflettere ulteriormente alla luce degli aiuti ricevuti ma naufragavo ancora in alto mare. Per nascondere le mie difficoltà provai a cambiare discorso, rivolgendo a Sibilla un altro interrogativo che mi ronzava in testa da un po'.

«Mi stavo chiedendo in effetti dove fossero nascosti i due quesiti...», spiegai, cercando di apparire più sicuro possibile nella mia disamina. «Tuttavia, ancora non abbiamo trovato l'enigma delle lettere».

«Come no», rispose Sibilla senza scomporsi, «la pallina in bocca al cadavere».

«Ma non c'è il simbolo di Marte».

«Le macchie sulla superficie della biglia non sono chiazze di sangue. O meglio, qualcuna forse sì, ma non tutte. Osservandole attentamente, si nota che alcune hanno una forma troppo regolare e anche il colore tende a uno scarlatto troppo scuro per essere di natura ematica. **Isolando queste macchie si ottiene un disegno che corrisponde proprio a quell'emblema.** Lo so cosa stai pensando: perché quegli scemi della Scientifica non se ne sono accorti subito? Te lo dico io: senza i macchinari quel branco di idioti non sarebbe in grado di distinguere un morto da un vivo, neanche se rivolgesse loro la parola».

Avrei voluto alzarmi per andare a controllare, ma le mie gambe erano talmente indolenzite che non ero sicuro di riuscire a rimettermi in posizione eretta. Presi per buona la parola di Sibilla della quale, del resto, l'esperienza mi aveva insegnato a non dubitare mai.

«Ok...», aggiunsi, collegandomi alla sua osservazione, «quindi 62 è la chiave per arrivare alla letter...».

«Non solo 62», proruppe Sibilla prima che potessi terminare la frase. «Come nel caso dei tarocchi, anche qui sono assenti delle sfere che costituiscono sicuramente dei tasselli del gioco da risolvere. Solo che stavolta è inutile che mi metta a cercarle, a meno che non voglia dissezionare un cadavere a mani nude di fronte a tutti. Difficile che Palumbo sia morto soffocato solo a causa di una pallina, no? E poi, perché credi che la sua pancia fuoriesca dalla camicia?».

Sibilla fece perno sulle gambe sottili e si girò verso il cadavere seduto sul triste scranno, indicando il lugubre spettacolo al centro della stanza. Stavolta capii subito quello che voleva dire e un profondo senso di orrore mi assalì da capo a piedi. L'assassino non si era limitato a infilare una pallina in bocca a quel disgraziato. Dopo averlo immobilizzato, gli aveva conficcato a forza un numero imprecisato di sfere giù per l'esofago, soffocandolo a morte con una lentezza che doveva essere stata lancinante. Non avrei saputo dire dopo quante biglie ingerite poteva essere sopraggiunto il decesso, ma sperai che il povero Gigione se ne fosse andato il prima possibile.

«Quindi adesso non possiamo risolvere l'enigma, dobbiamo necessariamente aspettare l'autops...».

Il livido volto dell'agente si girò di scatto e mi fulminò, interrompendomi. Conoscevo quello sguardo: dovevo aver detto qualcosa di sbagliato.

«**Le palline infilate nel corpo di quel buzzurro sono la 4, 5, 8, 37, 47, 48, 52, 55, 64, 83**, è sufficiente osservare gli altri numeri presenti sul pavimento e ricavare i mancanti per esclusione. **Se consideriamo anche la 62 in bocca, e tenendo sempre in considerazione la professione, se così vogliamo chiamarla, del tipo, la soluzione è evidente**».

Sibilla si arrestò e si alzò finalmente in piedi. Guardandomi dall'alto verso il basso, aggiunse:

«Il giorno che avrò bisogno dell'aiuto di quei deficienti, giuro solennemente che lascerò questo lavoro».

Girò i tacchi e uscì dal tabernacolo senza proferire nessun'altra parola. Nonostante non fosse mia intenzione, l'orgogliosa ragazza aveva probabilmente letto nella mia osservazione una mancanza di fiducia nei confronti della sua intelligenza e doveva essersi offesa. Provai ad alzarmi e a spiegarle che non avevo assolutamente intenzione di sminuirla ma appena mi sollevai le mie gambe, che avevano perso ogni tipo di sensibilità, cedettero e franai rovinosamente in mezzo al coacervo di palline. Fusco, che si era probabilmente dimenticato della mia presenza, si voltò verso la mia sagoma spiattellata al suolo e, con tono sardonico, mi disse: «Novellino, abbiamo già un morto qui, non c'è bisogno che ti unisca anche tu».

Il giorno seguente, prima di recarmi in ufficio, ero terrorizzato. Ero sicuro che, per via delle mie parole del giorno prima, la mia compagna di ufficio sarebbe stata più intrattabile del solito e che avessi ormai definitivamente perso quel minimo di confidenza che ero riuscito a guadagnarmi in settimane di schiavismo. Quando varcai la soglia ed entrai nell'antro della mia responsabile *ad interim*, tuttavia, venni accolto da una Sibilla sorridente e, soprattutto, in compagnia. Con lei c'erano infatti l'ispettore capo Fusco e un altro agente che avevo visto qualche volta durante la mia breve permanenza nella sede centrale dell'UACV.

«Ah, Novellino!», esordì Sibilla rivolgendosi a me, evidentemente dimentica della stizza manifestata il giorno prima. «Indovina un po'? Avevo ragione sull'orfanotrofio – ovviamente – ma la vera notizia è che i subalterni di Fusco sono riusciti a trovarlo!».

Volse lo sguardo verso l'agente, che con ogni probabilità era colui che aveva ottenuto quel risultato.

«Bravo, ti darei un biscottino se ne avessi, ma purtroppo non possiedo cani».

Nonostante quelle parole fossero con tutta probabilità da intendersi come un complimento, dall'espressione capii che il ricevente non le avesse affatto interpretate come tali.

Noncurante della reazione dell'agente, Sibilla chinò il capo sulla scrivania e lesse ad alta voce il foglio contenente le informazioni richieste.

«Orfanotrofio "La Stella", chiuso nel 2006 in seguito alla legge n. 149 del 28 marzo 2001. Chiara Innocenti e Giovanni Esposti sono cresciuti qui e si sono sposati pochi anni dopo aver abbandonato l'istituto all'età di 18 anni».

Sibilla alzò nuovamente la testa dal foglio e si rivolse direttamente all'ispettore capo.

«Quando hai detto che possiamo andare a visitarlo?». Era visibilmente raggiante, come una bambina cui venisse annunciata la possibilità di andare a Disneyland.

«Purtroppo non è così semplice. Per quanto sia assurdo, ottenere il permesso di visitare una struttura abbandonata da anni richiede la compilazione di valanghe di scartoffie, che dovranno passare al vaglio di una moltitudine di uffici competenti. Pratiche, firme, marche da bollo, la solita vecchia storia della burocrazia in Italia, lo sai come funziona, non fa sconti neanche a noi della polizia. Pare inoltre che gli uffici comunali abbiano smarrito tutte le chiavi e stiamo cercando di rintracciare qualcuno che sia ancora in possesso di una copia».

In un attimo l'espressione di Sibilla passò dal gaudente al corrucciato. Non aveva palesemente voglia di aspettare i comodi di qualcun altro.

«D'accordo, d'accordo... farò la brava, una volta tanto che ne combinate una giusta non mi sembra il caso di infierire». Allungò una mano in direzione di un mucchio di cartacce appallottolate e, dopo aver ravanato per qualche secondo, ne estrasse un dolciume al cacao e caramello ancora intonso. «Di Sidereo invece cosa mi dite? Siete riusciti a mettervi in contatto con l'astrologo?»

«Qua purtroppo arrivano le dolenti note», rispose Fusco abbassando lo sguardo. Sibilla alzò gli occhi al cielo in segno di disappunto, come se si aspettasse la notizia di un qualche fallimento da parte dei suoi colleghi. «Appena avete lasciato la sede dell'UACV abbiamo chiamato la redazione di "Scoop" spiegandogli la situazione e chiedendo di poter parlare con l'astrologo, ma ci hanno risposto che Sidereo è una persona estremamente riservata e non è possibile incontrarlo in alcun modo. Nonostante l'enorme fama di cui gode, in più di quarant'anni di carriera non è mai apparso in pubblico e nessuno sa chi si celi dietro la sua misteriosa identità. Pare che neanche loro sappiano chi sia realmente e che si limitino a pubblicare gli oroscopi che, ogni settimana, gli arrivano in redazione».

«Sarebbe stato troppo bello quanto inverosimile se foste riusciti in tutto quello che vi ho chiesto», constatò Sibilla addentando il suo snack. «Avete spiegato loro che quel veggente da strapazzo sta rischiando la vita? È sicuramente l'ultima vittima designata dal Killer degli Astrologi».

«Abbiamo cercato di far capire in tutti i modi la situazione di pericolo in cui si trova», replicò l'ispettore mettendosi sulla difensiva, «ma ci hanno ripetuto più volte che non c'è nessun motivo di preoccuparsi e che le nostre paure sono sicuramente infondate. Sembrano estremamente certi che abbiamo preso un granchio e che non ci sia nulla da temere».

«Non sta di certo a loro decidere se abbiamo sbagliato o no!». Sibilla era adesso visibilmente alterata. Il fatto che qualcuno, anche se sconosciuto, mettesse in dubbio le sue congetture era per lei uno smacco intollerabile. «Ci sarà pure un modo per interloquire con Sidereo».

«Cosa possiamo fare? Non sappiamo chi sia e soprattutto non abbiamo uno straccio di prova che dimostri che sia effettivamente coinvolto in qualche modo nei delitti. L'unica cosa su cui facciamo affidamento è la tua intuizione».

«Le mie intuizioni valgono più di qualsiasi prova possiate trovare», rispose l'agente piccata, concentrandosi sugli ultimi morsi della sua barretta al cioccolato. «Comunque, cerchiamo di guardare il lato positivo: questa non è necessariamente una cattiva notizia. Il fatto che Sidereo non si faccia vedere e si rifiuti di parlare con noi è molto, molto sospetto. Continuate a cercare informazioni su di lui. È tutto?».

Fusco si girò in direzione del suo agente e rimase in silenzio. Dopo qualche secondo di quella strana reticenza, la poliziotta volse nuovamente lo sguardo verso di lui e lo scrutò intensamente.

«Sibilla», si decise a parlare l'ispettore. Il suo tono di voce era più grave che mai, «C'è un'altra cosa che dobbiamo dirti».

I lineamenti sul pallido viso della ragazza si contrassero in un'intensa espressione di curiosità. Acuì lo sguardo come per cercare di capire e anticipare la rivelazione dell'ispettore ma non riuscì nell'intento, visto che si limitò a continuare a fissarlo con aria interrogativa. Era strano vederle dipinti sul volto segni che manifestassero dubbio e incertezza, lei che generalmente sembrava essere a conoscenza di qualsiasi cosa. Fusco, probabilmente non per tenere sulle spine la ragazza ma perché non riusciva a trovare le parole, rimase in silenzio per un po' fino a che, finalmente, non si decise a parlare.

«Abbiamo rintracciato anche la proprietaria della casa dove vivevano i due coniugi».

L'ispettore emise un lungo sospiro. Si stava preparando a dire qualcosa di molto importante.

«Avevi ragione. Giovanni Esposti è sparito poco dopo aver perso la causa in tribunale contro il giornale "Scoop". Nessuno sa dove si trovi da quasi dieci anni».

PESCI

Diario segreto

Quel giorno suonai più volte al vostro, o dovrei dire suo, citofono, ma dopo qualche minuto di attesa senza che nessuno mi rispondesse capii immediatamente che doveva essere successo qualcosa. Mi feci aprire da uno dei condomini ed entrai nell'appartamento utilizzando la chiave di riserva, che tenevate nascosta sotto il grande vaso di fiori accanto all'ingresso. Ad accogliermi non trovai le occhiaie di tristezza del mio vecchio nemico ma soltanto i pochi mobili rimasti ad arredare il salone che, senza la vostra presenza, sembravano abbandonati da tempo. Il silenzio tombale che riempiva quel luogo mi fece venire la pelle d'oca.

Chiamai più volte il suo nome ma sapevo già che non avrei mai ottenuto risposta. Passai in rassegna tutte le stanze e quando, infine, arrivai in cucina, la vidi. Sopra il tavolo di compensato su cui eravate soliti consumare i vostri pasti era appoggiata una lettera. Ricordo che quando scorsi la candida sagoma rettangolare nessuno stupore mi assalì, come se mi aspettassi di imbattermi in quella presenza. Presi un coltello da uno dei cassetti e aprii la busta, rivelandone il contenuto.

Per la sua fine, aveva scelto l'acqua. La parte conclusiva era interamente dedicata a me, all'amicizia che ci aveva legato in quegli ultimi, terribili mesi e, pensandoci, non poteva essere altrimenti, visto che soltanto io avrei potuto leggere quelle ultime parole. Inserii nuovamente il foglio nella busta, tor-

nai nel salone e, dopo aver chiuso la porta d'ingresso e messo nuovamente le chiavi nel suo nascondiglio, scesi le scale e me ne andai.

Nel tragitto che mi riportò verso casa non riuscivo a pensare a niente. Una tremenda disperazione avrebbe dovuto travolgermi e invece piombai in una sorta di sorda imperturbabilità che mi impediva di provare il benché minimo sentimento. Appena varcai la soglia del mio bilocale, tuttavia, la diga che avevo dentro di me franò tutta in un colpo e scoppiai in un pianto ininterrotto, che per poco non mi fece esplodere il cuore nel petto.

Per giorni non uscii di casa. Avevo perso la motivazione per fare qualsiasi cosa e pensavo che niente nella mia vita, ormai, avesse più uno scopo. Dormivo pochissimo e, quando capitava che prendessi sonno, sognavo un cielo gremito di stelle che, a una a una, mi precipitavano addosso, distruggendo il mio corpo in mille pezzi. Avrei sicuramente fatto una brutta fine, quando un avvenimento casuale mi spinse ad andare avanti.

Avevo appena terminato uno dei miei consueti incubi e mi alzai per andare a prendere un po' di acqua in cucina, in uno di quegli slanci di autoconservazione che si facevano sempre più rari. Nell'aprire la porta della camera urtai inavvertitamente contro lo spigolo della scrivania e scoprii uno degli angoli del ripiano che avevo coperto, ormai chissà quanto tempo prima, con una tovaglia a quadri. Mi fermai, tornai sui miei passi e rimossi l'intera copertura, rivelando ciò che vi avevo nascosto sotto e che avevo ormai dimenticato.

Sulla lucida superficie della scrivania apparve l'immagine di una montagna innevata. Fiero nella sua acuminata maestosità, il picco troneggiava su un unico candido versante, mentre al posto dell'altra parete laterale c'era un grande spazio vuoto, come se una slavina improvvisa avesse portato a valle non soltanto la neve che ricopriva i fianchi della vetta ma una parte della montagna stessa. La scena mi lasciò senza fiato e mi riempì di un grande senso di tristezza. Quanto simile a me era quel puzzle incompleto, lacerato nella sua più profonda essenza! Mi abbandonai a quello sconfortante pensiero per qualche secondo fino a che, all'improvviso, una rivelazione apparve dinanzi ai miei occhi, come se fosse impressa nel cartoncino delle varie tessere. Quella perdita non era irreparabile, io potevo colmarla. Sarebbe stato sufficiente che mi mettessi a inserire i pezzi mancanti uno dopo l'altro e la montagna, da tetro testimone di una perdita ineluttabile, si sarebbe trasformata nel simbolo della rinascita. Fu lì che capii. Non potevo lasciare la questione incompiuta.

Quanti altri Innocenti ci sono là fuori, vittime sacrificali della malvagità altrui, in pericolo di cadere nello stesso tranello? Non potevo permettere che la mia, la nostra sorte, toccasse a qualcun altro e, anche se sapevo che non sarebbe stato facile, avrei dovuto fare tutto quello che era in mio potere per impedire che ciò potesse accadere di nuovo.

Non permetterò che le stelle restino impunite.

16/10/2023

Quando riferii a Sibilla che l'ispettore Fusco mi aveva telefonato per dirmi che il sesto omicidio era stato commesso, mi rivolse uno sguardo talmente disinteressato che evitai di chiederle se avesse intenzione di venire con noi sul luogo del delitto. Dal giorno in cui le era stato detto che le ricerche della Squadra Omicidi avevano avuto successo ed erano riusciti a trovare l'orfanotrofio, ma che era necessario aspettare qualche giorno prima di potercisi recare, sembrava che non pensasse ad altro e avevo l'impressione che stesse trascurando persino i suoi amati giochi enigmistici. Se ne stava ore e ore accasciata sulla sua poltrona, con lo sguardo fisso verso le lise tapparelle o la porta d'ingresso, rivolgendo repentinamente l'attenzione su di me ogni volta che il mio telefono cellulare squillava nella speranza che fosse il tanto atteso *placet* per visitare la struttura. Era evidentemente convinta che nel brefotrofio si trovassero molte delle risposte necessarie ad andare avanti con le indagini, visto che gli enigmi creati attraverso gli omicidi sembravano, almeno per adesso, fini a loro stessi. Indirettamente, doveva avermi trasferito quella convinzione poiché quando presi il mio zaino e la macchina fotografica per recarmi alla volta di **Maenza** – cittadina in provincia di Latina in cui era stato trovato il corpo, per procurarmi tutti i materiali necessari affinché lei potesse risolvere quel nuovo quesito –, non ero pervaso dalla consueta adrenalina ma provavo anzi un diffuso, penetrante senso di fastidio.

Il disinteresse che aveva assalito me e lei non era però condiviso dai giornalisti. Più passavano i giorni (e gli omicidi) e più l'interesse dei media verso la storia del Killer degli Astrologi cresceva: le fughe di notizie dalle forze dell'ordine alle testate editoriali divennero numerose e, soprattutto, istantanee. Appena scendemmo dalle volanti per entrare nel piccolo esercizio commerciale dove era stato ritrovato il cadavere, trovammo ad aspettarci una fiumana di reporter d'assalto, che si avventarono su di noi come un branco di lupi famelici su delle prede indifese. Provai a farmi scudo tra i flash con le mani e a ignorare le loro domande, ma una di esse superò la mia resistenza e non potei fare a meno di udirla.

«Dov'è la ragazza bianca come un vampiro? Verrà più tardi? Pare che abbia trovato la soluzione a tutti gli enigmi fatti fino a questo momento, perché non siete ancora riusciti a catturare il colpevole?».

Appena assimilai il contenuto di quel breve interrogatorio mi bloccai, sicuro che non sarei più riuscito a effettuare un solo altro passo. I giornalisti erano a conoscenza dell'apporto che Sibilla stava dando alle indagini? Se quella notizia fosse giunta, in un modo o nell'altro, alle orecchie del serial killer, si sarebbe trovata in serio pericolo e venni assalito da un profondo sentimento di terrore. Fortunatamente, i miei compagni videro che mi ero immobilizzato e mi trascinarono oltre la porta a vetri che conduceva all'interno del negozietto, lasciandoci alle spalle l'abbagliante gragnuola di flash che ci aveva accompagnato fino a quel momento.

Il locale in cui ci eravamo introdotti era piuttosto minuto, strutturalmente simile a quelle piccole boutique di gioielli in cui vengono esposti un limitato numero di articoli ma di pregiatissima fattura. Nell'angolo in fondo a destra, dalla parte opposta rispetto al tappeto sopra il quale mi trovavo in quel momento, erano disposti tre manichini uno accanto all'altro: non indossavano nessun capo di vestiario ma erano agghindati con ogni sorta di anelli, collane, tiare e altri elementi di bigiotteria, tutti piuttosto pacchiani e con incastonati grandi cammei e pietre colorate. Sulla sinistra, lungo l'angolo che percorreva il muro laterale e la parete posteriore, si snodava un massiccio bancone di legno chiaro, sopra cui erano posizionati altri monili simili a quelli che agghindavano i fantocci, oltre al registratore di cassa, un blocco per gli scontrini e altri oggetti atti all'esercizio della vendita. Alla destra del piano era posizionata una teca di vetro, in perfetta continuità con la superficie tanto da far pensare che si trattasse di un pezzo unico. L'elemento più particolare di quello strano emporio, tuttavia, era costituito da una massiccia scaffalatura posizionata proprio alla mia sinistra, la quale conteneva decine e decine di piccoli sacchetti di stoffa bianca tutti uguali – più o meno della dimensione di un pugno chiuso – protetti da lunghe ante di vetro temperato che avevano l'aria di essere piuttosto resistenti. Appena notai il mobile e soprattutto lo strano contenuto che gli era stato affidato, non potei fare a meno di chiedermi cosa ci fosse di tanto prezioso all'interno di quei cartocci da giustificare quel sistema di difesa e, soprattutto, la loro numerosità.

La titolare di quella sorta di bottega delle meraviglie era riversa a terra, con la faccia rivolta verso il pavimento e i lunghi capelli castani sparsi disordinatamente intorno alla nuca. Il corpo era quasi interamente ricoperto da piccoli granelli dalle sfumature perlacee molto simili a quelli del sale, e che capii costituire anche il contenuto delle ordinate sportine su cui i miei occhi avevano indugiato qualche attimo prima. Prima di salire sulla volante alla volta della cittadina, infatti, avevo sentito stralci della conversazione che l'ispettore capo Fusco stava tenendo con il suo sovrintendente, dai quali mi era parso di capire che la vittima di turno dello spietato assassino era una specie di venditrice di amuleti e manufatti contro il malocchio, il cui prodotto di punta consisteva appunto in una specie di sale magico. Non so perché la mia mente non avesse collegato la rivelatoria informazione alla visione dei sacchetti, permettendomi di capirne immediatamente il contenuto, ma adesso che avevo visto la distesa di granuli biancastri ero finalmente riuscito ad afferrare il quadro generale.

Davanti alla testa della vittima, esattamente a metà fra il tappeto e il corpo senza vita, l'omicida aveva tracciato il simbolo zodiacale distintivo dell'enigma, servendosi di quel comunissimo sale da cucina che la truffatrice aveva spacciato in vita per una polvere dalle strabilianti proprietà soprannaturali. **Il segno, stavolta, era quello dei Pesci.**

Imbracciai la macchina fotografica e mi misi a esplorare la stanza in cerca di elementi che potessero essere collegati alla prova cui il killer voleva sottoporci, senza ascoltare la ricostruzione dell'omicidio che l'ispettore Fusco stava iniziando a esporre. Sapevo che tanto a Sibilla non sarebbe importato niente e decisi quindi di non perdere tempo a raccogliere informazioni che avrebbero fatto la fine di uno qualsiasi degli involucri delle sue merendine, cioè quella di essere accartocciate e gettate chissà dove. Non mi annotai neanche il nome della vittima, pensando che qualora si fosse rivelato utile per la risoluzione del quesito – unico scenario in cui quel dato avrebbe potuto essere di qualche interesse per la scorbutica detective – avrei potuto chiederlo in ogni momento all'ispettore Fusco (anche se probabilmente si sarebbe stupito che non me lo fossi annotato da qualche parte).

Iniziai il giro in senso antiorario, partendo dagli inquietanti manichini che avevano catturato da subito la mia attenzione e su cui pensavo potessero essere vergati misteriosi messaggi cifrati, ma non trovai nulla di fuori dall'ordinario, almeno se contestualizzato con l'inconsueto emporio in cui ci trovavamo. Continuai sfilando di lato prima alla teca e poi al bancone, sempre scattando numerose foto per sicurezza, nonostante non stessi notando nessun elemento sospetto che potesse indicare una delle prove che costituivano l'enigma dei Pesci.

Infine, mi avvicinai alla grande scaffalatura contenente i sacchetti del "pregiato" sale magico, certo che almeno lì avrei trovato quello che stavo insistentemente cercando. Analizzai il mobile per svariati minuti, provai anche a far scorrere i battenti di vetro (facendo attenzione a non farmi notare dai miei colleghi, visto che in teoria non avrei potuto alterare la scena del crimine: la troppa vicinanza con Sibilla mi aveva reso indisciplinato?), ma erano saldamente chiusi con delle piccole serrature che fissavano gli sportelli alle estremità degli scaffali. Dopo più di un tentativo decisi di arrendermi, certo che Sibilla mi avrebbe rimproverato per non averle portato nessun elemento degno di nota su cui poter ragionare, fino a che, all'improvviso, venni fulminato da un dettaglio che avevo visto pochi secondi prima a cui, inizialmente, non avevo dato la giusta importanza.

Settimo enigma

Tornai al bancone e osservai nuovamente lo strano oggetto che era appoggiato sulla parte terminale del ripiano. Si trattava di una **piccola vaschetta di forma rettangolare, dai bordi molto bassi, di dimensioni simili a quelle di un foglio da stampante A4.**

A prima vista il recipiente, dal fondo perfettamente liscio e piatto, non presentava nessuna caratteristica particolare ma un'analisi più attenta rivelava dei sottilissimi intarsi, che si snodavano lungo tutto il contorno e la cui forma era molto simile **agli emblemi di Marte e Venere che stavo cercando.** Probabilmente il mio cervello, durante la prima ispezione, non era riuscito a processare la presenza di quei segni pressocché invisibili, facendomeli percepire soltanto in un secondo momento.

Scattai una quantità innumerevole di foto a quell'oggetto, inquadrandolo da ogni possibile angolazione per essere sicuro di non trascurare il minimo dettaglio, in cui Sibilla avrebbe potuto vedere qualcosa che per me era invisibile. A un certo punto, mi misi esattamente sopra la superficie piatta che costituiva l'interno della sottilissima bacinella e, filtrato dal vitreo obiettivo della mia reflex, mi sembrò di vedere qualcosa di strano.

Appoggiai la fidata fotocamera sul bancone e avvicinai l'occhio a pochi millimetri dal fondo del misterioso oggetto. Soltanto a quella ridottissima distanza riuscii a vedere che **la superficie era scavata da sottilissimi solchi, non più**

larghi di un ago da cucito e probabilmente profondi uno o due millimetri, che sembravano seguire delle linee dal tragitto regolare. Stando troppo vicino non riuscivo a vederli nella loro interezza, quindi mi allontanai un poco per poterne afferrare il disegno generale ma bastava che spostassi la testa indietro di alcuni centimetri per non riuscire più a distinguerli.

All'ennesimo tentativo fallito di trovare il giusto bilanciamento tra la distanza che mi permetteva di rivelare le fenditure e quella dalla quale potessi coglierne l'interezza, ebbi un'idea. In tutti gli altri enigmi, gli oggetti presenti sulla scena del crimine non si erano mai limitati ad assumere soltanto la funzione di elementi di teatralità o di armi del delitto. Tarocchi, pendoli, sfere del lotto... erano sempre delle vere e proprie chiavi di decriptazione, senza le quali sarebbe stato impossibile trovare le soluzioni dei test dell'Enigma dello Zodiaco. Con quel pensiero in testa mi chinai e, sempre facendo attenzione a non farmi vedere da nessuno dei miei colleghi e dall'ispettore Fusco in particolare, ammucchiai fra le mani un po' del sale sparso sul pavimento. Dopo che ne avevo raccolto una quantità che a occhio mi sembrava sufficiente, mi alzai, misi i palmi arcuati contenenti il bottino sopra la vaschetta e, come il pilota di un cacciabombardiere che apre i portelloni per sganciare gli armamenti su una città nemica, sciolsi le mani e vi feci piovere i candidi granelli.

Il niveo manto puntiforme si distese uniformemente su tutta la superficie incassata, ammassandosi inizialmente nella parte centrale e scivolando a poco a poco sulle aree laterali e verso gli angoli. Appena il moto si assestò in una forma regolarmente livellata, ecco che accadde esattamente quello che avevo ipotizzato. **Una parte dei minuscoli granelli scivolò all'interno delle fessure, rivelando gli ordinati tratti che fino a quel momento ero riuscito solo a**

intravedere ma che adesso si palesavano davanti ai miei occhi. La figura risultante da quella operazione, la cui perfetta simmetria era rotta soltanto dalla differente disposizione dei simboli apparsi agli angoli della superficie, era schematizzabile nel modo seguente:

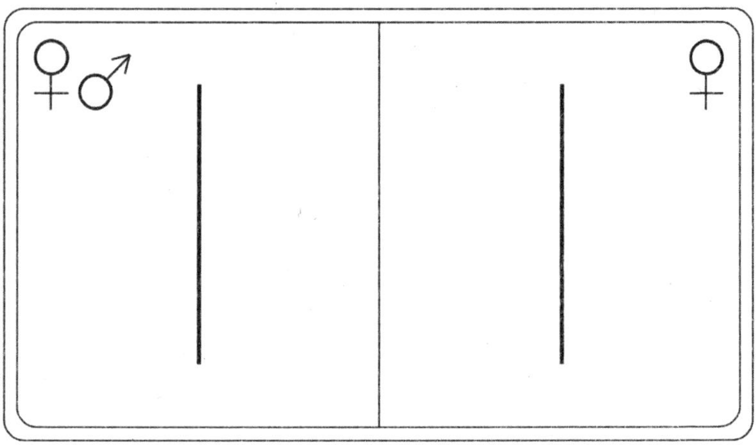

Avrei voluto urlare di gioia ma proprio in quel momento vidi con la coda dell'occhio la sagoma austera dell'ispettore capo che si dirigeva a larghe falcate verso la mia posizione. Probabilmente aveva notato il mio armeggiare sospetto e stava venendo a sincerarsi che non stessi facendo niente che potesse inquinare le prove presenti sulla scena del crimine. Trattenni la mia felicità e, ostentando per quanto mi fosse possibile un atteggiamento di *nonchalance*, presi la macchina fotografica che avevo posato accanto al manufatto e mi misi a immortalare l'immagine dell'enigma rivelato, facendo finta che il vassoio fosse sempre stato in quello stato. Appena Fusco mi raggiunse mi osservò in silenzio per qualche secondo poi, dopo avermi lanciato un'ultima occhiata indagatrice, tornò ad analizzare il corpo senza vita della negoziante.

Il giorno seguente mi recai nel ripostiglio di Sibilla prima del solito. Ero impaziente di farle vedere la fotografia dell'enigma dei Pesci e soprattutto non vedevo l'ora di spiegarle il processo che mi aveva permesso di far comparire l'immagine rivelatoria. Tuttavia, proprio come la settimana precedente, Sibilla non era da sola, bensì in compagnia dell'ispettore Fusco, ed esattamente come in quell'occasione sul suo volto era disegnata un'espressione raggiante. Non c'era bisogno che mi spiegasse come mai fosse tanto contenta. Almeno per quella volta, non avrei avuto l'occasione di mostrarle i risultati che avevo ottenuto durante il sopralluogo.

«"La Stella"... un nome veramente curioso per un orfanotrofio. Credo che l'intento dietro la scelta di questo nome fosse quello di conferire all'istituto un aspetto accogliente e rassicurante, soprattutto per i bambini che abitavano al suo interno. Chissà se ha funzionato».

L'ispettore Fusco se ne stava piantato sotto l'arcuata insegna a guardia del cancello d'ingresso, la testa reclinata verso l'alto a osservare la grande scritta a caratteri cubitali. Il giocoso stampatello che era stato utilizzato per imprimere la tranquillizzante denominazione dell'orfanotrofio stonava vistosamente con lo stato di incuria in cui il cartello, a giudicare dalle numerose chiazze di umidità e di fori di tarlo che ne martoriavano il legno, doveva versare ormai da diversi anni, e che aveva reso le grosse lettere sbiadite e difficilmente leggibili. Lo scenario che si stagliava dietro le maestose inferriate di ferro arrugginito non era da meno. Gli spazi tra le lunghe sbarre lasciavano intravedere un giardino abbandonato infestato da erbacce di ogni tipo, circondato tutto intorno da un austero edificio decadente a forma di ferro di cavallo, le cui mura erano avviluppate da dilaganti piante rampicanti e macchiate qua e là da chiazze di intonaco scrostato. Tutto, in quel luogo, suggeriva un passato vitale ma al tempo stesso disciplinato, dinamico nella sua rigorosa metodicità, di cui adesso non era rimasto altro che uno scolorito ricordo impresso a tinte fosche nelle sue fatiscenti, decrepite vestigia.

Il solito terzetto composto da me, Sibilla e l'ispettore capo era in attesa della persona che avrebbe dovuto accompagnarci all'interno del brefotrofio in disuso. L'unica cosa che sapevamo di lui era che aveva lavorato dentro l'istituto come bidello per circa due anni, prima che l'istituto chiudesse definitivamente i battenti in seguito alla legge che ne rese illegale l'attività sul suolo nazionale e stabilì il trasferimento dei minori ospitati al loro interno in case famiglia e comunità di accoglienza.

Dopo qualche minuto da quando eravamo arrivati, ecco che il nostro cicerone si palesò da dietro l'angolo dell'inferriata: un attempato signore sulla settantina che, dopo aver fatto cenno di aver capito che eravamo noi coloro che avrebbe dovuto guidare all'interno del macilento edificio, si diresse a passo lento verso di noi.

«Buonasera signori... e signorina», aggiunse il canuto vecchietto dopo aver scorto la pallida sagoma di Sibilla, che se ne stava vicino al cancello fremente di impazienza. «Mi chiamo Remo Ambrogi e, come sapete, sono stato incaricato di scortarvi all'interno del vecchio orfanotrofio, piacere di fare la vostra conoscenza. Dopo la sua chiusura, mai avrei pensato che ci avrei rimesso piede. Chissà che fine hanno fatto le vecchie istitutrici, sono anni che non le sento».

Il vecchio parlava con una lentezza esasperante. Sembrava che ogni frase gli costasse una fatica incredibile e avesse bisogno di raccogliere tutte le forze che aveva in corpo per riuscire a pronunciare la successiva.

«Be', immagino che non vogliate perdere altro tempo», gracchiò Remo, accortosi dell'impaziente scalpitare della ragazza all'ingresso, «datemi solo il tempo di cercare le chiavi del cancello ed entriamo».

Il vecchio tirò fuori dalla tasca dei pantaloni un grande anello di acciaio, su cui erano infilate un consistente numero di chiavi di forma, colore e dimensioni molto differenti tra loro. Con uno sforzo lo sollevò all'altezza del volto e, dopo aver rimirato il variegato mazzo con espressione concentrata, probabilmente per individuare lo strumento giusto in quella serrata schiera di grimaldelli, si avvicinò al cancello e iniziò a inserirli a uno a uno nell'arrugginita serratura. Fra un tentativo e l'altro, intervallati dai continui borbottii di disappunto dell'anziano bidello, passava un'indefinibile quantità di secondi che rendeva quell'operazione, in teoria estremamente semplice, esasperante oltre ogni dire.

Lo stesso copione si ripeté appena arrivammo al massiccio portone di legno che costituiva l'ingresso principale della struttura, al quale giungemmo dopo una lunghissima processione sul vialetto che, snodandosi fra la vegetazione selvaggia del cortile, conduceva alla soglia dell'istituto. Quando Sibilla vide che il signor Remo stava provando nuovamente la stessa chiave con cui aveva aperto il cancello ormai una decina di minuti prima, perse definitivamente la pazienza e, dopo avergli bruscamente strappato di mano il disordinato mucchio di ferraglia, provò le chiavi una dopo l'altra, trovando quella giusta dopo pochi secondi.

«Ehm, grazie mille per l'aiuto, signorina», disse il signor Remo esitante dopo aver ripreso il mazzo dalla giovane ragazza, che lo fissava con uno sguardo carico di sdegno. «Entriamo, così vi faccio fare il giro dell'edificio».

Varcammo la soglia e ci ritrovammo all'interno di un ampio salone, che a giudicare dall'arredamento immaginai avesse avuto non soltanto la funzione di ingresso ma anche di area ritrovo per ragazzi e istitutrici. Sulla destra si stagliava un solido bancone di legno, adesso completamente sgombro ma che un tempo doveva servire da appoggio per registri, note spese e altri documenti importanti per la gestione dell'orfanotrofio. Alla nostra sinistra, invece, dei lunghi tavoli rovinati si susseguivano parallelamente l'uno accanto all'altro, illuminati dalla luce che filtrava attraverso i grandi finestroni che davano sul cortile. Nell'angolo in fondo a sinistra, proprio accanto al varco dal quale si poteva accedere ai corridoi laterali o, salendo la scalinata, ai piani alti dell'edificio, era stata ricavata una piccola zona soggiorno con sedie, poltrone, un portariviste adesso completamente vuoto e un mobilaccio in legno ammuffito, sopra il quale era posizionato un malandato televisore a tubo catodico. Tutto era permeato da uno stantio odore di muffa.

«Questa», esordì la nostra guida, ringalluzzito dalla visione del suo vecchio luogo di lavoro, «era la sala comune. Non sempre i rapporti fra i ragazzi e le educatrici erano dei migliori, ma quando ci ritrovavamo tutti insieme all'interno di questa stanza ogni diverbio si appianava e su di noi calava una tranquillizzante atmosfera di serenità».

«Signor Ambrogi», disse l'ispettore Fusco rivolgendosi all'azzimato ometto, «mi è stato riferito che lei ha lavorato all'interno dell'orfanotrofio La Stella dal 2004 al 2006, è corretto?»

«Se la memoria non mi inganna, sì», rispose, sfregandosi una mano sulla tempia per stimolare le meningi, «sono stato assunto poco prima che annunciassero la discussione della legge che prevedeva la chiusura di questo e altri posti simili, ma decisi di accettare comunque perché sa com'è, in Italia queste cose vanno sempre per le lunghe...».

Il vecchio emise una risatina rauca, poi riprese a parlare. «E in effetti devo dire che andò piuttosto bene, visto che ho lavorato qui per ben due annetti».

«Non ha quindi avuto occasione di conoscere due bambini, o ragazzi, di nome Chiara Innocenti e Giovanni Esposti?»

«Mmm no, non mi dicono niente».

«Immaginavo...», commentò Fusco cupo, «era ciò che mi aspettavo, vista l'età che a oggi dovrebbe avere Esposti e quella che avrebbe dovuto avere Innocenti se fosse ancora viva, ma valeva fare un tentativo. Non si ricorda neanche di averne mai sentito parlare da qualcuno dei suoi colleghi?»

«Come le ho detto, la mia memoria non è più quella di una volta». Il vecchio stavolta non mostrava segni di concentrazione, come se avesse la certezza di non riuscire a recuperare quell'informazione neanche pensando intensamente. «Dovreste chiedere a qualcuna delle precettrici dell'istituto con più anni di servizio, sicuramente potranno esservi più d'aiuto di me».

«Sì, ci abbiamo provato ma purtroppo tutte le istitutrici che hanno lavorato nell'orfanotrofio in quel periodo, ormai oltre trent'anni fa, o sono passate a miglior vita o se ne sono perse le tracce... Continueremo a cercare, grazie lo stesso».

La nostra visita procedette senza intoppi tra i desolati corridoi della struttura, finché non arrivammo a una piccola porticina di metallo verde incastonata sotto una delle scalinate.

«Questo è l'archivio», spiegò il signor Remo indicando

l'uscio, «un piccolo vano in cui sono conservati gli annuari con i nominativi e le fotografie di tutti i bambini che sono stati ospiti dell'istituto. Qui potrete sicuramente trovare informazioni su quelli che vi interessano».

L'ex bidello sfilò nuovamente dalla tasca il pesante mazzo di chiavi, ma non fece in tempo a iniziare la sua macchinosa manovra di ricerca che Sibilla appoggiò la mano sinistra su una delle sue braccia tremanti e la abbassò, interrompendo sul nascere quell'intenzione. Rimanendo in silenzio, si avvicinò lentamente all'ingresso della stanzetta, noncurante dei nostri sguardi attoniti. Illuminata debolmente dai tenui raggi di sole che filtravano dalle finestre impolverate dal tempo, la sua diafana figura era evanescente come quella di uno spettro. Avvicinò la guancia smorta alla superficie ferrosa, come se cercasse di guardare attraverso la sottilissima fessura che separava l'estremità laterale della porta e lo stipite incassato nel muro, fino a che, con una mossa delicata e risoluta al tempo stesso, dette una piccola spinta.

La porta era aperta.

In preda allo sbigottimento generale, ci fiondammo all'interno della scura stanzetta, a eccezione del signor Remo che, nonostante sembrasse stupito tanto quanto noi, avanzò a passo di lumaca. Sibilla stava fissando intensamente un punto sul pavimento in fondo al ripostiglio ma, essendo la luce spenta e il piccolo vano non raggiungibile dalla luce del giorno per via della sua posizione defilata, non riuscivo a vedere in cosa consistesse l'oggetto della sua attenzione. Soltanto quando il signor Remo ci raggiunse e individuò l'interruttore per accendere la piccola lampadina penzolante dal soffitto, vidi di cosa si trattasse e trasalii.

Attorno a noi c'erano due scaffalature di ferro che partivano dal pavimento fino ad arrivare a toccare, con i montanti laterali, il malmesso soffitto. Sicuramente quei ripiani erano adibiti a contenere gli annuari e i fascicoli di cui parlava prima il signor Remo ma, contro ogni aspettativa, erano tutti vuoti. L'unico oggetto presente nella stanza era un albo aperto appoggiato sulla parete posteriore, esattamente nel punto in cui Sibilla stava rivolgendo lo sguardo prima che il vecchio bidello accendesse la luce. Ma ciò che mi fece veramente sussultare fu il segno che qualcuno aveva disegnato sul muro: **esattamente sopra il libro, tracciato con una bomboletta spray, c'era un segno circolare diviso in dodici spicchi uguali. La circonferenza ruotava tutto intorno all'emblema di Marte, che costituiva il centro del cerchio e in corrispondenza del quale i vari diametri si intersecavano.**

Sibilla si avvicinò al misterioso tomo e io la seguii, chinandomi dietro di lei e osservandolo da dietro la sua spalla. Tutte le pagine interne erano state tagliate a eccezione di quella su cui il libro era aperto e nella quale erano presenti delle **foto di alcuni bambini:**

«Ma cosa...», sibilò il signor Remo, finalmente accortosi degli scaffali completamente svuotati, «dove sono finiti tutti gli annuari?»

«Rubati», sentenziò laconicamente Sibilla senza staccare gli occhi dalla schiera di piccoli ritratti. «Il killer deve essersi introdotto qua dentro chissà quanto tempo fa e ha portato via tutto a eccezione di questo albo sapientemente mutilato».

«Maledizione», borbottò Fusco, visibilmente colpito da quella rivelazione, «quel bastardo deve aver sottratto tutte le tracce che potessero condurci a lui».

«Tutt'altro», commentò la ragazza prendendo da terra il libro danneggiato e alzandosi in piedi, «è esattamente il contrario di quello che dici. Devi sapere che nei giochi ogni elemento di disturbo che possa confondere il solutore nel reperimento della soluzione deve essere eliminato, per non comprometterne lo svolgimento. Questo è esattamente ciò che ha fatto il creatore dell'enigma – nonché l'assassino seriale che stiamo cercando. **Ha rimosso TUTTI gli annuari e le pagine inutili e ha lasciato soltanto ciò che serve per dare la risposta a una delle domande centrali del suo quiz: chi è l'assassino?**»

«Quindi fammi capire. Mi stai dicendo che...».

«**Il killer ci sta dicendo che la sua identità corrisponde a quella di uno dei bambini fotografati in queste pagine**», esclamò Sibilla, anticipando la frase iniziata dall'ispettore.

«Quel maledetto, però, ha cancellato i nomi sotto i ritratti. Probabilmente non voleva darci troppe indicazioni e facilitare ulteriormente il suo gioco», constatò Fusco, aggrottando le folte sopracciglia. Mise una mano in tasca ed estrasse il suo cellulare.

«A ogni modo, darò immediatamente disposizione ai miei uomini di risalire all'identità delle sei persone raffigurate e le convocherò per un interrogatorio».

«Non ce n'è bisogno», si limitò a dire la ragazza.

Fusco si bloccò e il telefonino rimase sospeso a mezz'aria nel tragitto verso l'orecchio. «Come no? Uno di loro è sicuramente il colpevole!», esclamò stupito.

«Certamente, ma si dà il caso che io sappia già quale sia».

Sibilla alzò il tomo ingiallito all'altezza dei nostri occhi e indicò con decisione le due minute figure in mezzo all'albo aperto.

«La coppia che occupa la riga centrale della pagina corrisponde ai coniugi coinvolti nello scandalo che colpì l'astrologo Sidereo dieci anni fa. Anche se da quando sono state scattate queste fotografie è trascorso molto tempo, è sufficiente confrontare i lineamenti dei bambini con l'immagine presente sul giornale ritrovato nell'archivio della Omicidi per capire che si tratta delle stesse persone a distanza di decenni.

Il Killer degli Astrologi voleva che noi risalissimo alla sua identità scegliendo fra uno di questi sei indiziati, come se stessimo giocando a una specie di partita di Indovina Chi. Purtroppo per lui, non ha fatto i conti con le mie capacità investigative e non dovrò sottostare alle sue regole per trovare il suo nome, non stavolta. Come sospettavo, il colpevole è Giovanni Esposti, cresciuto con Chiara Innocenti all'interno di questo orfanotrofio e diventato marito di lei una volta usciti dall'istituto. Adesso, non rimane altro che acciuffarlo».

Uscimmo in fila indiana. Non appena fummo tutti di nuovo nel corridoio, Sibilla si volse verso il nostro accompagnatore e gli chiese, con voce squillante:

«Signor Remo, sa qual è la stanza 103?»

«Certo cara, come mai le interessa?».

Quando sentii il vecchio rivolgersi alla ragazza con quell'epiteto informale ero sicuro che, in barba al rispetto che si deve portare alle persone anziane, si sarebbe beccato un insulto non molto velato. Sibilla, tuttavia, doveva essere veramente di ottimo umore in seguito alla scoperta di quell'ulteriore indizio e gli rispose invece in maniera calma e affabile.

«Nella foto di Chiara Innocenti ho notato che dal taschino pendeva un portachiavi di plastica, in cui si poteva intravedere un'etichetta di carta con scritto quel numero. Ho quindi immaginato che quella fosse la stanza in cui risiedeva durante la sua permanenza qui».

La mascella di Fusco era calata in un'espressione inebetita di puro sgomento. Era molto più stupito di vedere Sibilla rivolgersi gentilmente a qualcuno rispetto alla scoperta del libro che il killer aveva lasciato appositamente per noi.

«Lei è veramente intelligente, cara», ripeté il vecchio, ancora una volta passandola liscia per quell'eccesso di confidenza. «Seguitemi, basta salire queste scale e ci siamo».

La stanza 103, in accordo con la numerazione tipica degli alberghi e delle strutture ricettive in generale, si trovava al primo piano, nell'ala sinistra dell'edificio. Versava, come il resto della struttura, in uno stato di totale abbandono e l'unico elemento che conferisse un po' di vita alla camera era la luce che, attraversando le finestre annerite che affacciavano su un vicolo esterno, rischiarava debolmente il letto e i mobili consumati dagli anni.

Appena superammo l'uscio, aperto incredibilmente dal signor Remo in un lasso di tempo accettabile, ci sparpagliammo per tutto il vano in cerca di qualche elemento utile. Dopo qualche minuto di minuziosa esplorazione, l'ispettore Fusco ruppe il silenzio.

«Sibilla, pare che qui dentro non ci sia niente di interessante. Forse la stanza di Chiara Innocenti non svolge alcun ruolo nel gioco del killer. Credo sia meglio andare».

L'ispettore capo aveva sapientemente usato le stesse parole pronunciate da Sibilla nello sgabuzzino per convincerla della bontà della sua osservazione. Contro ogni pronostico, il trucco sembrò funzionare e la ragazza si limitò a rivolgere un cenno di assenso in direzione di Fusco.

Uscimmo dall'orfanotrofio e, dopo aver percorso a ritroso il serpeggiante sentiero che attraversava il giardino interno, ci trovammo nuovamente in strada, davanti all'imponente cancello di ferro. Lì ci salutammo con il signor Remo che, dopo aver chiuso accuratamente la serratura, se ne andò con il suo solito, lentissimo passo. Per qualche motivo mi ero affezionato a quell'ometto, nonostante la sua velocità di esecuzione di compiti basilari fosse abbastanza snervante. Il sorriso sul volto del mio ispettore capo e soprattutto – notizia ben più incredibile – su quello di Sibilla, confermavano che il sentimento di benevolenza sviluppato nei confronti dell'improvvisato cicerone era condiviso.

Stavamo per rientrare in macchina, quando il cellulare dell'ispettore Fusco squillò. Mentre portava il telefono all'orecchio tirò fuori le chiavi della volante, le infilò nella serratura della portiera e iniziò a girarle quando, all'improvviso, si arrestò. Lo guardai in faccia e vidi che sul volto aveva stampata un'espressione sgomenta, da cui si poteva leggere un misto inquietante di meraviglia e terrore. Rimase in quella posa inebetita per qualche secondo finché si voltò verso Sibilla e, senza dire una parola, allungò il braccio nell'atto di passarle il dispositivo.

La ragazza ricambiò lo sguardo incerto poi, dubbiosa, prese il telefono e se lo portò all'orecchio. Incuriosito, mi avvicinai per sentire anche io il contenuto della conversazione.

«Sì? Chi parla?», domandò Sibilla con tono inquisitorio.

«Ciao, Sibilla Agostini», rispose l'interlocutore all'altro

capo della cornetta, la voce artefatta in modo da essere irriconoscibile. «Ho sentito parlare molto di te e credo di poter affermare con discreta certezza che la cosa sia reciproca. Sono la persona che tutti, al momento, conoscono come "il Killer degli Astrologi". Piacere di fare la tua conoscenza».

ARIETE

Diario segreto

Aprii gli occhi. Due mani guantate, appartenenti alle alte figure accanto a me, mi stringevano forte i palmi, guidandomi verso quello che da lì in avanti sarebbe stato il mio futuro. La neve mi si depositava sulle palpebre impedendomi di vedere bene ma riuscivo a distinguere nettamente l'imponente sagoma dell'edificio a "U" che di lì a poco sarebbe diventata la mia casa, il mio mondo, il mio tutto.

Non so dire per quanto tempo io abbia girato fra le strade della città né cosa sia successo durante il triste peregrinare che aveva preceduto quel momento. Nemmeno sarei in grado di raccontare chi fossi prima del mio probabile abbandono. Una coltre di nebbia ammanta i miei primi ricordi, rendendomi inaccessibile ogni memoria pregressa a quella che, nel corso della mia infanzia e adolescenza, avrei sempre chiamato – in modo più o meno scherzoso a seconda dell'umore – la mia "cattura". In un certo senso, è come se la mia vita fosse iniziata quel giorno: i due assistenti sociali erano "gli ostetrici" che, con il forcipe della loro magnanimità, mi trascinavano a forza fuori dal grembo materno del mio oblio per donarmi, finalmente, al mondo.

Dagli spiragli tra i capelli che disordinatamente mi si posavano davanti gli occhi, vidi l'insegna che dall'ingresso si avvicinava con una lentezza lancinante. Nonostante i passi che mi guidavano fossero piuttosto spediti, sintomo di una certa smania da parte dei loro esecutori di espletare la procedura della mia consegna, il largo cartello arcuato sembrava non mantenere la nostra stessa velocità e obbediva a leggi dinamiche diverse dalle nostre. Era come se provenisse da un'altra dimensione e, nel tentativo di abituarsi alla nostra, tastasse prudentemente il funzionamento spazio-temporale del mondo in cui era stato sbadatamente catapultato. Nell'osservare quel curioso fenomeno cinetico, ricordo che mi venne da vomitare.

Quando fummo a pochi passi dall'entrata, la massiccia insegna smise di sfuggirci e riuscii a leggerne i grandi caratteri che, scritti in stampatello blu su uno sfondo approssimativamente colorato in tinte scarlatte, creavano una dissonanza cromatica tale da fare male agli occhi.

Quei simboli dicevano semplicemente: "La Stella".

In quanti possono dire di essere venuti al mondo su una stella?

17/10/2023

Ero completamente pietrificato. Il Killer degli Astrologi, l'assassino seriale autore dei truci enigmi dello Zodiaco, era in quel momento in linea con noi. La cosa più sconvolgente non era soltanto che conoscesse il numero del cellulare di lavoro dell'ispettore Fusco – fatto comunque più che allarmante – ma che avesse voluto parlare personalmente con Sibilla, dimostrando di essere al corrente del suo contributo nella risoluzione dei quesiti. Il timore che covavo dentro da qualche settimana si era, purtroppo, trasformato in realtà: ormai la figura dell'eccentrica investigatrice non era più segreta, e questo significava che la ragazza era sottoposta a un grande pericolo.

Sibilla, generalmente imperturbabile anche nelle situazioni più gravi, era assolutamente esterrefatta. Se ne stava immobile davanti alla portiera posteriore della volante, le labbra talmente serrate tra di loro da fondersi in un'unica, esile linea. Le iridi erano dilatate a dismisura, facendo assumere al suo sguardo un'espressione grottesca e terrificante. Non sembrava soltanto stupita: giurai che, in quel momento, la coraggiosa poliziotta che aveva dimostrato in più occasioni un completo sprezzo del pericolo fosse in balìa di un sentimento di puro, avvolgente terrore.

«Pare che tu non abbia nulla da chiedermi», riprese la robotica voce monocorde dall'altra parte della cornetta dopo qualche decina di secondi di silenzio della sua attonita interlocutrice. «Credevo che avresti approfittato di questa mia gentile telefonata per farmi più di una domanda. Evidentemente mi sbagliavo, o forse semplicemente pensi di aver già risolto il mio enigma e non hai alcun bisogno di parlarmi. Mi sento però di escludere questa eventualità, visto che mi pare siate ancora in alto mare».

«Come fai a sapere che siamo qui?», erompé finalmente Sibilla, probabilmente punta sul vivo dalle provocazioni del suo avversario.

«Qui dove?». Il suono metallico che usciva dall'altoparlante del cellulare conferiva a ogni frase un'inflessione piatta e asettica, impressione acuita dalla manifesta tranquillità del suo emittente.

«Qui alla Stella. Non fare il furbo con me, sai dove ci troviamo, non è un caso che tu abbia deciso di chiamarci proprio in questo momento. Ci hai visto entrare nell'edificio, non è vero?».

Sibilla, al contrario dell'assassino, era molto agitata e aveva un atteggiamento apertamente aggressivo.

«Avevo sopravvalutato le capacità delle forze dell'ordine», rispose la voce artefatta, ignorando bellamente la domanda ricevuta, «secondo la mia tabella di marcia avreste dovuto risalire a questo posto più o meno dopo l'enigma del Sagittario. Però meglio tardi che mai».

La mano di Sibilla strinse con talmente tanta violenza il telefonino che per un attimo credetti che si sarebbe sgretolato in mille pezzi. Era abituata a essere lei quella che lanciava frecciatine e palesemente non era a suo agio nel riceverne.

«Sono talmente lenta che avevo già capito chi fossi senza bisogno della tua stupida foto», sbraitò Sibilla, passando dal plurale a un molto più egocentrico singolare, «che tenero lui, vuole vendicare la povera mogliettina credulona!

Vero, killer dei miei stivali? O devo chiamarti direttamente Giovanni Esposti?».

La paura nell'atteggiamento di Sibilla era definitivamente scomparsa. Se al momento della ricezione sembrava una fanciulla indifesa che avesse visto un mostro terrificante, ora le sue reazioni erano molto più simili a quelle di una bambina iraconda e capricciosa cui avessero fatto cadere il gelato. Quelle ultime parole, che aveva urlato verso il cellulare tenuto adesso a pochi centimetri di distanza dalla bocca, sembrarono finalmente sortire qualche effetto visto che la cassa del telefono rimase silenziosa per molti secondi.

«Chiara non era una credulona. A differenza tua e mia, era una persona di fede. Una fede talmente incrollabile da condurla alla rovina».

«ERA UN'IMBECILLE! CHI PRENDEREBBE ALLA LETTERA LE PAROLE DI UN OROSCOPO FINO A RIDURSI IN BANCAROTTA? NON CAPIVA NIENTE!».

Sibilla era montata su tutte le furie e non controllava più le parole. Appena sentii l'epiteto con cui aveva descritto la moglie morta dell'uomo con cui stava parlando, mi risalì un conato di disgusto e provai un sincero moto di empatia nei confronti dell'assassino. Non giustificavo minimamente le sue azioni, ma aveva comunque vissuto una perdita terribile. Era già accaduto altre volte che il suo atteggiamento indisponente, per quanto rivolto verso persone dai comportamenti che definire discutibili era un eufemismo, riuscisse a far scaturire un sentimento di pietà verso i bersagli dei suoi discorsi taglienti, ma era sempre riuscita a non esagerare e a rimanere entro confini accettabili. Stavolta, però, quella linea era stata decisamente superata. A me, che provavo nei suoi confronti un indefinito sentimento di ammirazione e rispetto, non era mai, mai apparsa tanto piccola.

«Sai, dovresti mantenere la calma», rispose il killer, conservando il suo *aplomb* nonostante le urla che gli erano appena state scagliate addosso, «abbandonarsi alla rabbia e alla frustrazione è sconsigliabile quando si è alle prese con un gioco complicato, annebbia le capacità di ragionamento. Adesso capisco perché non siete ancora riusciti a prevedere nessuna delle mie mosse».

Il tono di quella voce artefatta continuava a essere incolore e apparentemente neutro. Nonostante Sibilla le recepisse come provocatorie, dietro quelle frasi non si nascondeva alcun intento malizioso ma consistevano anzi in pure, oggettive osservazioni.

«Non mi freghi», replicò prontamente Sibilla, ripresasi dalla sfuriata di poco prima, «ormai so com'è strutturata la tua sfida e ho capito che soltanto dopo aver risolto i primi undici enigmi è possibile **risalire alla tua identità e sapere dove e quando compirai l'ultimo omicidio**, il dodicesimo, ovvero l'assassinio dell'astrologo Sidereo che ha causato la morte di tua moglie. Chi sei non ci voleva molto a capirlo, anche senza risolvere gli **enigmi di Marte**, ma ancora non possiamo sventare il delitto finale. Non ci provare».

«Veramente, non è proprio così», replicò il Killer degli Astrologi. Per la prima volta durante l'intera conversazione distinsi l'accenno di una sottile risata beffarda. «Sicuramente per qualcuno di ordinario è necessario trovare le risposte di tutti i quesiti per sventare l'ultimo omicidio ma, agli occhi di un esaminatore attento, **molte delle località dove avrei colpito e colpirò in futuro potevano essere comprensibili già dopo, diciamo, il quinto enigma.** Un dato che vi avrebbe aiutato notevolmente con le indagini».

Sibilla fremette nuovamente di rabbia.

«Per quanto riguarda la data, il discorso è diverso. C'è un indizio senza il quale è impossibile ricavarla, anche trovando tutti i **numeri degli enigmi di Venere.** Volevo inserirlo in uno dei miei futuri giochi ma dato che ho capito che ormai si tratta di una sfida fra me e te, te la riferirò direttamente via telefono. Sei pronta?».

Trattenni il respiro. Eravamo in procinto di ricevere un'informazione fondamentale per la risoluzione dell'intricatissimo rompicapo. Sibilla, a giudicare dall'espressione estremamente concentrata, era prontissima.

«Ad Ariete, Toro, Leone, Gemelli, Pesci e Vergine
si sottraggono
Bilancia, Acquario, Sagittario, Scorpione, Cancro e Capricorno».

Fusco, che fino a quel momento era rimasto bloccato davanti alla portiera anteriore della volante a causa dell'incredibile telefonata, fece cenno a me e a Sibilla di salire in macchina per recarci immediatamente alla sede centrale. Sibilla aprì velocemente la portiera, fiondandosi all'interno dell'abitacolo, seguita da me e Fusco. Le chiavi della volante girarono nel cruscotto, emettendo un suono metallico simile a quello della voce che proveniva dal telefonino. Il motore iniziò a ronzare, prese giri e la vettura cominciò a muoversi.

«Sai, Sibilla», riprese la voce artefatta, «nonostante non ci conosciamo personalmente, sento che io e te siamo più simili di quanto tu creda».

«Io e te non siamo simili. Tu sei un criminale. Io, invece, i criminali li catturo».

«Certo, non siamo del tutto uguali», acconsentì il killer, «ma non era questo che intendevo. Osservando le persone ho capito che l'umanità può essere divisa in due ampi, preponderanti insiemi. Coloro che giungono alle conclusioni grazie al ragionamento e alla logica e quelli che, al contrario, affidano le loro scelte alla speranza e alla fede. Il confine fra essi è, ovviamente, sfumato, e capita spesso che persone che si rimettono principalmente ai segni inviati dall'universo o da chissà quale divinità prendano decisioni su basi razionali, così come accade che esponenti della loro controparte, specialmente in circostanze difficili, consegnino le chiavi del loro destino a Dio. Ma questi due schieramenti esistono e, cosa ben più importante, sono perennemente in conflitto tra loro. Non c'è modo per porre fine a questa archetipica, violenta contrapposizione».

L'assassino tacque. Dopo una breve pausa, riprese:

«La mia non è una vendetta. Non soltanto, almeno. So dove si trova quel maledetto diffusore di menzogne e, se avessi voluto, avrei già potuto ucciderlo da tempo. Ma non sarebbe sufficiente. Io, Sibilla, voglio fare di più: voglio inviare un messaggio. Voglio far capire a tutti la differenza tra il bene e il male. Chi risiede nel lato della ragione e chi in quello dell'imbroglio. Voglio dimostrare che l'unico, inevitabile modo per prevedere un evento futuro ed eventualmente impedire che accada è attraverso la logica, il ragionamento, l'intelligenza. È una guerra fra noi e loro e, per quanto possiamo essere rivali in questo gioco, io e te, autore e solutore, legati da un comune rapporto di antagonismo, saremo sempre dalla stessa parte, il lato della luce che combatte le oscure tenebre della superstizione e dell'ignoranza. Puoi anche sconfiggermi, non cambierà niente: io avrò vinto comunque».

«E Chiara? Lei non faceva forse parte delle persone che tanto disprezzi? Eppure l'amavi e hai organizzato tutto questo per lei».

Le palpebre sul volto di Sibilla si erano strette in due fessure, come se fosse alle prese con un'equazione di cui non riuscisse a capire il risultato.

«Lascia che ti riveli un'ultima cosa: sei sicura di aver trovato tutto all'interno dell'orfanotrofio che avete appena visitato?», riprese il killer dopo una lunga pausa. Aveva apertamente glissato sulla domanda di Sibilla. «Non so se ti piacciono i puzzle. Be', devi sapere che io li adoro, ne ho completati a centinaia nel corso della mia vita, il senso di appagamento che provo quando l'ultimo pezzo rimasto scivola nell'interstizio vuoto, il delicato suono del cartone che sfrigola sui bordi delle altre tessere, è indescrivibile. Bene, devi sapere che quando si è alle prese con uno di questi rompicapo basta l'assenza di un solo componente per rendere vani tutti gli sforzi fatti fino a quel momento. Ironico, no? Novecentonovantanove tasselli perfettamente incastonati tra loro, ma quell'unico, beffardo pezzo mancante è sufficiente per rovinare tutto».

Le parole del killer mi colsero di sorpresa. Stava bluffando o stava dicendo la verità?

«Sai, i giornali parlano molto di te ma, adesso che ho avuto l'occasione di fare questa chiacchierata, ho capito che nessuno degli articoli che ho letto è riuscito a dipingere il tuo carattere. Sei una persona tremendamente orgogliosa e credi di non aver bisogno di nessuno, ma ti sbagli. Non potrai fare tutto sempre da sola, neanche se tu lo volessi veramente. È proprio questa tua vanità che ti impedisce di mettere in discussione le tue convinzioni e che ti sta portando fuori strada. Ma questo lo scoprirai, a tue spese, alla fine…».

La voce metallica si interruppe in uno schiocco sordo e lasciò il posto a un tubeggiante, ripetuto segnale sonoro. Il Killer degli Astrologi aveva riattaccato. Sibilla rimase impietrita con il telefono in mano. Probabilmente stava riflettendo attentamente sulle ultime parole del misterioso interlocutore e cercava di capire se si trattasse di un bluff oppure stesse dicendo la verità. Tenendo sollevato il cellulare, voltò la testa verso il lunotto posteriore, attraverso il quale si scorgeva l'imponente sagoma del brefotrofio che, man mano che avanzavamo, andava allontanandosi sempre più in fretta. Dopo qualche secondo si voltò nuovamente e mi guardò: contro ogni aspettativa, stava cercando in me la risposta ai suoi dubbi, e non potei fare a meno di pensare all'effetto che quella conversazione doveva aver avuto su di lei, sempre così sicura delle sue idee e indifferente verso qualsiasi opinione che non fosse frutto del suo ingegno. Io, ancora deluso dal suo riprovevole comportamento di prima, non dissi niente ma mi limitai a scuotere seccamente la testa, facendole capire che rientrare all'interno della struttura avrebbe significato soltanto fare il gioco del nostro avversario. Sibilla rimase in quella posizione per il tempo sufficiente a convincersi che avevo ragione. Dopodiché, abbassò il capo, restituì il telefono all'ispettore e rimase in silenzio per tutta la durata del viaggio di ritorno.

I giorni successivi alla telefonata del Killer degli Astrologi furono incredibilmente pesanti. Il dialogo con l'artefice dei tetri arcani dei quali non riuscivamo a venire a capo aveva avuto un brutto effetto sull'umore della mia responsabile, che era più intrattabile ogni giorno che passava. Ormai tralasciava completamente tutto ciò che non riguardasse l'Enigma dello Zodiaco, trascorrendo ore e ore a fissare lo schema delle soluzioni che aveva creato molte settimane prima, alla ricerca di un'illuminazione che le permettesse di trovare una quadra a lettere e numeri ma che, a giudicare dalla sua scontrosità, tardava ad arrivare. Sulla sua scrivania erano ammucchiate disordinatamente decine e decine di *magazine* di enigmistica, abbandonati alla stregua delle multe che avrebbe dovuto controllare per il suo vero lavoro.

Mi pareva, inoltre, che avesse ormai smesso completamente di mangiare, fatto di cui mi accorsi non tanto perché non la vedessi più addentare le merendine di cui andava ghiotta, quanto per la progressiva sparizione delle multicolori confezioni dal pavimento, assenza che rendeva l'atmosfera all'interno dello stambugio più grigia e cupa che mai. Provavo ancora un moto di rabbia nei suoi confronti, a causa delle crude parole che aveva utilizzato per descrivere l'ingenua figura della povera Chiara Innocenti, ma ero comunque preoccupato per lei visto che la conduzione di quello stile di vita la stava lentamente esaurendo. Non ebbi però il coraggio di farglielo presente, perché ero sicuro che se mi fossi azzardato a sollevare la questione mi avrebbe sbranato vivo.

Inoltre, un altro fattore stava sicuramente contribuendo a rendere l'umore dell'ombrosa agente ancora più nero. Le voci sul personaggio di Sibilla Agostini si erano ormai definitivamente diffuse e la poliziotta, contro la sua volontà, era diventata una vera e propria celebrità. Ogni giorno decine di giornali, periodici, rotocalchi scrivevano titoli su titoli riguardante l'avvincente sfida tra lo spietato killer e la tanto dolce (aggettivo discutibilmente collegabile a Sibilla per chiunque la conoscesse un minimo) quanto intelligente poliziotta che, a quanto si diceva, era riuscita a risolvere tutti i quesiti proposti fino a quel momento dallo spietato enigmista.

Davanti alla sede della polizia stradale era perennemente accampata una pletora di giornalisti, reporter, paparazzi e, cosa ancor più incredibile, fan di Sibilla, che non vedevano l'ora di poter interloquire con la neonata superstar, chiedendo di confrontare le loro soluzioni con le sue. Inutile dire che se per moltissime persone venire ricoperte da tutte quelle attenzioni ed essere elogiate con così tanto fervore avrebbe rappresentato un piacere, la solitaria e misantropa agente non era dello stesso avviso ed essere costantemente sotto i riflettori decuplicava il suo stato di irritabilità. Nonostante non facesse letteralmente NIENTE che rientrasse nella descrizione dell'amabile ragazza che i media avevano tracciato del suo personaggio (una volta spaccò addirittura la macchina fotografica in testa a un reporter che aveva osato chiederle se avesse il fidanzato), la narrazione della tenera fanciulla che combatteva il mostro a colpi d'ingegno era troppo accattivante e, per quanto fosse completamente falsa, non accennava a fermarsi. L'unico modo per poter sfuggire a quel marasma mediatico era rintanarsi nel suo studiolo, ma non era sufficiente: i fotografi erano riusciti a risalire all'ufficio di Sibilla e, non potendovi entrare, si accontentavano di scattare continuamente istantanee verso la finestra, le cui imposte serrate non riuscivano a evitare che il lampeggiare dei flash filtrasse all'interno della lugubre stanza.

La mattina del 29 ottobre, circa due settimane dopo la conversazione con l'assassino, l'ispettore Fusco venne nell'ufficio di Sibilla comunicandoci la notizia che sapevamo, prima o poi, sarebbe arrivata.

«Agostini», disse rivolto all'agente che, occhi piantati sulla sua tabella, non lo degnava di uno sguardo, «abbiamo trovato la settima vittima».

Fusco tirò un lungo, faticoso sospiro.

«Purtroppo c'è un'altra cosa che devo dirti».

Sibilla continuava a guardare in direzione della sua scrivania, ma si capiva che l'ispettore capo aveva ottenuto la sua attenzione.

«La settima vittima del Killer degli Astrologi è una nostra conoscenza. Il corpo ritrovato appartiene a Giorgio Borboni, il caffeomante che abbiamo incontrato nella sede centrale della Squadra Omicidi meno di un mese fa».

Ottavo enigma

La vista del corpo orridamente martoriato mi colpì tanto visceralmente da impedirmi di bere caffè per molti mesi a seguire. Ricordo che era sufficiente che sentissi anche solo un accenno dell'avvolgente e caldo aroma della bevanda, che avevo sempre adorato sin dai tempi del liceo, per provare un tremendo senso di nausea, provocandomi dei fortissimi conati di vomito che non sempre riuscivo a controllare. Sicuramente non fui in grado di arrestarlo quella volta, visto che subito dopo quella visione mi rifugiai in bagno e rigettai tutto ciò che avevo nello stomaco, compreso il caffè che avevo bevuto prima di partire alla volta del **magazzino a sei/sette chilometri a nord-ovest di Cisterna di Latina** in cui era stato commesso il delitto. La vista delle grumose chiazze marroni che lordavano la ceramica e il tremendo fetore che risaliva dalla cavità del water fino alle mie narici tolse ogni effetto di sollievo al mio atto di liberazione gastrica, facendomi sentire, se possibile, ancora peggio di prima.

Il cadavere di Giorgio Borboni era legato al pavimento mani e piedi, immobilizzato tramite l'utilizzo degli stessi strumenti di cui il killer si era avvalso anche per altri omicidi. Il corpo, completamente nudo, era ricoperto da terribili piaghe di un rosso intenso, che si fondevano a irregolari macchie brunite che dal petto digradavano sui fianchi in piccoli rivoletti di liquido incrostato. Tutto intorno, pozze dello stesso colore scuro si erano solidificate in grossi aloni grumosi, dai quali esalava un intenso odore di caffè bruciato. Non c'era bisogno della Scientifica per capire la dolorosissima sorte toccata al caffeomante. Era stato torturato a morte con lo stesso fluido attraverso il quale aveva perpetrato i suoi loschi inganni, una punizione esemplare per un truffatore della sua caratura. L'assassino doveva avergli rovesciato addosso litri di caffè bollente fino al sopraggiungimento dell'inevitabile, penoso decesso.

La disciplina praticata in vita da Borboni prevedeva l'individuazione di figure ricorrenti a partire dai segni lasciati dai fondi di caffè. Attraverso un rovesciamento del rapporto tra interprete e interpretante, la sagoma riversa al suolo un tempo appartenuta al sedicente veggente faceva adesso parte di una raffigurazione più estesa e costituiva la longilinea sezione centrale del **simbolo zodiacale dell'Ariete**, le cui corna erano state tracciate a partire dal capo della vittima con due scie di fondi di caffè.

♈

Mi guardai intorno nel magazzino abbandonato in cerca di Sibilla, fino a che non scorsi le spalline della sua camicetta fare capolino da dietro un mucchio di scatoloni vuoti. Feci il giro dell'instabile costruzione e mi ritrovai a fianco della poliziotta, talmente bianca in volto da rendere ostica la distinzione tra l'orlo del bavero e il limitare del collo. Non fosse stato per l'assenza delle ferite da ustione e le macchie marroncine, oltre che a una pallidissima parvenza di vita, non si sarebbe potuta distinguere dal cadavere dell'uomo a cui qualche settimana prima aveva augurato la morte e che adesso era morto davvero. Chissà se in quel momento provava una qualche sorta di rimorso per le parole che gli aveva rivolto in quell'occasione o se il suo animo, freddo come i suoi occhi di ghiaccio, era impermeabile a quel tipo di sentimento. Trovare la risposta a quel dubbio basandosi sulla sua espressione era impossibile: lo sguardo, fisso sul tavolo davanti a lei, era spento, indecifrabile nella sua immobilità, come se fosse stato svuotato di ogni briciolo di umanità e una maschera di bambola le fosse stata appiccicata sopra. Non riuscii a guardarla a lungo perché, sinceramente, mi faceva paura.

Per distogliere la mia attenzione dalla mia responsabile, mi focalizzai sulle cose appoggiate sopra il piccolo tavolino in compensato. Sul ripiano, rispettivamente sul lato sinistro e destro della rettangolare superficie, erano state poste delle tovagliette sopra cui facevano bella mostra di sé delle tazze di porcellana, che capii immediatamente essere un riferimento alla materia praticata dal caffeomante. **La loro disposizione non aveva l'aria di essere casuale ma era anzi stata studiata secondo una struttura significante, probabilmente anch'essa un indizio da tenere in considerazione per la risoluzione dell'enigma stesso.**

Al centro dei due curiosi schieramenti era posizionato un elenco, che enumerava alcune delle figure ricorrenti nella caffeomanzia in ordine alfabetico:

CICOGNA
Simbolo di cambiamenti positivi, figlio imminente.

CUORE
Amore, matrimonio, sentimenti forti e veri.

DIAVOLO
Forti tentazioni sessuali, attenzione ai forti impulsi dall'esterno.

ELMO
Indica uno spirito battagliero.

FIOCCO
Può annunciare la nascita di un figlio.

MANOVELLA
Fate affidamento sulle vostre forze.

PAPA
Il Santo Padre rappresenta ideali religiosi, il bisogno di una guida.

PORCOSPINO
Spirito libero con grande adattamento ai cambiamenti.

RUNA
Ricchezza, beni materiali, simbolo del padre e della madre.

STIVALE
Bisogna aumentare gli sforzi per raggiungere gli obiettivi prefissati.

Dopo aver letto attentamente il contenuto del foglio, spostai la mia attenzione sul primo gruppo di tazze. I recipienti erano disposti secondo un ordinamento verticale di dimensioni 2x3 che mi ricordarono i militi di una falange romana. Non mi ci volle molto a riconoscere **le figure disegnate col fondo di caffè sulla parte inferiore delle varie tazze e associarle ad alcuni dei simboli che avevo appena letto nella lista:**

♀

PAPA RUNA

FIOCCO CICOGNA

ELMO PORCOSPINO

Sopra il drappo a destra, invece, le tazze formavano una composizione piramidale. **Uno dei contenitori circolari stava sopra la fila degli altri tre, come se ricoprisse una funzione differente rispetto a quelle che costituivano la base.** Dall'impero romano all'antico Egitto, pensai, anche se ero sicuro che quella suggestione non avesse niente a che fare con il quesito posto, il cui significato andava ricercato per altre strade:

♂

CUORE

DIAVOLO MANOVELLA STIVALE

Pensai intensamente per svariati minuti ma dovetti arrendermi. Stavo brancolando nel buio più totale e senza un aiuto da parte della mia mentore non sarei riuscito a cavare un ragno da un buco. Alzai lo sguardo e mi voltai in direzioni di Sibilla per chiederle uno dei suoi rivelatori indizi, ma ero così concentrato nella risoluzione del criptico enigma da non accorgermi che era già scivolata via, allontanandosi non so dove con il suo passo felpato.

CAPRICORNO

Diario segreto

Solo la disperazione e la perdita possono unire due caratteri incompatibili. Quel giorno maledetto capii che, in comune, avevamo l'amore.

24/11/2023

Appena concludemmo il percorso lungo il sentiero e arrivammo finalmente a destinazione, sentii il gelo e la fatica assalirmi tutto d'un colpo, come se le due sgradevoli sensazioni si fossero coalizzate e avessero aspettato quel preciso momento per darmi il colpo di grazia. A quell'altitudine faceva un freddo micidiale e, nonostante avessi un estremo bisogno di riposarmi (non ero mai stato un tipo da escursioni e due ore di camminata bastavano a fiaccarmi), continuai a muovermi per non correre il rischio di morire assiderato. Mi chiesi come facesse Sibilla, coperta soltanto da una delle sue immancabili camicette a maniche corte e una sottile giacca a vento, a non avere freddo.

Avendo fatto il viaggio verso il luogo del delitto nella stessa volante della ragazza, che da settimane si era rifugiata in una specie di mutismo selettivo e aveva praticamente smesso di parlare con anima viva, me incluso, ne avevo approfittato per informarmi con il mio smartphone sul luogo che ci apprestavamo a visitare, nonostante tutte le difficoltà dovute alla scarsa copertura di rete di quelle zone selvagge.

Il **Lago Vivo**, specchio lacustre di esigue dimensioni incastonato nel cuore del Parco Nazionale d'Abruzzo, veniva descritto come una piccola meraviglia della natura. L'aggettivo gli era stato conferito per una sua particolarità:

il bacino, infatti, "prendeva vita" durante i mesi primaverili in seguito agli scioglimenti dei ghiacciai, le cui acque digradavano dalle montagne circostanti e confluivano nella conca di origini carsiche, che riempiendosi formava appunto il temporaneo laghetto. Il panorama che si poteva godere in quelle occasioni, grazie anche alla fioritura di crochi, genziane degli Appennini e sciami di orchidee che tinteggiavano i contorni del lago di ridenti sfumature rosa e azzurrine, doveva essere di una bellezza mozzafiato. Peccato, però, che fosse novembre inoltrato: l'acqua era stata completamente prosciugata dalla fitta rete di torrentelli sotterranei e al posto della rigogliosa oasi c'era una fosca cavità pietrosa ricoperta da un sottile strato di ghiaccio, che rendeva l'esplorazione scomoda e, soprattutto, pericolosa. Proprio nel mezzo dell'inospitale conca si trovava il corpo della donna assassinata, la cui posizione prona faceva pensare a un'escursionista che fosse scivolata nella profondità dell'avvallamento e avesse perso la vita. Ma gli elementi tutt'intorno a lei dimostravano chiaramente che le cose erano andate diversamente, uno su tutti **il grande segno del Capricorno** intagliato nella gelida superficie e che sovrastava, imponente, il triste spettacolo.

Nono enigma

Vicino al cadavere, leggermente in alto rispetto alla posizione del corpo disteso, **era stata posizionata una piccola tavoletta di legno intarsiato, grande più o meno come un foglio di carta.** Con passo incerto e rischiando svariate volte di scivolare nella discesa di ghiaccio e pietrisco, mi avvicinai al manufatto insieme all'ispettore Fusco e Sibilla, il primo goffo e insicuro come me, mentre la seconda scivolava sul declivio congelato non tanto come se stesse pattinando ma come se le sue scarpe fossero collegate a un sistema di rotaie invisibili. Avevo riflettuto più volte su quella inusuale destrezza sfoggiata da Sibilla in varie occasioni. Per quanto non sembrasse particolarmente aggraziata, poteva contare su un incredibile equilibrio e i suoi movimenti erano agili e ovattati come quelli di un felino. Dove avesse sviluppato quelle capacità motorie non saprei dirlo visto che, da quello che avevo potuto osservare nel periodo trascorso insieme, era da escludere che si dilettasse con attività che avrebbero potuto farla uscire dal suo bugigattolo. Probabilmente era qualcosa di congenito, una dote innata che non aveva fatto niente per esercitare ma che, al pari della sua memoria e della sua intelligenza, le era semplicemente stata donata da madre natura.

Appena fui abbastanza vicino vidi che **i segni incavati nel legno erano una serie di lettere e numeri, i primi disposti in due righe arcuate mentre i secondi si susseguivano in un'unica fila orizzontale. Notai che alcuni dei simboli era-**

no stati ripassati più volte e il loro solco era più profondo rispetto agli altri:

♀

ABCDEFGHILM

NOPQRSTUVZ

♂

1234567890

Mi era stato detto che l'ottava vittima del killer era una medium e grazie a quell'informazione capii velocemente l'origine del manufatto. Si trattava di una tavoletta Ouija, il tramite utilizzato dai sensitivi per comunicare con creature provenienti da un piano dimensionale altrimenti inaccessibile, generalmente defunti il cui spirito aleggia ancora nel regno dei vivi al fine di risolvere qualche questione irrisolta o desiderosi di mettersi in contatto con parenti e persone care. La comunicazione avviene attraverso il movimento di una moneta o di un altro oggetto assottigliato che, appoggiata sul supporto a qualche millimetro di distanza dai polpastrelli dei partecipanti alla seduta, sfreccia tra le righe di numeri e lettere in modo da formare parole di senso compiuto, espressione del messaggio dei morti ai vivi. Nessuno sa con certezza se la moneta si muova per suggestione, per inganno di uno o più attendenti o per un effettivo, misterioso intervento di entità sconosciute, e a tal proposito ci sono molte teorie più o meno scientifiche. Certamente molti spiritisti credono che ciò a cui assistono sia reale e organizzano quelle sedute per un effettivo, disinteressato desiderio di mettere in contatto per un'ultima volta persone che non sono ancora riuscite a elaborare un lutto con i loro cari defunti. La vittima designata, tuttavia, non aveva questa fama, anzi era stata più volte scoperta a servirsi di complici per alterare il percorso dell'oggetto usato come tramite e strumenti scenici, quali ad esempio fumogeni o riproduttori di suoni, per impressionare i malcapitati che avevano deciso di affidarsi ai suoi "servizi".

Riflettei per qualche secondo sui vari segni scavati fra le striature del legno, nonostante il freddo intenso e l'equilibrio precario mi rendessero difficile concentrarmi. Inizialmente rimasi un po' stordito dall'inversione simbolica che distingueva quell'enigma dai precedenti. **L'emblema di Venere era infatti associato alle lettere, mentre le cifre erano incise sotto l'icona del pianeta rosso.** Non mi ci volle molto, tuttavia, a capire la soluzione dei due quesiti contenuti tra i bordi levigati della tavoletta visto che, nell'effettivo, erano piuttosto semplici. Mi voltai verso Sibilla per confrontare le mie risposte con quelle che, ero convinto, lei avesse trovato senza il minimo sforzo. Probabilmente, con il suo solito passo da gatta, era già risalita sulla pendenza e aspettava il ritorno mio e dell'ispettore Fusco, a braccia conserte e con la consueta aria corrucciata di superiorità stampata sul volto.

La ragazza, invece, era a pochi passi da me, distinguibile in quel paesaggio ammantato di bianco quasi unicamente grazie al contrasto dato dal giacchetto scuro che indossava. Fissava la tavoletta con sguardo piatto, e la consueta espressione di compiacimento, segno che aveva risolto il rompicapo di turno proposto dal nostro antagonista, era assente. Raccogliendo il coraggio, mi rivolsi a lei senza però muovermi dalla mia posizione – sia per la titubanza di avvicinarmi troppo che per paura di perdere l'equilibrio a causa del terreno sdrucciolevole – e le chiesi se fosse venuta a capo dell'enigma del Capricorno.

Nessuna risposta. Sibilla era ancora in stato catatonico e non rispondeva più agli stimoli esterni. Dal giorno della chiamata del Killer degli Astrologi qualcosa, dentro di lei, sembrava essersi rotto irreparabilmente, e non riusciva a trovare gli strumenti per riparare gli ingranaggi che costituivano la perfetta macchina risolutrice che era stata fino a qualche settimana prima. Considerate le sue condizioni, avrei probabilmente fatto meglio a tacere, ma decisi di buttare il cuore oltre l'ostacolo e continuai a parlare.

«Curioso questo enigma, vero? Al primo sguardo c'era qualcosa che non mi tornava, probabilmente per il differente utilizzo dei due simboli… Tu che ne pensi?».

La mia insistenza ebbe effetto e Sibilla voltò di scatto lo sguardo verso la mia direzione. Sembrava che si fosse appena svegliata da un brutto sogno. Fusco, dietro di lei, fu colto alla sprovvista dall'estemporaneità del movimento e per poco non cadde al suolo. L'espressione era sempre asettica, ma adesso nei suoi lineamenti si poteva distinguere una leggera ombra di tristezza.

«Novellino, onestamente non so cosa pensare. Forse sarà il clima, la fatica della camminata, ma non riesco a ragionare bene».

La ragazza si interruppe e il silenzio, intaccato soltanto dai glaciali refoli della corrente montana, sembrò infinito.

«Non so la soluzione».

Non riuscivo a credere alle mie orecchie e, a giudicare dalla distanza che separava la mascella di Fusco dall'arcata superiore della sua cavità orale, anche lui era assolutamente sbalordito. Non soltanto l'ingegnosissima agente non stava riuscendo a trovare la soluzione – peraltro di un rompicapo abbastanza elementare – ma lo stava pubblicamente AMMETTENDO di fronte ad altre persone. La sfacciata sicurezza, l'alone di infallibilità, quella rude scontrosità con la quale era così difficile avere a che fare, erano soltanto i lacci che stringevano la maschera indossata sopra il suo vero volto? O la maschera era quella che vedevo adesso, uno scoraggiamento simulato per camuffare una richiesta di aiuto non esprimibile a voce? Non riuscivo a rispondere a quell'interrogativo. Qual era la vera Sibilla fra le due?

«Sibilla, non preoccuparti», le dissi con il tono più dolce che il freddo pungente che mi attanagliava la gola potesse permettermi di mantenere, «credo di aver trovato le due soluzioni, sono piuttosto facili...».

Nella mia testa, il significato di quell'ultima frase era traducibile con «sono talmente facili che persino io sono riuscito a risolverli», ma capii un secondo dopo averla pronunciata che l'orgogliosissima investigatrice l'avrebbe invece interpretata come «nonostante siano così facili non riesci a risolverli», prendendola quindi come una provocazione bella e buona. Appena vidi gli occhi di ghiaccio della ragazza accendersi in un incontrollabile moto d'ira, misi le mani avanti e provai a spiegare le mie intenzioni, ma non me ne lasciò il tempo e iniziò a urlarmi furiosamente contro.

«TU, AIUTARE ME? NON MI SERVE IL TUO STUPIDO AIUTO! NON HO BISOGNO DELL'AIUTO DI NESSUNO!».

«Sibilla, lasciami spiegare», provai a replicare timidamente, «non era quello che intendevo, volevo solo dire che stavolta potrei essere io a darti qualche suggerimento così possiamo andare avanti, insieme, con la risoluzione dell'enigma...».

Quella che per me doveva essere una secchiata d'acqua pacificatrice scatenò la reazione di un barile di benzina rovesciato sopra un incendio già divampante. Sibilla mi venne incontro con passo fulmineo e, a giudicare dalla sua posa da battaglia e soprattutto dalla mano sospesa in aria, ero sicuro che mi avrebbe colpito in piena faccia. Arrivò a pochi centimetri da me, gli occhi spiritati fissi nei miei, e mi preparai a essere percosso senza possibilità di difendermi, visto che su quel terreno accidentato non avrei potuto effettuare un movimento anche solo minimamente brusco senza cadere rovinosamente a terra, oltre al fatto che non avrei mai potuto alzare le mani verso una ragazza. Serrai le palpebre e mi preparai al peggio.

Rimasi a occhi chiusi per non so quanto tempo e nulla accadde. Il doloroso urto del palmo sottile di Sibilla non raggiunse mai la mia guancia ibernata. Aprii gli occhi e vidi che la ragazza era immobile davanti a me con il braccio sollevato in un imminente schiaffo che era però rimasto incompiuto. La guardai in volto: una gocciola tondeggiante le pendeva incerta dal ciglio inferiore sinistro. Quell'accenno di lacrima, al pari dello schiaffo che avrei dovuto ricevere, non lasciò mai il corpo di Sibilla e restò lì, sospeso, amaramente irrisolto.

Provai a dire qualcosa, ma non riuscii a formulare nulla. Dopo qualche secondo che eravamo immobilizzati in quella grottesca posizione, sotto lo sguardo ammutolito dell'ispettore Fusco, Sibilla si ricompose, la lacrima le scomparve dal viso, abbassò il braccio minaccioso e, senza dire una parola, risalì il bordo della conca.

«Le donne, eh?».

Mi voltai verso l'ispettore capo, che adesso mi fissava con atteggiamento complice. Non avrei voluto, ma non potei fare a meno di fulminarlo con lo sguardo. Fusco chinò il capo imbarazzato e tornò a esaminare il corpo senza vita della vittima.

VERGINE

Diario segreto

Mai avrei creduto che due mani che si stringono potessero causare tanta sofferenza. Il mio animo era divorato dal rancore e ogni volta che provavi a rivolgermi la parola, credendo che fra noi nulla fosse cambiato, era come se una bestia feroce mi dilaniasse le viscere, smembrando ogni residuo di gioia rimasta. I momenti peggiori erano quelli trascorsi in cortile, che dal nostro regno si trasformò in un inferno in terra, la pena di vedervi insieme enormemente sproporzionata rispetto ai peccati che non avevo commesso. Ho perso il conto dei giorni trascorsi nella mia fredda stanza per fuggire quella insopportabile visione, quante notti ho passato insonne a piangere ininterrottamente. Il mio mondo era crollato e io ero le macerie. Passarono i giorni, poi i mesi e il mio bruciante rancore a poco a poco si sciolse, fino a che non lasciò il posto a una profonda, definitiva tristezza. Il mio animo era a brandelli ma il caso volle che riuscissi, almeno in parte, a ricucirlo grazie a un inaspettato filo di sutura.

La grande sala comune era come al solito inondata dai dorati raggi solari. La sua posizione all'interno dell'edificio, subito dopo l'ampio portone di ingresso, garantiva alla zona di ritrovo un'esposizione alla luce pressoché permanente. Ero accanto ai lunghi tavoli di legno e, nel tentativo che credevo vano di risollevare il mio umore, mi diressi verso il portariviste situato vicino alle due poltrone in pelle riservate alle istitutrici.

Speravo che qualcuna delle letture contenute al suo interno potesse distrarre la mia mente infestata da neri pensieri, ma la prima cosa che vidi in quell'ammasso di carta fu un biglietto con il tuo nome, affisso sopra la rivista scandalistica di cui eri solita leggere gli oroscopi. Ero in quella condizione in cui la minima cosa ti riguardasse era capace di suscitarmi un incommensurabile senso di repulsione, e quell'astrologo da quattro soldi non ne era certo esente, anzi. Il magazine, tuttavia, non era appoggiato su un'altra patinata copertina ma le sue pagine nascondevano anzi un oggetto, il cui massiccio spessore non poteva essere associabile a quello di un giornale. Presi un angolo del misterioso manufatto tra il pollice e l'indice e, dopo averlo estratto dal mobiletto, vidi che si trattava di una rettangolare confezione di cartone. La scatola era dominata da una uniforme tinta azzurra, a eccezione di un grande riquadro dal bordo giallo sulla parte anteriore dell'involucro in cui era raffigurato, dipinto secondo uno stile vagamente impressionista, un ridente prato fiorito.

Fremente di curiosità, tornai al lungo tavolo di legno e velocemente sfilai la parte superiore della scatola dai lati della concava base. Al suo interno vidi, accumulati alla rinfusa come tanti piccoli ingranaggi di un complesso macchinario andato distrutto, un'infinità di cartoncini colorati dalle forme strane, simili tra di loro per dimensioni ma ognuno di essi diverso nell'alternarsi di rientranze e sporgenze che ne intaccavano i bordi. La tonalità azzurrina delle tessere girate sul retro si amalgamava con il tripudio di colori dei frammenti sfoggiata dagli altri tasselli, dando a colpo d'occhio l'impressione che l'immagine in frantumi fosse quella di un prato perso da qualche parte nel cielo. Rovesciai tutti i componenti sul tavolo e la sensazione di meraviglia che provai quando i primi due pezzi si unirono sotto la guida delle mie mani fu indescrivibile.

Ti avevo persa, è vero, ma almeno avevo trovato qualcos'altro.

25/11/2023

Il giorno successivo all'escursione sul Lago Vivo, Sibilla non si presentò al lavoro. Alla vista della poltrona vuota inizialmente non mi preoccupai, avendo ormai sviluppato una certa familiarità con gli orari flessibili della mia responsabile, resi ancora più imprevedibili dall'atteggiamento scostante di quell'ultimo periodo. Aspettai pazientemente il suo arrivo e per quanto cercassi di svolgere al meglio il mio lavoro, che quella mattina consisteva nella sistemazione del materiale relativo al delitto della medium, non potevo fare a meno di ripetere mentalmente il discorso di scuse che avevo preparato durante la notte.

Il giorno precedente, infatti, non avevo avuto occasione di chiarire con Sibilla, visto che lei era tornata indietro lungo il percorso da sola (io e Fusco avevamo avuto difficoltà a rifare il tragitto a ritroso con l'ausilio della guida) e si era fatta riaccompagnare a Roma da una delle volanti che ci attendeva al parcheggio giù a valle. Volevo dirle che era stato soltanto un grande malinteso e che non avevo intenzione di scavalcare la sua autorità. Tuttavia, non ero assolutamente convinto che quella spiegazione avrebbe portato a una riappacificazione, perché il problema che attanagliava Sibilla e che l'aveva spinta a scagliarsi contro di me era, con ogni probabilità, di natura ben differente e il mio contributo in quella reazione isterica doveva essere stato del tutto marginale, la proverbiale goccia che fa traboccare un vaso già pieno di tormenti e preoccupazioni.

Nonostante le mie perplessità, ero comunque impaziente di poter parlare con lei, anche solo per poter spiegare le mie ragioni. Attesi alcune ore fino a che, durante l'ora di pranzo, accettai l'amara conclusione che la porticina di legno sarebbe rimasta chiusa per tutto il giorno e andai in amministrazione a chiedere se sapessero che fine avesse fatto la giovane agente. Mi dissero che Agostini aveva inviato una mail in cui comunicava che aveva deciso di prendersi alcuni giorni di ferie: per questo motivo non si era presentata sul posto di lavoro. Alla domanda se avesse scritto quando sarebbe tornata, mi risposero che nel messaggio non era presente quell'informazione e che, virtualmente, avrebbe potuto restare assente anche per molto tempo. L'agente, infatti, durante la sua intera permanenza nella polizia stradale non aveva mai preso un singolo giorno di ferie, malattia o permesso e aveva quindi a disposizione centinaia di ore arretrate da recuperare.

I giorni successivi trascorsero lentamente. Sembrava che tutto fosse avvolto da una spessa coltre: dalle indagini, che senza il contributo di Sibilla erano giunte a un vicolo più cieco che mai, alle mosse del Killer dello Zodiaco, inattivo da oltre due settimane. L'unica cosa in continuo mutamento era la quantità di indumenti indossati per combattere il progressivo avanzare dell'autunno, i cui climi relativamente temperati stavano lasciando a poco a poco il posto alle rigide temperature dell'inverno imminente. Un carosello di giacche pesanti, maglioni, sciarpe, guanti per combattere il freddo pungente uscirono dagli armadi miei, dei miei colleghi e soprattutto dei paparazzi sempre onnipresenti intorno alla sede della polizia stradale, stoici nel loro combattimento contro le avverse condizioni termiche. Ovviamente non era sfuggita loro l'assenza prolungata di Sibilla ed erano sempre di più i giornali a sfoggiare titoli catastrofici in cui si ipotizzava, nel migliore dei casi, l'abbandono del caso da parte dell'investigatrice, ma non erano rari gli articoli in cui veniva paventato il rapimento se non l'omicidio dell'agente da parte dello spietato killer. Non potendo rivolgersi direttamente a lei, i nuovi bersagli dei loro interrogatori eravamo noi agenti di stanza nel distretto, bersagliati continuamente da petulanti domande su dove si trovasse adesso la coraggiosa poliziotta, come si sentisse, quale fosse il suo stato di salute o se fosse ancora in vita. I nostri «no comment» erano ovviamente dettati da motivazioni professionali ma c'è da dire che, anche volendo, nessuno di noi avrebbe potuto rispondere a quegli interrogativi, visto che non avevamo idea di cosa stesse facendo Sibilla e, tanto meno, se stesse bene.

Mai mi sentii a pezzi e demotivato come in quel periodo. Il tetro stanzino, che in teoria avrebbe dovuto sembrare più grande con una persona in meno al suo interno, non era mai stato tanto angusto e in quei giorni capii quanto la presenza di Sibilla, anche nella sua versione più assorta e taciturna, riempisse quel luogo e ne costituisse di fatto l'essenza. Mi sentivo come un pesce in un acquario, intrappolato in uno spazio sempre uguale dove il tempo non passava mai, continuamente osservato dalla massa di giornalisti che a una parete di distanza scattavano foto ai miei danni. Fortunatamente, a differenza delle bocce di vetro, le mura della sede non erano trasparenti, garantendomi quantomeno un po' di privacy. La mia tristezza però galoppava e ricordo che provai a scacciare quel continuo senso di avvilimento concentrandomi con tutte le mie forze sul lavoro, nel tentativo non sempre riuscito di sgomberare la mente dai pensieri più cupi.

L'unica compagnia che mi capitava di avere era quella

dell'ispettore Fusco, che veniva spesso per comunicarmi gli ultimi risvolti delle indagini – quasi sempre insignificanti – e per vedere se Sibilla fosse nuovamente operativa. Una volta mi confessò che aveva provato ad andare a trovarla a casa, sperando di riuscire a convincerla (o implorarla?) a tornare a indagare sul caso, ma l'unica risposta che aveva ottenuto era il sibilante ronzio dell'altoparlante del citofono. È proprio vero, pensai, che ci si rende conto dell'importanza delle persone solo quando non ci sono più. Con ogni probabilità se n'era reso conto anche l'ispettore Fusco, che non faceva altro che lamentarsi del carattere ruvido dell'agente, e che adesso avrebbe dato chissà cosa per averla nuovamente accanto.

La svolta avvenne la mattina del 15 dicembre quando il killer, dopo un silenzio di oltre venti giorni, tornò a colpire.

Decimo enigma

Quando l'ispettore Fusco mi riferì la tipologia di divinazione operata dalla vittima designata, mi stupii nell'apprendere che quel metodo di prevedere il futuro fosse ancora eseguito da qualcuno e, soprattutto, che ci fossero ancora persone che potessero dare credito a una pratica tanto vetusta. L'ultima volta che ne avevo sentito parlare era durante le lezioni di latino ai tempi del ginnasio, e non certamente per dimostrare l'affidabilità del sistema, quanto per conoscenza dei folcloristici usi e costumi degli antichi romani.

Se l'uomo assassinato fosse vissuto secoli prima sarebbe stato uno di quei sacerdoti noti come aruspici, antichi veggenti che riuscivano a vedere il futuro e a interpretare prodigi di vario genere attraverso l'osservazione di viscere animali, sacrificati agli altari pagani per accaparrarsi il favore di qualche antica divinità. Il moderno augure era un vecchio di settant'anni, il cui vero nome era sconosciuto e che si faceva chiamare dagli abitanti dei paesi vicini semplicemente come "Il Druido". Alla stregua dei suoi predecessori indovini, il Druido sosteneva di riuscire a prevedere il futuro analizzando le interiora delle bestie selvatiche, di cui andava personalmente a caccia con arco e frecce e che costituivano anche la sua principale fonte di alimentazione. Come se non fosse abbastanza, il vecchio praticava anche l'arte ormai perduta dell'astragalomanzia, che consisteva nella previsione dell'avvenire sulla base di lanci di dadi ricavati da piccole ossa animali (l'astragalo, da cui la pratica divinatoria prende il nome, è infatti una delle ossa che formano l'articolazione del piede).

L'uomo era stato trovato senza vita nella capanna di legno che aveva costruito con le sue stesse mani sulla **Spina di Gualdo, altura dei Monti Sibillini in provincia di Macerata.** Ci stavamo preparando per recarci alla volta di quella selvaggia località, ma un avvenimento improvviso impedì la nostra spedizione. Poco dopo l'arrivo delle forze dell'ordine locali, che ci avevano comunicato il ritrovamento del corpo, un violento temporale si era abbattuto sul picco, spazzando via la capanna e l'intera scena del crimine. Fortunatamente, i poliziotti che si erano recati sul luogo del delitto avevano fatto in tempo a scattare numerose fotografie, che già dopo un'occhiata superficiale risultavano più che sufficienti a farsi un'idea degli enigmi del Killer degli Astrologi.

Dalle immagini inviateci via mail si poteva distinguere la sagoma del corpo dell'aruspice che, disteso sul rudimentale pavimento della sua capanna di legno, era circondato da frattaglie e viscere animali di ogni tipo. La scena era talmente ripugnante che anche attraverso il freddo schermo del computer si riusciva a immaginare il terribile, nauseabondo fetore esalato da quelle budella marcescenti. Il ventre dell'uomo assassinato era stato squartato e dall'apertura fuoriusciva l'intestino tenue, i cui tessuti tubolari tracciavano il **simbolo zodiacale della Vergine.**

♍

La posizione in cui il corpo era stato fissato a terra non aveva niente di naturale. **Le braccia, infatti, erano distese sopra la testa con una flessione leggermente arcuata, le cui convessità puntavano verso l'esterno della sagoma in direzione opposta. All'interno e all'esterno degli arti erano presenti alcuni dadi, le cui facce erano state appositamente posizionate su numeri precisi, intervallati da alcuni segni che sembravano essere operatori matematici disegnati sul pavimento mediante l'utilizzo di altre viscere animali:**

♀

2 x 1 + 4 – 3

Le due cifre centrali e il simbolo matematico che le divideva erano racchiuse tra le curve formate dagli arti superiori.

Il secondo quesito era invece in una foto a parte, segno che la sua composizione si trovava in una posizione più defilata rispetto al cadavere. **Nell'immagine erano immortalati tre dadi in fila le cui facce mostravano lo stesso identico risultato:**

1 1 1

Sotto all'ordinata sequela, c'era un foglio che così recitava:

♂

La terza zampa dell'animale ti indicherà la verità.

«Novellino, cosa ne pensi?», mi chiese l'ispettore Fusco, dopo che avevamo esaminato più volte tutte le immagini che ci erano state girate. Dal tono con cui aveva rivolto la domanda trapelava un senso di speranza, come se si aspettasse da me delle deduzioni degne della mia assente superiore.

«È un enigma molto strano», commentai poco convinto. «**Per quanto riguarda l'enigma di Venere, penso che**

si tratti di una semplice operazione matematica, ma sono abbastanza sicuro che le posizioni dei dadi e del cadavere non siano casuali».

Spostai nuovamente lo sguardo sulla foto contenente i tre dadi posizionati sul numero uno.

«Invece non ho assolutamente idea di cosa significhino questi numeri. **Credo che sia necessario raccogliere informazioni sull'astragalomanzia perché non vedo come da questi tre risultati si possa ottenere un qualsiasi tipo di soluzione**».

Fusco scosse leggermente il capo. Probabilmente si aspettava una risposta simile da parte mia, ma dai suoi lineamenti traspariva comunque un'espressione di disappunto. Si mise a camminare nervosamente in tondo fra le cartacce che inondavano il pavimento dello sgabuzzino, borbottando a voce alta.

«Non so come sia possibile, visto che il corpo è stato ritrovato da poche ore e la tempesta ha spazzato via ogni prova riguardante l'omicidio, ma tutte le televisioni parlano già del nuovo crimine del Killer degli Astrologi».

L'ispettore arrestò il moto circolare e si rivolse direttamente a me. Il suo sguardo era pervaso da una sfumatura penetrante che non gli avevo mai riconosciuto prima di quel momento.

«Sono sicuro che anche l'agente Agostini sia a conoscenza del delitto».

«Vuole provare ad andare di nuovo a casa sua?», gli domandai, avendo capito dove volesse andare a parare. «Cosa le fa credere che stavolta la farà entrare?»

«Veramente, pensavo di mandare te».

Una fredda sensazione di paura mi pervase da capo a piedi. Sarei dovuto andare a casa di Sibilla nel tentativo di convincerla a ritornare in servizio? Proprio io, dopo quello che era successo l'ultima volta che ci eravamo visti?

«Ispettore, onestamente, non credo di sentirmela», sussurrai, chinando il capo per evitare di incrociare gli occhi con quelli del mio superiore. Stavo ancora fissando il pavimento quando sentii i passi di Fusco scricchiolare sopra il marasma di fogliacci spiegazzati. Appena fu accanto a me, mi appoggiò teneramente una mano sulla spalla e iniziò a parlarmi con tono paterno.

«Novellino, forse non te ne rendi conto ma tu hai un grande ascendente su Sibilla. Per quanto possa sembrare che ti tratti alla stregua di tutti gli altri, posso assicurarti che non ho mai visto nessuno riuscire a stringere con lei un simile rapporto e fidati, la conosco da molto tempo».

Alzai finalmente la testa e vidi che le severe labbra del mio superiore si erano ammorbidite nell'accenno di un bonario sorriso.

«A me non dà ascolto, non me ne ha mai dato e mai me ne darà. Tu sei la nostra ultima speranza. Non te lo sto ordinando come tuo superiore ma te lo sto chiedendo come piacere personale. Ti prego, fai almeno un tentativo».

L'ispettore Fusco si voltò e andò verso la scrivania di Sibilla, prese una delle tante pagine abbandonate e iniziò a scrivere velocemente sul retro del pezzo di carta. Non avevo dubbi che si trattasse dell'indirizzo di casa dell'agente che dovevo andare a recuperare. Dopo aver completato l'operazione, tornò alla mia postazione e lo posò delicatamente sul tavolo. Mi guardò negli occhi per alcuni secondi, fece un lieve cenno col capo e infine uscì dal piccolo ingresso senza aggiungere altro.

Dopo che il mio superiore se ne fu andato, rimasi completamente immobile. Fissavo il piccolo foglietto davanti a me, ma era come se qualche forza sconosciuta mi impedisse di prenderlo. Dopo qualche minuto iniziai a prepararmi, inserendo le mie cose nello zaino con estrema lentezza, per rimandare il più possibile il momento in cui avrei dovuto portare a termine l'ostico compito che mi era stato assegnato. Infine, mi decisi. Tirai un lungo sospiro per raccogliere il coraggio, afferrai la pagina con l'indirizzo di Sibilla e mi avviai verso la porta. Ma non appena girai la maniglia e spalancai il piccolo uscio, mi trovai davanti una sorpresa che non mi aspettavo.

Davanti a me, con il braccio proteso nell'atto di bussare, si trovava un alto signore dall'aspetto austero, stupito quanto me di vedere un'altra persona dalla parte opposta dell'uscio. I sottili baffi e i capelli ben curati, entrambi ammantati di un diffuso biancore, e le rughe che circondavano gli occhi neri suggerivano un'età intorno ai sessant'anni. E l'abbigliamento, costituito da un pesante pastrano invernale, pantaloni di tela e calzature scamosciate, completava perfettamente l'immagine. In mano teneva un colorato pacco regalo infiocchettato con un ondeggiante nastro rosso, la cui allegria stonava con l'espressione stanca e malinconica che invece gli si leggeva sul volto.

«Salve», dissi titubante. Non era certo una cosa di tutti i giorni incontrare qualcuno di sconosciuto in quello stretto corridoio. «Posso fare qualcosa per lei?»

«Salve, giovanotto», rispose l'uomo, «non saprei onestamente, ma visto che si trova qui dentro direi di sì. Stavo cercando Sibilla Agostini».

Per quanto quella risposta fosse ovvia, mi incuriosì ulteriormente.

«L'agente Agostini purtroppo non si trova in ufficio oggi. Non gliel'hanno detto all'ingresso?»

«In portineria non c'era nessuno, e visto che conosco la strada mi sono permesso di venire qui personalmente», rispose lui.

«Capisco», mi limitai a commentare. «Posso chiedere chi la sta cercando e per quale motivo?»

«Sono venuto a darle questo regalo di compleanno. Mi chiamo Mario Agostini e sono il padre di Sibilla».

Dopo essermi presentato, tornai all'interno dell'ufficio e feci accomodare l'uomo sulla poltrona girevole generalmente occupata dalla figlia. Spostai la mia sedia al centro della stanza, appoggiai le mie cose per terra (senza il supporto del muro retrostante, il peso della borsa sullo schienale avrebbe sicuramente fatto cadere l'instabile seduta) e iniziai a parlare con lui.

«È un piacere fare la sua conoscenza, signore», dissi titubante. Ero piuttosto teso perché non volevo dare una brutta impressione di me al padre della mia responsabile. «L'agente Agostini non mi aveva mai parlato di lei».

Non avevo fatto in tempo a pronunciare le prime due frasi che il mio proposito di fare bella figura era già andato a farsi benedire. Fu sufficiente osservare gli occhi dell'uomo che, malinconicamente, si chinarono verso il basso per capire che avevo fatto una gaffe. Se prima aveva un'aria vagamente sconsolata, adesso sembrava proprio triste. Voltò il capo leggermente verso sinistra e, come si stesse rivolgendo prima a sé stesso che a me, rispose laconicamente:

«Sì… non mi stupisce».

Silenzio. Volevo dire qualcosa per rimediare alla mia uscita infelice, ma ero impegnato a maledirmi per la mia imbranataggine. Quando riuscii a recuperare un minimo di prontezza, in mancanza di un piano migliore, provai a cambiare discorso.

«Quindi, mi diceva, quel regalo è per l'agente Agos… ehm, volevo dire, per Sibilla. Non sapevo che oggi fosse il suo compleanno. È sempre molto riservata sui fatti che riguardano la sua vita privata».

Avevo aggiunto quell'ultima frase per far passare il messaggio che la figlia non mi avesse mai parlato di lui non per qualche astio pregresso ma per una caratteristica peculiare dell'introversa ragazza. Appena quelle parole giunsero alle mie stesse orecchie mi rimproverai di nuovo, in quanto la spiegazione mi parve una toppa peggiore del buco, ma al contrario lo stratagemma sembrò funzionare e la bocca dell'attempato signore si distese in un piccolo accenno di sorriso.

«Sì, non mi stupisce neanche questo. Sibilla ha sempre odiato i compleanni, specialmente il suo, sono in pochissimi a sapere il giorno in cui è nata. Be', non che le persone che la conoscono siano tante, in effetti».

L'uomo sembrava adesso leggermente divertito, per quanto lo sconforto restasse il primo sentimento stampato sul volto. Probabilmente stava pensando che, per quanto bislacche, erano proprio quelle eccentricità a rendere sua figlia una persona unica. Il sorrisetto rimase sul volto per qualche secondo, poi i suoi occhi si sgranarono e assunse un'espressione spaventata, come se avesse appena visualizzato uno scenario allarmante.

«Quindi mi ha detto che Sibilla oggi non è al lavoro? Ma sta bene? Conosco mia figlia e so che sa cavarsela, per questo non ho dato adito a quello che si legge di lei sui giornali. Non le è accaduto niente, vero?»

«No no, Sibilla sta benissimo», precisai immediatamente, nonostante non avessi idea dello stato di salute della ragazza. «Si è presa semplicemente qualche giorno di ferie per staccare un po' la testa, tutto qui». Stavo per chiedergli come mai la figlia non gli avesse comunicato che in quei giorni non sarebbe stata al lavoro ma, memore della figuraccia di poco prima, tacqui.

«Ok, meno male… l'importante è che stia bene».

Sapere che la figlia era fuori pericolo l'aveva finalmente messo di buon umore. Adesso sembrava molto più bendisposto nei miei confronti e il tono della sua voce aveva assunto un carattere di cordialità.

«È la prima volta che mi capita di trovare qualcun altro qua dentro... in genere Sibilla è sempre da sola. Soltanto una volta era in compagnia di un agente un po' più giovane di me, mi pare si chiamasse Fusco o qualcosa di simile. Ricordo che aveva in volto quell'espressione rassegnata tipica di chi ha troppo a che fare con lei».

Si interruppe e mi squadrò attentamente per qualche secondo. Un profondo senso di timore mi attraversò da capo a piedi.

«Lei, però, sembra diverso. Lavora con mia figlia?»

«Esattamente, signore», mi limitai a rispondere. Meno parlavo, meno rischiavo di fare danni.

«E lavora qua dentro, in questo bugigattolo?»

«Sì signore, da qualche mese ormai».

«Strano che sia resistito così tanto e ancora più strano che sia resistita lei. Mia figlia è sempre stata un lupo solitario e non le ha mai fatto piacere avere persone intorno. Posso chiederle come fa a sopravvivere in questo stanzino minuscolo? Immagino che darebbe carte false per avere un po' di luce. Non so quante volte le ho detto di aprire le finestre e prendere un po' di sole: le farebbe bene, pallida com'è».

«Mi dia pure del tu, signore», azzardai, «e comunque, ormai mi sono disabituato alla luce e credo che un'esposizione troppo prolungata potrebbe nuocere gravemente alla mia salute».

Nonostante non fosse un commento particolarmente divertente, l'uomo rise di gusto a quella mia esternazione. Sentivo che fra noi si stava instaurando un rapporto di complicità, il cui avvio era stato favorito dalla comune comprensione delle astruse stramberie riguardanti Sibilla. Non doveva avere molto spesso occasione di poter parlare con qualcuno di lei, vista la ritrosia di quest'ultima nel conoscere altre persone.

Chiacchierammo per un bel po' di tempo e mi raccontò molti aneddoti dell'infanzia e adolescenza della figlia, tutti legati dal filo conduttore della sua differenza caratteriale rispetto ai suoi coetanei. Mi narrò di quando, per il suo sesto compleanno, durante la festa con i suoi compagni delle elementari si rinchiuse in bagno con la rivista di enigmistica di Topolino rifiutandosi di uscire, o di quella volta in cui dette dell'ignorante alla sua insegnante di letteratura dopo averle corretto la pronuncia del cognome francese "Sartre". Molti minuti e soprattutto molti racconti più tardi guardai l'orologio e, resomi conto che si era fatto tardi, mi alzai dalla sedia e mi accinsi a salutare l'inaspettato visitatore.

«La ringrazio della chiacchierata, ma purtroppo adesso devo proprio uscire». Presi il giacchetto che avevo malamente buttato a terra e, mentre lo indossavo, mi venne in mente che non avevo detto al signor Agostini dove mi stessi recando.

«Che stupido che sono, mi sono dimenticato di dirle che sono diretto proprio a casa di sua figlia! Devo consegnarle la documentazione relativa all'ultimo omicidio del Killer degli Astrologi, sicuramente avrà sentito che ha colpito ancora. Se vuole possiamo andare insieme, così ne approfitta per consegnarle il regalo».

L'uomo si alzò in piedi a sua volta, prese il pesante pastrano dallo schienale della poltrona e iniziò a indossarlo.

«Non penso sia una buona idea», rispose, il velo di tristezza nuovamente calato sul volto, «era già una pessima scelta venire qui oggi, ma alla fine ho deciso di passare perché ero sicuro di trovarla in ufficio. Non vado mai a casa sua, salvo rarissimi casi non mi ha mai risposto al citofono e oggi che è il suo compleanno sarà più intrattabile del solito. Mi sembra scorretto approfittare della tua presenza per salire».

Nel sentire quelle parole cariche di dolore venni assalito a mia volta da un profondo malumore. Come mai Sibilla era tanto arrabbiata col padre, che sembrava essere una persona tanto affabile e cortese? L'uomo dovette capire quell'interrogativo dal mio sguardo visto che, senza che proferissi parola, aggiunse, guardandomi direttamente negli occhi:

«Sibilla non è una ragazza facile. Non lo è mai stata, e nel tempo ho sviluppato la convinzione che mai lo sarà. Ci sono persone che sono condannate alla solitudine dal primo istante in cui sono al mondo. Credo che mia figlia sia una di queste e, purtroppo, si tratta di un fardello comune fra le persone che amo».

Il signor Agostini si sistemò bene il cappotto e infine se lo abbottonò. Nonostante il tragico fatalismo che permeava quell'ultima asserzione, sembrava piuttosto tranquillo, come se quella chiosa contenesse una verità già elaborata da tempo e che aveva ormai imparato ad accettare. Posò lo sguardo sul pacco che aveva appoggiato sulla scrivania di Sibilla e, dopo aver scansato le cartacce che lo circondavano e averlo preso in mano, lo porse verso di me.

«Posso chiederti soltanto una piccola cortesia? Potresti consegnare tu il pacco a Sibilla? Inoltre…».

Tolse la mano destra da sotto la scatola e la infilò in una delle tasche del grigio soprabito. Ne tirò fuori una piccola busta bianca, che immaginai dovesse contenere una lettera di auguri per la figlia, e la appoggiò sopra la confezione, incastrandola fra i nastri che stringevano la carta regalo. Io non dissi niente: mi limitai a prendere il colorato pacco e annuii.

Uscimmo insieme dalla stanza e, dopo aver attraversato il tenebroso corridoio, arrivammo all'ingresso principale della sede. Gli dissi che ero felice di aver fatto la sua conoscenza e gli porsi la mano destra, libera dal dono che mi aveva affidato poco prima, in segno di saluto. L'uomo ricambiò con un sorriso e, dopo una calorosa stretta, vidi che aprì leggermente la bocca. Sembrava in procinto di dire qualcosa. Rimase immobile in quella posizione per un lasso di tempo che non saprei quantificare. Infine, senza pronunciare una singola parola, le sue labbra sottili si serrarono e si allontanò lentamente lungo il marciapiede.

SCORPIONE

Diario segreto

Quel momento che avevamo trascorso insieme fu talmente importante da risucchiare tutti gli anni successivi, come se lo scorrere della mia esistenza avesse iniziato a ruotare in tondo intorno a un baricentro temporale che, inevitabilmente, mi riportava sempre a quel nuovo punto di partenza per l'effetto di una qualche sconosciuta forza centripeta. Iniziai a venirvi a trovare con un certa regolarità e tutti i vecchi dissapori man mano scomparirono. Vedervi affrontare insieme il percorso della vita, di cui non occupavo altro che il sedile passeggeri, non era facile ma mi bastava vederti felice per essere, a mia volta, felice. Col senno di poi, mi cruccio di non averlo capito prima.

Un giorno, però, accadde qualcosa che riportò il moto delle lancette in avanti, verso un futuro che nessuno di noi avrebbe mai voluto vivere. Stavamo attraversando una crisi economica su scala nazionale ed entrambi avevate perso da poco il lavoro. Il destino degli orfani è quello di non avere familiari a cui rivolgersi e io, che posso comprendere quel triste fato più di chiunque altro, mi offrii di prestarvi dei soldi per rimettervi in carreggiata. Lui, cambiato nei lineamenti ma non nell'orgoglio, rifiutò categoricamente di accettarli. Credo che questa decisione abbia contribuito ad aumentare i suoi sensi di colpa più avanti, quando la tragedia avvenne.

Nel corso degli anni non avevi perso la tua fiducia nei

confronti delle stelle, che a tuo giudizio avevano predetto con assoluta esattezza ogni tappa della tua vita. Nonostante fossero passati decenni, la tua guida era sempre la stessa e credevi ciecamente che lui fosse l'interprete scelto dall'universo per tradurre i messaggi che il cielo aveva da dirti. Ho perso il conto delle volte che ti abbiamo detto di smettere di dare credito a quelle discutibili profezie, o quanto meno di non prendere il loro contenuto troppo sul serio, ma tu non volevi sentire ragioni e affidavi ogni tua scelta alle poche righe vergate nelle ultime pagine di quella rivista da quattro soldi.

Il tempo passava ma la tua convinzione non vacillava mai, anzi. Ogni settimana consultavi famelicamente il tuo oracolo e bastava la minima corrispondenza tra le parole che componevano il tuo vaticino e gli avvenimenti quotidiani per persuaderti di avere accesso a incontrovertibili verità. Fino a che un giorno, quel maledetto giorno, quel maledetto oroscopo…

Fu l'inizio di tutto. L'inizio della fine.

15/12/2023

Dopo una ventina di minuti di camminata, arrivai al numero civico segnato sul bigliettino datomi dall'ispettore Fusco. Il palazzo in cui viveva Sibilla era molto vicino alla sede della polizia stradale, soprattutto se si considera l'enorme estensione del centro della capitale, tanto che mi venne da pensare che un'altra delle motivazioni che l'aveva spinta ad accettare il trasferimento fosse la prossimità di quel luogo di lavoro con la sua abitazione. Non credo che sapesse guidare e, conoscendone il carattere schivo e asociale, trascorrere del tempo pigiata come una sardina in metropolitana o su un autobus non doveva essere per lei un'esperienza piacevole.

Iniziai a scorrere i vari nomi sul citofono, ordinatamente incasellati nei loro opachi riquadri di plastica. Non mi ci volle molto a riconoscere quello di Sibilla: nonostante Fusco si fosse dimenticato di darmi quell'informazione, infatti, ero sicuro che il campanello appartenente alla mia responsabile fosse quello più in alto, l'unico senza nome in mezzo a quella verticale lista di cognomi. Probabilmente pensava che lasciare il foglietto bianco l'avrebbe resa più difficilmente reperibile e, conseguentemente, le avrebbe evitato delle rotture. Per qualche motivo che non riuscii a capire, mi guardai intorno più e più volte, come per accertarmi che nessuno potesse vedermi. Infine, mi feci coraggio e premetti il tasto davanti a me.

Mi aspettavo di non ricevere alcuna risposta, non tanto per timore di aver sbagliato campanello quanto per la volontà di Sibilla di non ricevere visite. Invece, con mia grande sorpresa, non avevo ancora staccato il polpastrello dal pulsante che sentii il suono della cornetta che lasciava l'incavo del ricevitore e, immediatamente dopo, il sonoro ronzio dell'apriporta. Varcai il portone e chiamai l'ascensore diretto al decimo piano, l'ultimo. Non so se Fusco si fosse anche dimenticato di dirmi a che piano abitasse l'agente o se non lo sapesse proprio: in fondo, era assai probabile che non fosse mai entrato all'interno della sua abitazione. Dalla posizione del campanello, però, dedussi che la ragazza dovesse abitare in cima al palazzo e schiacciai il bottone con il numero più alto della pulsantiera. Appena arrivai al decimo piano, tuttavia, vidi che le targhette accanto alle porte d'ingresso dei vari appartamenti contenevano tutte dei cognomi diversi da Agostini, e mi chiesi se il mio ragionamento non fosse sbagliato. Stavo per scendere giù per le scale, rassegnato a dover controllare tutti i campanelli in cerca di quello giusto, quando scorsi una piccola porticina socchiusa proprio dietro al casotto dell'ascensore attraverso la quale era visibile un'ulteriore, nascosta rampa di scale. Attraversai il piccolo uscio e mi inerpicai per quei gradini, che si dipanavano tutt'attorno alle mura di pietra in cui era contenuta la tromba dell'ascensore, e giunsi a un piano mansardato, la cui parte più alta, dove si trovava la stanza dei comandi dell'elevatore, andava digradando in direzione di una parete in mattoni, probabilmente eretta dopo la costruzione dell'edificio, all'interno della quale era incastonata una bianca porta socchiusa. Quella doveva essere la casa di Sibilla. Indugiai un po' in quel piccolo disimpegno; poi, dopo essermi fatto coraggio, spinsi l'uscio di legno ed entrai.

L'appartamento di Sibilla era molto diverso da come mi ero immaginato. Al contrario dello sgabuzzino in cui era solita lavorare, la casa era piuttosto luminosa, nonostante l'unica fonte di luce provenisse da una serie di finestrelle situate nella parte opposta all'ingresso, che divideva il lato più basso del tetto della mansarda dalla cassapanca in legno incassata in fondo alla stanza. Il pavimento era completamente ricoperto da tappeti in stile persiano, che rendevano impossibile l'identificazione del materiale di cui fosse composto. Sulla destra era posizionato un divano foderato di stoffa verde oliva, le cui tenere rotondità ne suggerivano la soffice comodità; accanto era posizionato un cubico comodino in legno scuro, sopra il quale erano appoggiate una lampada dal gusto retrò e le immancabili riviste di enigmistica. A sinistra di quella postazione, quindi esattamente alla mia destra, c'era una porta che immaginai conducesse a cucina, camera da letto e bagno.

Sul lato opposto si trovava invece una scrivania, il cui bordo più vicino alle finestre era quasi a filo con il soffitto inclinato. Sopra la superficie, attaccata al muro verso la parte in cui il tetto era più alto, era stata affissa una bacheca di sughero, di quelle utilizzate nei film investigativi americani per attaccare e collegare fra di loro gli indizi attraverso l'utilizzo di puntine e spaghi da cucito, organizzazione di cui si era servita anche Sibilla con i materiali del caso del Killer degli Astrologi. *Strano*, pensai, *mi aveva detto di non servirsi di supporti visivi per tenere traccia degli indizi del caso. I casi sono due: o si tratta di una novità recente o deve avermi mentito. Ma perché avrebbe dovuto farlo?*

Il ripiano della scrivania era invece completamente sgombro, a eccezione dello schema con segni zodiacali, luoghi, lettere e numeri che l'investigatrice aveva creato nelle fasi iniziali della nostra indagine.

Nonostante fosse molto piccola e arredata con uno stile non propriamente moderno, la mansardina era piuttosto accogliente, ma quello che più mi stupì era la condizione in cui l'abitazione versava: era perfettamente in ordine e non riuscivo a scorgere un dito di sporcizia, né sui mobili né sulle pareti. Chissà per quale sorta di compensazione l'agente sentisse il bisogno di lavorare in un posto lugubre e caotico come l'ufficio che si era ricavata nel vecchio archivio della Stradale mentre la sua abitazione era, seppur isolata, luminosa e gradevole. L'unica cosa spiacevolmente in comune era il freddo incredibile, acuito in quella casa non soltanto dal riscaldamento rigorosamente spento ma anche dalla posizione sottotetto, che permetteva al gelo di penetrare facilmente. A ogni modo, una cosa era certa: quella ragazza era veramente un enigma.

Sibilla era seduta sulla cassapanca in fondo all'appartamento, le gambe distese lungo la superficie di legno e la schiena sopra un cuscino appoggiato al muro. Indossava una vestaglia azzurra e guardava languidamente fuori dalle basse finestre, che davano direttamente su una delle tante strade di Roma. Ero sicuro che mi avesse sentito entrare ma, come era solita fare, non dette segno di essersi accorta della mia presenza e continuò a osservare il panorama davanti a sé.

«Ciao, Sibilla», iniziai, richiudendo la porta d'ingresso alle mie spalle. Non sapevo bene cosa dirle. L'ultima volta che ci eravamo visti c'era mancato poco che mi colpisse fisicamente. Decisi di restare sul professionale e le spiegai il motivo che mi aveva condotto a casa sua.

«Ti ho portato la documentazione relativa all'ultimo omicidio del Killer degli Astrologi. Non so se hai sentito che ha colpito di nuovo».

«Lo so, ho letto la notizia», rispose semplicemente lei, continuando a guardare fuori dalla finestra, «immaginavo che Fusco ti avrebbe mandato qui. Appoggia pure tutto quanto sulla scrivania, più tardi ci darò un'occhiata».

Finalmente si voltò verso di me. Per quanto fosse più serena rispetto all'ultima volta che l'avevo vista, il suo sguardo era sempre spento e l'acuta scintilla che generalmente albergava nei suoi occhi era ancora assente. Mi fissò per qualche secondo fino a che, a un certo punto, la sua espressione cambiò repentinamente e assunse un'aria accigliata.

«E quello cos'è?», disse, puntando l'indice sul pacco colorato che avevo sottobraccio.

Nella concitata ricerca dell'abitazione mi ero completamente dimenticato del regalo che dovevo consegnarle. Protesi il braccio libero in avanti in segno di giustificazione e le spiegai.

«Ah, questo... No, non è da parte mia, non preoccuparti!». Quelle parole mi suonarono terribilmente ridicole. Perché avrei dovuto scusarmi di averle fatto un regalo? Continuai. «È da parte di tuo padre, è venuto oggi al distretto per darti questo dono di compleanno ma, visto che non c'eri, ha incaricato me di consegnartelo».

Facendo movimenti lenti, come quelli di un cacciatore che calibra i suoi spostamenti per non spaventare la preda, mi avvicinai alla scrivania e vi appoggiai sia la documentazione sull'ultimo omicidio che il dono affidatomi dal signor Agostini. Sibilla mi seguì con lo sguardo durante tutto il breve percorso. Mi allontanai e, appena fui di nuovo nella mia posizione iniziale, fu il suo turno di dirigersi verso il piccolo scrittoio. Spostò leggermente il fascicolo relativo alle indagini e concentrò la sua attenzione sul pacco regalo, lo scrutò attentamente per qualche minuto e poi, senza cambiare espressione, gli dette un deciso colpo con il dorso della mano, facendolo scivolare dal ripiano di legno dentro il cestino posizionato proprio a fianco. La lettera, dapprima infilata tra le pieghe del fiocco e l'allegra carta che rivestiva la scatola, svolazzò via dal suo incavo e, dopo alcuni leggiadri ondeggiamenti nell'aria, cadde proprio ai piedi di Sibilla. La ragazza raccolse la piccola busta e la osservò con lo stesso sguardo indagatore che aveva riservato al pacco. Infine, accartocciò con forza la missiva e la gettò nel cestino a fare compagnia al regalo a cui era accompagnata.

Fui pervaso da un forte senso di indignazione. Come poteva trattare in quel modo il regalo che il padre le aveva fatto con tanto amore? Avrei voluto esprimerle il mio risentimento, sgridarla, ma alla fine decisi che non era il caso, visti i nostri recentissimi precedenti. Tornò sulla sua cassapanca e, accomodatasi nella stessa posizione da matrona romana in cui l'avevo trovata ma stavolta rivolta verso l'interno della stanza, mi fece cenno di accomodarmi sul divano. Mi sedetti e, dopo qualche minuto in cui nessuno dei due parlò, capii che lei non avrebbe iniziato la conversazione e decisi di rompere io il silenzio.

«Come mai non sei più tornata?».

La frase rimbalzò fra le quattro mura della stanza e tornò indietro senza una risposta. Il volto di Sibilla era diretto verso di me ma i suoi occhi guardavano un punto imprecisato in basso a sinistra, come se stesse pensando intensamente a qualcosa.

«È per colpa di quello che è successo sul Lago Vivo?», continuai, «perché ti assicuro che non volevo…».

«No, non c'entra ciò che è accaduto quella volta», rispose finalmente la ragazza, stringendo il cordoncino che le teneva stretta la veste all'altezza della vita, «o meglio, mi hai fatto imbestialire ma non è per quello che non sono più uscita di casa».

Quindi non soltanto aveva preso dei giorni di ferie per non recarsi più al lavoro, ma non aveva messo piede fuori dalla sua abitazione per oltre tre settimane.

«Durante la telefonata, il killer mi ha detto che avrei potuto capire i luoghi dove avrebbe colpito in futuro dopo aver risolto i primi cinque enigmi. Per quanto avesse tutto l'interesse a mandarmi fuori strada, nel suo tono di voce non ho percepito alcun tipo di bugia e non credo che stesse mentendo».

Le mani, ancora serrate sulle due estremità della striscia di stoffa, si strinsero a pugno e strangolarono violentemente il lembo allungato. Era evidente che parlare di quell'argomento fosse per lei estremamente difficile.

«Siamo arrivati al decimo omicidio e non soltanto non so ancora dove verranno compiuti i prossimi delitti ma non sono neanche riuscita a capire in che modo utilizzare i numeri. L'unica cosa di cui sono certa è l'identità del colpevole, ma non ho modo di catturarlo se non so dove e quando agirà. Ormai mancano soltanto due enigmi e non ho ancora cavato un ragno dal buco. Sto lentamente accettando la verità».

La presa sulla striscia di spugna si fece soffocante. Riuscii a vedere i rigonfiamenti violacei delle vene attraversare i bianchi dorsi della ragazza.

«Questo è un cruciverba che non posso risolvere».

Nella stanza calò nuovamente il silenzio. Vedere Sibilla in quello stato mi riempiva di profonda tristezza. Per quanto avere a che fare con il suo carattere brusco e scortese non fosse facile, lei era il nostro faro e senza di lei non saremmo mai riusciti a portare a termine il caso. Per puro e semplice amore della giustizia, mi dissi, dovevo riuscire a farle ritrovare la sicurezza di sé, ma ero convinto che, se avessi provato a rincuorarla o avessi mostrato commiserazione per lei, sarebbe andata su tutte le furie e mi avrebbe, con buona probabilità, cacciato malamente di casa. Mi guardai intorno in cerca di ispirazione fino a che, all'improvviso, mi venne un'idea. Presi una penna e una delle raccolte di parole crociate che teneva sul comodino, la aprii su uno schema non ancora compilato e iniziai a leggere ad alta voce la prima definizione.

«1 orizzontale: la capitale del Vietnam».

«Hanoi», rispose lei immediatamente, come se fosse un riflesso condizionato. Soltanto dopo che ebbe pronunciato ad alta voce la soluzione mostrò un'espressione stupita. Tolsi il cappuccio alla biro e inserii la parola all'interno del diagramma, dopodiché continuai.

«4 orizzontale: propulsore utilizzato in aeronautica».

«Quante lettere?», chiese. Vidi che la presa sul cordoncino di stoffa si stava pian piano affievolendo.

Contai i quadratini corrispondenti a quella definizione. «Tredici», dissi infine.

«Turboreattore», esclamò, prima che potessi finire di scandire l'ultima vocale. Con la punta della biro toccai progressivamente ognuna delle caselle, ripetendo mentalmente ogni lettera della risposta data da Sibilla a ogni passaggio per controllare che non fosse troppo lunga o troppo corta. Con la coda dell'occhio notai che la ragazza mi stava guardando male: non gradiva che avessi messo in dubbio le sue capacità di conteggio. Ovviamente la parola entrava perfettamente e passai alla successiva.

«13 orizzontale: ampio, spazioso».

«Potrebbero essere un miliardo di aggettivi. Dimmi una verticale».

Lo scambio divenne progressivamente più serrato e, man mano che andavamo avanti, a ogni domanda corrispondeva una risposta sempre più calorosa e appassionata. Proseguimmo così fino a che, definizione dopo definizione, completammo finalmente lo schema. Ogni lettera era stata correttamente incasellata in un'ordinata griglia di parole. Mi passai una mano sulla fronte e scoprii che era imperlata di sudore. Girai la pagina in direzione di Sibilla e le mostrai l'opera compiuta.

«Vedi, Sibilla: lo hai risolto. Ma non saresti mai in stata in grado di finirlo se prima non avessi letto tutte le definizioni. Non è vero che non puoi sconfiggere il Killer degli Astrologi. Devi solo avere pazienza e aspettare che ogni tassello vada al suo posto».

Sibilla sembrò non curarsi dello schema completato e mi rivolse uno sguardo intenso. Le sue iridi erano talmente dilatate per l'eccitazione da emanare una forte aura di vitalità. Infine, con la semplicità di chi chiede una sigaretta a un conoscente, mi disse:

«Passami l'enigma dell'aruspice, Novellino».

La ragazza risolse il quesito apparentemente così difficile con estrema facilità. Il mio stratagemma aveva funzionato e la sua era adesso un'espressione di solida, determinata fermezza. Dopo che ebbe trovato la risposta all'enigma della Vergine, si alzò e si sedette sullo sgabello di legno davanti alla scrivania, prese alcuni fogli dal cassetto – che capii appartenessero al caso del Killer degli Astrologi – e si mise a sfogliarli uno per uno. Senza alzare la testa da quei fogli, fece un cenno nella mia direzione.

«Cosa fai lì, Novellino? Forza, vieni qui accanto a me».

Mi alzai dal divano e andai vicino a lei. Visto che non c'erano altre sedie, mi misi in ginocchio sul pavimento, il cui appoggio era fortunatamente reso soffice dal contatto con uno dei tanti tappeti. Lo scrittoio era pensato per una sola persona, quindi ci stringemmo per poter lavorare entrambi sulla piccola superficie.

Rivedemmo insieme tutti gli enigmi e ci confrontammo sulle risposte trovate, approfittandone anche per ripassare tutte le domande del caso a cui non avevamo ancora trovato risposta. Come mai la rivista «Scoop» non voleva farci parlare con l'astrologo Sidereo, nonostante fosse in evidente pericolo? Dove si nascondeva Giovanni Esposti? E soprattutto, dove e quando avrebbe colpito di nuovo l'assassino?

Ci arrovellammo su quegli interrogativi per diverse ore,

fino a che la notte non prese il posto del giorno. Guardai l'orologio e vidi che erano le due passate. Sibilla stava controllando per l'ennesima volta il suo schemino e si soffermò sulla colonna delle prove di Marte.

«Ecco, vedi», mi disse, con un tono di voce fermo da cui non trapelava la minima stanchezza, «per quanto non mi sia ancora chiaro cosa dovrei ricavare dai luoghi e dai numeri, le lettere invece sono abbastanza chiare. Però, nonostante abbia praticamente ricavato la soluzione – o meglio le soluzioni – di questo quesito, c'è qualcosa che non mi torna...».

Si alzò dallo sgabello e si protese in avanti verso la bacheca di sughero, da cui staccò la puntina che teneva sospesa la fotocopia della pagina dell'annuario raffigurante i sei bambini e mise il foglio accanto allo schema. Restò in piedi in una posizione china, dettata sia dalla necessità di osservare l'indizio che dallo scarso spazio disponibile sotto il tetto.

«Non ha assolutamente senso che non sia lui... Sappiamo che si erano sposati e non c'è nessuno che abbia un movente forte quanto il suo. Aspetta, ma qui...»

Abbassò il capo sulla superficie della scrivania con una velocità tale che per poco non mi dette una testata. Anche se da quella posizione riuscivo a vedere soltanto la sua nuca bionda, potevo immaginare i cerulei occhi fissi su ciò che aveva attirato la sua attenzione. Dopo qualche secondo spostò leggermente la testa di lato e mi guardò dal basso verso l'alto con un'espressione che era un misto di stupore e soddisfazione.

«Novellino, guarda! Non ci posso credere! Come abbiamo fatto a non vederlo prima? Ecco a cosa si riferiva il killer quando diceva che ci eravamo persi qualcosa all'interno dell'orfanotrofio!».

Il dito di Sibilla indicava la giovane figura di Chiara Innocenti, più precisamente un dettaglio sporgente dalla tasca del vestitino indossato dalla ragazza. Avvicinandomi vidi che l'unghia era puntata sull'etichetta attaccata alla chiave della sua stanza alla Stella.

«Parte del numero si è scolorito!».

Osservai più attentamente. Aveva ragione! La metà sinistra dell'ultima cifra era stata cancellata dal tempo, trasformandone il valore. Quello che un tempo era, a giudicare dalla flebile scia rimasta, un "8", era diventato un "3" nella sbiadita immagine. Alzai lo sguardo verso Sibilla, sconvolto a mia volta.

«Quindi questo significa che...».

«...la stanza di Chiara Innocenti all'orfanotrofio non è la 103, quella che abbiamo visitato durante il nostro primo sopralluogo. Viveva nella 108! Ecco perché non abbiamo trovato niente di interessante!».

Sibilla abbandonò di scatto la postazione ed entrò nella porta che avevo ipotizzato conducesse, fra le altre stanze, anche in camera da letto. Ne uscì dopo un minuto scarso, vestita con una delle sue camicette e una felpa grigia.

«Cosa... dove stai andando?». Purtroppo conoscevo già la risposta.

«Che domande: andiamo alla Stella», si limitò a dire lei.

«Sibilla, sei pazza? È notte fonda! Non possiamo andare così!».

Chiuse la zip della felpa fin sotto il collo, poi mise una mano in tasca e ne estrasse un oggetto cilindrico rivestito in plastica dura.

«Ho la torcia».

«E come pensi di entrare?». Volevo spingerla a ragionare ma sapevo che, adesso che aveva ritrovato l'entusiasmo, era come parlare con un muro. «Sarà tutto chiuso e noi non abbiamo le chiavi. Dobbiamo avvertire l'ispettore Fusco che si metterà in contatto con chi di dovere per...».

«Scavalcheremo e poi ci intrufoleremo, sarà pieno di finestre rotte in cui poter sgattaiolare».

«Ma...».

Sibilla scattò versò di me e mi mise le mani sulle spalle. Il suo volto era adesso a pochi centimetri dal mio e sentivo il suo respiro concitato sfiorarmi le guance.

«Non c'è tempo! Lo capisci? Mancano solo due omicidi e il killer potrebbe colpire da un momento all'altro!».

Mi guardò intensamente negli occhi. Le sue iridi di ghiaccio avevano qualcosa di ipnotizzante.

«Novellino, ti prego. Non posso farlo da sola».

Come al solito, aveva vinto lei.

L'orfanotrofio si trovava in periferia e decidemmo quindi di prendere la mia macchina, rimasta parcheggiata davanti alla sede della polizia stradale. La notte attorno al tetro edificio era più buia che mai, l'alone sfocato di un pugno di lampioni l'unica fonte di illuminazione che, anziché rassicurare, conferiva all'ambiente un'atmosfera ancora più lugubre.

Scendemmo dall'automobile e ci avviamo verso lo spettrale cancello. Poi, dopo aver verificato che fosse effettivamente chiuso, iniziammo a girare intorno alla recinzione in ferro battuto alla ricerca di un varco in cui poterci infiltrare. Non avevamo ancora finito di ispezionare il primo lato quando Sibilla poggiò la torcia sul muretto sotto la grata e iniziò ad arrampicarsi lungo le sbarre metalliche.

«Sibilla!», le sibilai allarmato, «cosa diamine stai combinando! La cancellata sarà alta quasi tre metri!».

«Mi sono stufata, non possiamo fare il giro come due gonzi quando basta scavalcare in qualsiasi punto». Mentre lo diceva era già arrivata in cima e stava passando con la gamba libera dalla parte opposta della palizzata. «Guarda, è facile, fai come me! Basta che ti dai lo slancio con il piede d'appoggio e poi ti lasci andare dall'altra parte».

Il fascio di luce elettrico illuminava debolmente la faccia della mia compagna di spedizione, e potevo vedere la sua espressione beffarda e contemporaneamente divertita fare capolino tra gli spazi verticali delle sbarre. Feci i conti con me stesso e capii che la paura che mi aveva assalito vedendola scavalcare non era rivolta verso di lei ma verso di me, dato che appena alzai lo sguardo in direzione delle appuntite estremità che torreggiavano sull'inferriata mi venne un groppo alla gola. Mi feci coraggio e, non senza difficoltà, riuscii nell'operazione, anche grazie a Sibilla che mi prese al volo durante la maldestra fase di atterraggio evitando l'attrito della mia faccia contro il ghiaino del cortile. Velocemente, mi rimise in posizione eretta e, dopo avermi dato una sonora pacca sulla spalla, saettò verso le scale esterne che portavano alla balaustra superiore. Non sapevamo quale fosse la finestra della 108 quindi, appena trovammo un vetro rotto in cui poter sgusciare, entrammo nell'orfanotrofio abbandonato e la cercammo dall'interno.

Controllando i numeri accanto alle varie porte con l'aiuto della pila elettrica, riuscimmo finalmente a trovare la stanza giusta che però, come immaginavamo, era chiusa a chiave. Sibilla puntò la luce in vari punti dell'uscio, che si confermò malconcio e consumato dal tempo come ricordavamo. A giudicare dai numerosi segni di usura in prossimità degli stipiti, anche l'incavo che conteneva il pistone della serratura non doveva essere messo molto bene. Sibilla, il cui pallido viso illuminato dal bagliore biancastro della torcia ricordava quello di un fantasma, si voltò verso di me e rimase in attesa, come se si aspettasse che io facessi qualcosa. Le qualità dell'intelligente e agile ragazza erano molteplici, ma sicuramente, magra com'era, fra queste non c'era certamente la prestanza fisica. Nonostante io non fossi un marcantonio, capii che quello era il mio momento, se così posso dire, di "fare l'uomo".

Feci qualche passo indietro, abbandonando l'area rischiarata dalla chiazza di luce della pila elettrica, contai fino a tre e iniziai a correre più veloce che potevo, effettuando una torsione a metà scatto per portare avanti la spalla destra. Lo schianto fu fragoroso e, contro ogni aspettativa, efficace. La porta cedette tutta d'un colpo e io con essa, visto che appena la mia sagoma varcò la soglia franai rovinosamente a terra generando un rimbombo fortissimo ma fortunatamente breve. Mentre ansimavo con la faccia a pochi centimetri dall'uscio che avevo appena abbattuto, sentii Sibilla che con noncuranza mi camminava accanto, entrando a sua volta nella camera.

Mi alzai, spolverandomi i vestiti dallo sporco e tastandomi in più punti per verificare che fossi ancora tutto intero.

«Bene, mettiamoci a cercare. Non voglio aver messo a repentaglio la mia clavicola per nulla», constatai sarcasticamente.

«Non ce n'è bisogno», rispose Sibilla. Una nota di eccitazione fremeva nella sua voce. «Abbiamo già trovato quello che stavamo cercando». Seguii il suo sguardo e quello che vidi mi lasciò senza fiato.

Sul pavimento di legno era tracciato un gigantesco simbolo circolare che ricopriva quasi interamente tutta la superficie della stanza. Esattamente come quello ben più piccolo che avevamo trovato nell'ex archivio del brefotrofio, anche questo era attraversato da sei diametri che ne dividevano l'area in dodici parti uguali. Le direttrici si intersecavano esattamente in corrispondenza del **segno di Marte** che costituiva il centro del cerchio, dove vidi che si era concentrata tutta l'attenzione della mia accompagnatrice.

Veloce come il lampo, Sibilla si posizionò all'interno della rotonda figura e si mise in ginocchio. Tastò le assi del liso parquet in più punti, fino a che la sua esile mano non si arrestò nei pressi di una scanalatura fra due stecche, proprio in corrispondenza del centro del disegno. Muovendosi in ginocchio, la ragazza si spostò di qualche centimetro e sollevò il listello con un gesto deciso, per poi puntare a perpendicolo il fascio di luce nell'incavo del pavimento. Alzò di scatto il volto verso di me e ammetto che mi fece paura: in quella posizione china, immersa nella più cupa oscurità a eccezione dell'inquietante barlume elettrico che le attraversava il volto, sembrava un vampiro che stesse succhiando l'ultima goccia di sangue dalla sua preda. Ma una preda, effettivamente, c'era. In mano teneva dei fogli, che fino a qualche secondo prima erano nascosti nel buco sotto l'impiantito della camera.

Ci fiondammo sul tavolo accanto al letto e avidamente guardammo il contenuto delle misteriose carte. Erano scritte a mano in un gradevole e ordinato corsivo e si sarebbero dette delle pagine di diario, a eccezione di una su cui invece **erano stati stampati questi nomi:**

ELENA IGNOTI	GIANNA DIOTALLEVI
CHIARA INNOCENTI	GIOVANNI ESPOSTI
MARCO TROVATI	LORENZO CASADEI

«Ecco il tassello mancante!», esclamò Sibilla trionfante, senza alcuna cura di moderare il volume. «**Qui ci sono i nomi dei bambini dell'annuario!**». La gioia sul suo volto, tuttavia, durò pochi istanti, visto che dopo una seconda occhiata assunse un'espressione dapprima stranita, poi decisamente incredula.

«Ma cosa...», sussurrò. «No, non è possibile».

Mise da parte il foglio stampato e riprese le pagine scritte a mano. **Erano messe alla rinfusa, ma notai che sopra ognuna di esse, scritte fronte-retro, era presente uno dei simboli dei dodici segni zodiacali.** Sibilla passò in rassegna tutte le pagine e, dopo averle messe in ordine secondo la disposizione astrologica, iniziò a leggere la prima pagina con una rapidità, a giudicare dal movimento repentino dei suoi occhi, quasi sovrumana. Seguendo il suo esempio, ma con una velocità molto più contenuta, iniziai a mia volta la lettura di quello che, adesso ne avevo la certezza, era proprio un diario segreto.

Aprii gli occhi. Due mani guantate, appartenenti alle alte figure accanto a me, mi stringevano forte i palmi, guidandomi verso quello che da lì in avanti sarebbe stato il mio futuro…

Ero ancora alla Vergine quando Sibilla alzò gli occhi verso di me. Aveva la bocca spalancata, come se non riuscisse a credere a quello che aveva appena letto. La sua mascella rimase in quella posizione calante per qualche secondo, poi, quando finalmente riuscì ad articolarne i movimenti, disse: «Novellino, mi ero sbagliata. Avevo sbagliato tutto. L'assassino non è Giovanni Esposti. Adesso so chi è il Killer degli Astrologi».

Il giorno seguente non potei fare a meno di chiamare il mio ispettore capo e comunicargli la lieta notizia: Sibilla era finalmente tornata operativa. Quando entrò all'interno dello sgabuzzino e vide la diafana sagoma occupare nuovamente il suo posto dietro la scrivania, dapprima venne assalito da un forte moto di gioia, tradito dagli occhi allegri e dal grande sorriso che sfoggiava sul volto, che però lasciò gradualmente il posto a un'espressione indagatrice e sospettosa appena notò le occhiaie che ci contornavano le palpebre. Gli fu subito palese che eravamo stati svegli tutta la notte ed ero sicurissimo che avesse maliziosamente equivocato. Quando Sibilla gli spiegò, con l'aria tranquilla di chi non fosse stata ingiustificatamente assente per quasi un mese, quello che avevamo effettivamente combinato poche ore prima, credetti che l'ispettore Fusco avrebbe avuto un infarto seduta stante. Poi, metabolizzata la notizia e dopo aver compreso l'utilità che quelle informazioni avrebbero portato alle indagini, si rasserenò e dette immediatamente ordine per telefono ai suoi sottoposti di cercare i vari nomi riportati nel foglio stampato. Appena riattaccò, vidi che Sibilla aveva disegnato uno strano segno su un foglio e lo stava mostrando all'ispettore. Era una specie di grossa U in cui al suo interno si trovava, in piccolo, la scritta TIL.

«Questo è il contributo che sono sicura i suoi uomini daranno alle indagini», constatò Sibilla.

«E che significa?», rispose Fusco, perplesso.

«Aspetti ispettore, credo di conoscere quel gioco, l'agente Agostini me ne aveva già parlato», dissi io, ragionando. «Allora, la scritta è dentro la U... Quindi è "in U"... Ho capito! La soluzione è "In U TIL è"! Inutile!».

«Appunto», chiosò Sibilla.

Guardai l'ispettore capo che mi stava osservando con aria di rimprovero.

«Mi-mi scusi», balbettai, «non volevo, non avevo collegato il senso alla frase, ecco...».

Sibilla era finalmente tornata.

Undicesimo enigma

Capodanno trascorse e, oltre al 2024, la festività ci portò anche l'undicesimo enigma del Killer dello Zodiaco. La vittima di turno venne ritrovata il 3 gennaio in un laboratorio chimico in disuso **poco a sud di Pagliare, frazione del comune di Morro d'Oro in provincia di Teramo.** Nonostante l'ispettore Fusco ci avesse avvertito telefonicamente del tremendo spettacolo cui avremmo assistito, appena varcai la soglia che conduceva all'interno nell'angusto sottoscala in cui era stato commesso l'omicidio un moto di disgusto mi risalì dalle viscere, azzannandomi direttamente alla gola.

Sul soffitto del piccolo laboratorio penzolavano lunghe plafoniere a LED, che irradiavano uniformemente la stanza con asettici bagliori di luce fredda. In mezzo alla stanza, circondato da microscopi, provette, beute e altri strumenti necessari per l'analisi chimica, campeggiava un lungo bancone da lavoro in acciaio, probabilmente spostato volontariamente in quella posizione centrale a giudicare dallo spazio inoccupato sulla parete dietro di esso, che sembrava essere proprio della stessa ampiezza. Sopra lo scintillante ripiano zincato, come se fosse in attesa dell'autopsia, era disteso in posizione supina il cadavere della vittima. Il corpo, privo di vestiti, era ricoperto quasi completamente da orribili bruciature violacee, causate da qualche acido corrosivo che l'assassino doveva essersi procurato nel laboratorio stesso. Neanche l'estremità superiore era stata risparmiata dal terrificante trattamento, e quelli che un tempo erano i lineamenti del volto si erano trasformati in un informe ammasso di piaghe purulente, la cui turpe consistenza faceva pensare a una grottesca maschera ricavata da un pezzo di cuoio mal tagliato.

Parte della superficie metallica, per la precisione la porzione contenuta tra le gambe leggermente divaricate del cadavere, era stata corrosa, quasi sicuramente con lo stesso acido utilizzato per sfigurare il corpo. La traccia impressa non era casuale ma formava anzi il disegno dell'immancabile **simbolo zodiacale, raffigurante stavolta la sinuosa sagoma dello Scorpione.**

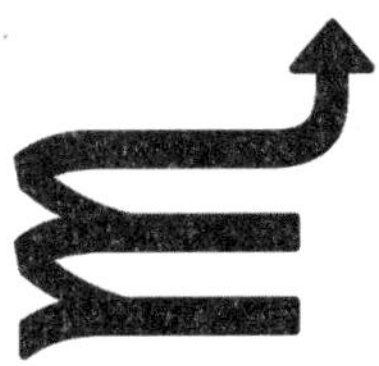

«Stavolta il killer l'ha combinata più grossa del solito», commentò amaramente l'ispettore Fusco rivolgendosi a Sibilla, che intanto stava facendo il giro del ripiano e lo osservava attentamente da ogni angolazione. «Non soltanto ha torturato e ammazzato questo poveretto, ma sfigurandolo ci ha reso anche impossibile il riconoscimento. Non abbiamo modo di risalire alla sua identità e quindi di sapere quale tipo di pratica divinatoria esercitasse in vita».

«Qualcuno nei dintorni ha denunciato la sua scomparsa?», chiese Sibilla, piegandosi e portando il viso allo stesso livello del tavolo.

«Purtroppo no. La popolazione di Pagliare è molto ridotta, quindi è assai probabile che la vittima non fosse originaria di questo luogo. Non ci risultano neanche altre sparizioni recenti su scala nazionale, o almeno nessuna le cui caratteristiche fisiche siano associabili a quelle del corpo. O il rapimento è molto recente o doveva trattarsi di un uomo molto solo».

«Purtroppo questo complica molto le cose», commentai. «Gli enigmi sono sempre collegati alla "professione" esercitata dalla vittima e, se non sappiamo quale sia, sarà ancora più difficile decifrarli. A proposito: ma dove sono i quesiti da risolvere?».

Avevo appena finito di formulare la frase che Sibilla, dopo aver indossato un paio di guanti per proteggersi le mani, infilò i palmi sotto la schiena del cadavere decomposto dagli acidi e, con un unico gesto deciso, ne sollevò il fianco destro. La salma dapprima ondeggiò mollemente verso l'alto, si arrestò per qualche istante appena il bacino raggiunse la posizione verticale, per poi riprendere a muoversi irrefrenabilmente dalla parte opposta dopo che il baricentro ebbe superato l'asse di equilibrio. Infine, cadde dal tavolo e si schiantò a terra con un tonfo il cui suono fu reso innaturalmente ovattato dal putridume delle carni bruciate. Quel disgustoso "SPLAT" mi ricordò una torta ripiena che si fosse spiaccicata al suolo. Fusco alzò gli occhi al cielo ed emise un profondo, sconfortato sospiro di rassegnazione. Ero sicuro che in quel momento avrebbe nuovamente preferito che la poliziotta si fosse presa qualche altro giorno di ferie, dimentico del periodo buio che avevamo trascorso senza di lei.

«Eccoli», esclamò semplicemente Sibilla, in risposta al mio precedente interrogativo, indicando la superficie adesso sgombra del tavolo. Incuriosito, mi avvicinai allo strato laminato per vedere gli indizi che la perspicace agente era riuscita, ancora una volta, a portare alla luce.

Attaccati sopra la superficie del banco da lavoro si susseguivano, in ordinate file da tre, un gran numero di piccoli dischi circolari di metallo. Sembravano delle specie di monete ma, a differenza di quelle utilizzate comunemente per fini di acquisto, erano attraversate nella parte centrale da un foro di forma quadrata, intorno al quale si dipanavano degli ideogrammi dalla fisionomia vagamente orientale.

Li contai: erano in tutto 36, divisi in due gruppi da 18 dischetti separati dagli identificativi simboli di Marte e Venere, che erano stati incisi nell'acciaio attraverso la stessa sostanza corrosiva utilizzata per disegnare la sagoma dello scorpione. I gettoni che formavano la schiera inferiore, inoltre, erano stati tagliati esattamente a metà e sopra il ripiano erano presenti soltanto gli emisferi sinistri.

«Grazie per aver COME AL SOLITO contaminato la scena del crimine», esclamò l'ispettore capo dopo aver riaperto gli occhi. «Ma come facevi a sapere che l'enigma dello Scorpione fosse proprio sotto il cadavere?»

«Basta osservare il segno impresso nel metallo. Il simbolo è ruotato di 90° rispetto all'originale. La coda dell'animale puntava esattamente in direzione della vittima. Visto che sul corpo non c'era niente, l'unica altra possibilità era che si trovasse sotto di esso».

Spostai nuovamente lo sguardo verso il simbolo. Aveva ragione. Dopodiché tornai ad analizzare le strane monete, soffermandomi sui curiosi geroglifici che ne occupavano la superficie metallica.

«Non ho mai visto questi simboli… Cosa significano?», chiesi rivolgendomi direttamente a Sibilla, sicuro che vi si fosse già imbattuta prima durante la risoluzione di qualche rebus o test visivo. La ragazza, tuttavia, guardava i luccicanti cerchietti con aria interrogativa.

«Purtroppo non lo so. Le lingue straniere non sono mai state il mio forte… Dovrò per forza documentarmi prima di poter rispondere a questa domand…».

«È cinese», interruppe l'ispettore Fusco, dopo essersi chinato a sua volta sull'ordinata schiera. «Si tratta di due antichi ideogrammi che indicano rispettivamente i numeri 2 e 3».

Io e Sibilla ci girammo verso di lui e lo fissammo stupiti.

«Ehi, che c'è? Non siete gli unici che avete studiato, qua dentro. Si dà il caso che da giovane abbia seguito dei corsi di lingua e letteratura cinese alla Ca' Foscari!».

Sfilai la reflex dalla tracolla e iniziai a scattare numerose fotografie. Al contrario della stragrande maggioranza delle altre scene del crimine, l'illuminazione fornita dalle fredde luci a LED era perfetta e a tratti ebbi come l'impressione di trovarmi su un set fotografico allestito di tutto punto. Tenendo conto del tanto prezioso quanto inaspettato suggerimento dell'ispettore Fusco, potevo schematizzare mentalmente le file di monete, che si susseguivano in questo modo.

Questa era la riga superiore:

♂

3 3 2
3 2 2
3 3 2
3 2 2
3 2 2
3 3 2

Questa invece l'inferiore, composta dai dischi tagliati a metà:

♀

3 3 2
3 2 2
3 3 2
3 3 2
3 3 2
3 3 2

«Grazie per l'aiuto, ispettore», sentii esclamare Sibilla mentre avevo ancora l'occhio piantato nell'obiettivo della macchina fotografica. «Adesso penso di aver capito di cosa si occupasse la vittima. In fondo, la chimica studia proprio i **mutamenti** causati dalle reazioni fra i vari elementi... **Devo solo passare in biblioteca a procurarmi il libro dei mutamenti ed è fatta**».

Rimanemmo all'interno del laboratorio per qualche altro minuto, poi uscimmo per far spazio agli agenti della Scientifica. Mentre ci allontanavamo dalla scena del crimine in fila indiana, sentii che Sibilla, esattamente davanti a me, stava sussurrando qualcosa fra sé e sé:

«Mi dispiace, Killer degli Astrologi. Ormai manca poco alla tua sconfitta. Sto venendo a prenderti».

BILANCIA

Diario segreto

A poca distanza gli uni dagli altri compimmo la maggiore età e, a turno, abbandonammo quel luogo che per otto lunghi anni era stata la nostra casa. Per ragioni anagrafiche (nonostante la nostra effettiva data di nascita fosse sconosciuta e il nostro compleanno ci fosse stato dato, per così dire, d'ufficio) lasciai la struttura qualche mese dopo di voi che, nel frattempo, come venni a sapere mio malgrado dalle voci di corridoio all'interno dell'orfanotrofio, vi eravate sistemati in un grazioso appartamento in centro città, dal quale pareva si potesse godere di una splendida vista su un giardinetto che ricordava molto il cortile in cui eravamo soliti trascorrere i nostri infantili pomeriggi. Io, nonostante avessi sviluppato un carattere solitario e preferissi trascorrere il tempo con i miei rompicapo piuttosto che con altre persone, decisi di andare a vivere insieme a due vecchi compagni di istituto poco più grandi di me, con la duplice intenzione di dividere le spese e rendere meno traumatico il processo di ambientazione nel mondo esterno. Accettai il primo lavoro che gli assistenti sociali mi proposero durante il programma di inserimento, che consisteva nel consegnare fiori a domicilio per un piccolo negozietto poco lontano dalla mia abitazione. Mi bastava avere di che vivere, non mi importava ciò che avrei dovuto fare, e quindi non volli neanche sentire le altre possibilità.

Nei mesi successivi imparai a mie spese quanto la nostalgia possa avere effetti incredibili sulla memoria di una persona, trasformando i ricordi più tristi in momenti gioiosi e degni di essere rivissuti. Nonostante durante la mia permanenza non avessi mai provato un vero senso di felicità (eccetto, ovviamente, nei periodi trascorsi insieme prima di quel terribile avvenimento), mi sorprendevo spesso a rivangare gli attimi della nostra giovinezza e a perdermi in quel labirinto di sbiadite istantanee che costruivano il passato trascorso insieme nell'istituto.

Se si esclude quel curioso effetto di amarcord, si può dire che avessi trovato una mia dimensione, se non di felicità, sicuramente di serenità. Il lavoro procedeva tranquillamente e mi procurava ben più di ciò di cui avessi bisogno per mantenermi. Anche nella quotidianità domestica avevo ritagliato gli spazi che mi erano necessari per condurre un'esistenza tranquilla, instaurando un rapporto di quieto vivere con le persone che abitavano insieme a me e che avevo imparato ad apprezzare. Non venni mai a trovarvi, anche se i miei coinquilini mi dissero più volte che chiedevi spesso di me. Io rispondevo sempre che il lavoro non mi lasciava un briciolo di tempo libero ma, come i miei compagni compresero immediatamente che si trattava di una menzogna, non avevo dubbi che lo avessi capito anche tu.

Per circa due anni andai avanti a consegnare fiori, finché un giorno decisi di dare una svolta alla mia vita. Con i soldi che avevo messo da parte mi iscrissi a Ingegneria Meccanica e nei mesi successivi mi dedicai anima e corpo allo studio di quell'affascinante materia, sperando che mi desse nuovi strumenti logici per la risoluzione dei miei passatempi, che intanto avevo iniziato a creare in prima persona.

Un giorno, tornando dalla facoltà, ti trovai sotto il portone del mio palazzo. Eri da sola e, seduta sui gradini che conducevano all'androne del condominio, mi aspettavi fissando il vuoto con l'espressione sognante che mi aveva fatto innamorare di te la prima volta che la vidi. Non ci vedevamo da oltre quattro anni, ma a me sembrò che non fosse trascorso neanche un giorno.

Mi avvicinai e, non appena mi vedesti, mi lanciasti uno dei tuoi soliti sorrisi, anche quelli non intaccati dallo scorrere del tempo. Nessuno dei due parlò e ci stringemmo in un lungo, silenzioso abbraccio, che a me parve durare una vita intera.

18/01/2024

Ormai potevo dirlo con certezza: Sibilla aveva del tutto riacquisito la sua determinazione. Non c'era giorno che arrivasse in ufficio dopo di me e, ogni volta, la trovavo occupata ad analizzare i suoi appunti sull'Enigma dello Zodiaco o, cosa ben più importante, a compilare i suoi amati schemi di parole crociate. Sovente, probabilmente in memoria di quella sera a casa sua in cui ne avevamo fatto uno insieme, mi diceva una definizione ad alta voce, deridendomi quando non riuscivo a trovare la risposta in un tempo per lei accettabile, cioè non più di mezzo secondo.

Ma quello che mi rasserenava di più era che, finalmente, aveva ripreso a mangiare. Merendine e schifezze varie, certo, ma la sua alimentazione già prima era costituita prevalentemente da questo genere di cibo spazzatura, quindi era di sicuro meglio di niente. Il pallore restava la tonalità principale del suo incarnato, ma almeno adesso le sue membra avevano ripreso vitalità e sottili strati di adipe erano tornati a ricoprire il suo corpo, non più ridotto a un raccolto cumulo d'ossa.

«Novellino», mi diceva sempre in quei giorni, «stavolta sono sicura di sapere chi è il colpevole. Manca pochissimo, me lo sento, eppure ci sono delle cose che non mi tornano e questo non mi fa stare tranquilla. Anzitutto la data. Credo di aver capito cosa intendesse il killer quando al telefono mi ha fatto quel discorso sulla sottrazione, ma non vedo in che modo la soluzione finale possa coincidere con un giorno dell'anno».

Ogni volta che si lanciava in quel ragionamento, arrivava sempre a quel punto e poi scuoteva la testa in segno di disappunto.

«E soprattutto», continuava, «qual è il luogo in cui consumerà il suo ultimo delitto, quello della Bilancia? Ho l'assoluta certezza che **le località dove sono stati trovati gli altri corpi non siano casuali** ma c'è qualcosa che non riesco ad afferrare. Come se avessi la soluzione davanti agli occhi ma non fossi in grado di vedere l'ultimo, fondamentale dettaglio».

Un giorno, il 18 gennaio 2024, eravamo immersi nelle nostre consuete occupazioni quando ricevetti una chiamata dall'ispettore Fusco. Risposi in vivavoce.

«Novellino!», esclamò. Il suo tono di voce era assolutamente sconvolto. «Tu e Sibilla dovete venire qui alla sede della Omicidi. Adesso!».

Sibilla si alzò di scatto dalla sua poltrona e raggiunse il mio tavolino, sopra il quale avevo posato il cellulare.

«Fusco, che succede? Per quale motivo dobbiamo recarci lì?».

L'ispettore fece qualche secondo di pausa.

«Perché l'ultima vittima è stata rapita dal Killer degli Astrologi e ha appena chiamato la polizia».

La sede della Omicidi era in preda a un fervore incontrollabile. Una folla di agenti saettava su e giù fra le varie scrivanie, facendo telefonate, trasportando documenti e scambiandosi informazioni. Fusco, che stava parlando concitatamente con uno dei suoi colleghi, appena vide me e Sibilla liquidò il suo interlocutore, varcò la soglia dell'ufficio e ci fece cenno di seguirlo.

«Non so come sia possibile, ma l'ultima vittima del serial killer è riuscita a mettersi in comunicazione con la polizia», ci spiegò prima ancora che potessimo metterci a sedere. «Non ho idea di come sia potuto accadere, probabilmente l'uomo aveva un cellulare nascosto da qualche parte e il rapitore non deve essersene accorto. Pagherà cara questa leggerezza, abbiamo registrato la chiamata al centralino e finalmente possiamo prenderlo».

Con lo sguardo indicò un registratore nero che si trovava esattamente al centro della lucida scrivania in legno. Avvicinò la mano destra al dispositivo e, dopo averci rivolto uno sguardo deciso, premette uno dei pulsanti e l'altoparlante iniziò a riprodurre la telefonata.

«*Pronto, centrale di polizia. Come posso aiutarla?*»

«*Aiuto, dovete aiutarmi! Sono stato rapito, non so dove mi trovo*».

«*Si calmi signore, ci dica le sue generalità e dove si trova, poi provvederò immediatamente a trasferire la sua chiamata al...*».

«*Non so dove mi trovo. Penso di essere nel retro di un furgone, si muove tutto qua dentro. Ero nel mio studio... poi si è fatto tutto buio, devono avermi colpito alla testa. Aiutatemi, vi scongiuro. Penso si tratti del Killer degli Astrologi, visto quello che faccio! Lo sapevo che sarebbe venuto a prendermi, quando ve l'ho detto mi avete ignorato e adesso morirò!*».

L'uomo sequestrato era in preda al panico più totale e ignorava completamente le richieste dell'operatore del centralino. Le sue frasi, sconnesse e poco comprensibili, rendevano il dialogo difficile da seguire.

«*Signore, mi deve dire chi è lei, altrimenti non posso aiutarla*».

«*Oddio, che succede? Il camion si è fermato. Deve avermi sentito!*».

Un lungo stridore di freni coprì la voce disperata dell'uomo. Trascorse qualche secondo, poi si udì un forte clangore metallico.

«*No, fermati, che stai facendo. No, ti scongiuro, nooo!*».

In sottofondo al terribile grido si poteva distinguere un confuso rumore di colluttazione, a indicare una lotta tra l'uomo al telefono e un'altra persona. Seguì il rumore di alcuni passi e, dopo un tonfo sordo, dal registratore si levò un sibilante ronzio.

«Sappiamo da dove stava chiamando?», chiese Sibilla, appena la registrazione fu conclusa.

Il reparto intercettazioni è riuscito a risalire all'area», spiegò Fusco, «ma purtroppo la telefonata è stata troppo breve per circoscrivere con esattezza l'origine. Sappiamo soltanto che è stata effettuata da qualche parte nel sud delle Marche».

Gli occhi di Sibilla si strinsero in un acuto sforzo di riflessione. Quell'ultima informazione doveva averle fatto scattare qualche campanello. Inarcò le sopracciglia e, con tono deciso ma permeato di un'affabilità per lei inusuale, chiese a Fusco se potesse utilizzare il suo computer. L'ispettore, non saprei dire se stupito dalla richiesta estemporanea o dalla gentilezza con la quale era stata esplicitata, acconsentì e girò il suo portatile in modo che tutti e tre potessimo vedere lo schermo.

Sibilla estrasse dalla tasca della giacca lo schema con le soluzioni, e vidi che i suoi occhi erano puntati sulla colonna che raggruppava tutti i luoghi del delitto in cui il killer aveva colpito fino a quel momento. **Digitò sulla tastiera del laptop l'indirizzo di Google Maps e a mano inserì i nomi delle varie località nella barra di ricerca del navigatore, aggiungendo alcune note dopo ogni consultazione e tracciando strani segni.** Quando ebbe concluso l'operazione e anche la posizione dell'ultimo luogo venne scrutinata, prese in mano il foglio col suo schema e lo allontanò di qualche centimetro dal suo volto, come se volesse coglierne la visione d'insieme. Né io né Fusco, dalla posizione in cui eravamo, riuscivamo a vedere l'espressione della ragazza né il risultato finale delle annotazioni, visto che il pezzo di carta impediva la visione di entrambi. Restammo in religioso silenzio, poi, a un certo punto, Sibilla abbassò la scheda. Era esterrefatta. Un lampo le attraversò gli occhi. Prese la giacchetta dallo schienale della sedia e si avviò a passi veloci fuori dall'ufficio dell'ispettore capo, facendo cenno di seguirci.

«Di' ai tuoi uomini di chiamare nuovamente la redazione di "Scoop" e farci mettere in contatto con Sidereo», ordinò, mentre ci dirigevamo fuori dalla sede della Squadra Omicidi, «stavolta non faranno resistenza perché l'astrologo non gli risponderà, visto che è stato rapito dal serial killer. Poi, raggruppa un gran numero di volanti e digli che ci seguano immediatamente».

«Sibilla, dove stiamo andando?», chiese Fusco.

«Nel luogo dove è nascosto Sidereo. Ho capito come fare a trovarlo e dobbiamo fare più in fretta possibile se vogliamo sperare di salvarlo. Per trovare la posizione precisa devo fare alcuni calcoli, li ultimerò durante il viaggio in macchina, intanto dai ordine a tutte le volanti di dirigersi verso la zona sud delle Marche. **Se avessi più tempo mi metterei alla scrivania con una cartina dell'Italia, righello e goniometro, ma non c'è un secondo da perdere**».

Appena salimmo in macchina, Fusco si mise al volante effettuando al tempo stesso le sue telefonate. Sibilla estrasse nuovamente la tabella con le annotazioni, la poggiò sul sedile posteriore insieme a una biro e si raccolse in una posizione innaturale, puntellandosi sui rivestimenti delle poltroncine con le ginocchia, la testa a pochi centimetri dal foglio e i piedi sospesi in direzione del finestrino. Appoggiò le punta delle dita sulle tempie per concentrarsi meglio. Poi, con voce fiera e determinata, disse:

«È il momento di mettere la parola fine a questo gioco».

Sibilla non mi rivolse la parola per tutto il viaggio. Era incredibilmente assorta, e sembrava che qualsiasi input esterno si abbattesse su una corazza invisibile che aveva eretto a difesa della sua concentrazione. Sul retro del foglio aveva tracciato una strana figura e sui lati c'era una quantità innumerevole di calcoli e operazioni, scritti in carattere minuscolo a causa dello scarso spazio disponibile. Fusco, che ogni tanto si girava per vedere cosa stesse facendo, le chiese più volte se le servisse una pagina del suo taccuino, ma la sua attenzione era talmente profonda che non sentì quelle parole. Passò circa un'oretta, poi la ragazza si alzò di scatto ed esplose in un grido di trionfante giubilo. Era evidentemente riuscita a trovare il luogo incriminato. Subito dopo, tuttavia, l'urlo di gioia si affievolì e lasciò il posto a una sommessa, esitante constatazione.

«**Com'è possibile? Sono due. Perché sono due?**».

Dopo qualche ora di viaggio, arrivammo nel luogo che Sibilla aveva indicato all'ispettore Fusco dopo aver ultimato i suoi calcoli. Si trattava di un parcheggio sotterraneo in disuso a **Lisciano, una frazione di Ascoli Piceno**, in passato utilizzato dai residenti ma che adesso versava in totale stato di abbandono. Provai a chiederle come fosse riuscita a risalire a quella remota località ma non ottenni alcuna risposta. Per quanto l'investigatrice fosse sicurissima che il killer si fosse nascosto lì dentro con Sidereo, sembrava tormentata da un dubbio atroce e per il resto del tragitto continuò a mormorare la stessa, identica litania:

«La telefonata proviene dalle Marche, quindi non ci sono dubbi che il luogo sia questo. Ma perché sono due? Non torna, questo è l'ultimo enigma, deve esserlo...».

La discesa attraverso cui si accedeva ai piani inferiori era bloccata da alcuni veicoli malandati, palesemente posizionati di proposito per rendere inagibile l'accesso tramite macchina a visitatori indesiderati. Non appena scorsi quella barriera di lamiere, ebbi la prova definitiva che Sibilla ci avesse visto giusto ancora una volta e che l'assassino si trovasse nell'edificio abbandonato. Scendemmo dalle volanti e, dopo aver indossato i giubbotti antiproiettile, scavalcammo le automobili e ci addentrammo nello spiraliforme dedalo sotterraneo.

Nei piani inferiori del parcheggio c'era un buio pesto. Le lampade al neon disposte con regolarità sui soffitti dei vari livelli, la cui funzione originale era quella di illuminare elettronicamente quelle profondità sempre più irraggiungibili dai raggi solari, non dovevano essere più funzionanti da molto tempo e rendevano l'incursione lenta e difficoltosa. L'ispettore Fusco, la pistola in una mano e la torcia elettrica nell'altra, era alla guida del corposo plotone armato e tentava di orientarsi fra i piazzali e le discendenti curve a chiocciola che costituivano la mappa di quella babele di cemento armato. Sibilla aveva provato in tutti i modi a farsi inserire tra le prime file ma, per una volta, il capo dell'unità era stato irremovibile e le aveva ordinato di restare insieme a me nelle retrovie.

Il parcheggio era veramente enorme e, nonostante fossimo già scesi di vari piani, non avevamo ancora raggiunto il fondo. Più che una squadra speciale di polizia sembravamo un gruppo di speleologi in missione esplorativa all'interno di un'oscura, tetra caverna. Ogni volta che arrivavamo a un nuovo livello, le squadre speciali si sparpagliavano per il piazzale che un tempo doveva essere gremito di macchine e in cui adesso giacevano solamente le carcasse di qualche macinino mezzo distrutto. Sarebbe stato meglio non dividersi ed effettuare il pattugliamento in maniera unitaria, ma la vastità dell'area rendeva impossibile anche solo pensare di procedere in quel modo senza impiegarci ore.

Eravamo al quarto o quinto piano sotterraneo (ormai

avevo perso il conto), quando Sibilla mi strattonò e mi indicò un punto in basso, visibile attraverso un ampio squarcio nel pavimento crollato. Aguzzai la vista e capii cosa avessero notato gli occhi di falco della ragazza. Più in profondità, probabilmente due o tre piani sotto di noi, si intravedeva una sottilissima scia luminosa, proveniente da quella che mi sembrava una lunga crepa sul muro esterno di una stanza illuminata. Incautamente, ci staccammo dal gruppo per capire meglio l'origine della fonte di luce ma, proprio quando stavo per chiamare gli altri agenti, sentii uno scricchiolio provenire dal basso e, in un istante, il terreno sotto i piedi miei e di Sibilla franò e precipitammo rovinosamente nel vuoto.

La caduta fu meno grave del previsto. Lo squarcio nell'asfalto, per nostra fortuna, non dava su uno strapiombo, ma anzi digradava in un mucchio di detriti che accompagnarono il nostro rotolio fino al punto di atterraggio. Scossi la testa per raccogliere le idee e dall'alto sentii provenire il richiamo dell'ispettore Fusco, che ci aveva visti sparire nel vuoto.

«Siamo qua sotto», urlai, in direzione del fascio di luce radente puntato verso di noi dall'orlo del precipizio, «non vi preoccupate, stiamo bene!».

«Okay, rimanete fermi, vi raggiungiamo subito», rispose di rimando l'ispettore, allontanandosi con l'intenzione di venirci a cercare.

Mi voltai per controllare le condizioni di Sibilla e vidi che la ragazza, già ripresasi dalla rovinosa caduta, se ne stava in piedi e fissava intensamente il punto che mi aveva indicato dai piani superiori, davanti a cui eravamo atterrati. La luce sottile che avevamo visto prima del capitombolo non trapelava da una crepa, come avevo erroneamente ipotizzato, bensì dallo spiraglio di una porta di ferro semiaperta. **Sulla**

superficie metallica del piccolo uscio, con uno spray nero come la pece, era disegnato l'ultimo simbolo, l'unico che ancora mancava all'appello per concludere l'enigma dello Zodiaco.

♎

Stavo per dire a Sibilla di non fare mosse affrettate e aspettare che arrivassero i rinforzi armati, ma non feci in tempo ad aprire la bocca che la sconsiderata ragazza si era già scagliata contro la porta e aveva fatto irruzione. Mi alzai in piedi di scatto e, senza pensare all'imminente pericolo cui stavamo andando incontro, mi fiondai al suo inseguimento, entrando a mia volta nella misteriosa stanza. Superai il varco d'acciaio e, appena vidi cosa vi si celava dietro, mi pietrificai.

A pochi metri da noi c'era un uomo inginocchiato, legato ai polsi e alle caviglie da una robusta corda e illuminato dal fascio radente di un potente faro collegato a un generatore di elettricità. Le braccia posavano su un supporto di legno rettangolare, rischiarato solo parzialmente dal cono luminoso e che quindi non riuscivo a distinguere bene. Il volto era completamente esangue e, a giudicare dal pallore mortale che gli ricopriva i lineamenti, sarebbe probabilmente svenuto da un momento all'altro, se non peggio. Inizialmente attribuii la terribile condizione in cui versava allo spavento di trovarsi in quell'orrido luogo, rapito dall'efferato serial killer e impossibilitato a muoversi, ma fu sufficiente che facessi qualche passo nella sua direzione per capire la reale causa del suo biancore cadaverico.

Il supporto di legno su cui erano poggiate le braccia era in realtà una specie di gogna, di quelle utilizzate nel medioevo per esporre bugiardi, ladri e truffatori al pubblico ludibrio nelle piazze di paese. Dai fori dello strumento, però, non fuoriuscivano le mani della vittima, come sarebbe stato logico aspettarsi, ma dei moncherini avvolti in delle garze rosse da cui gocciolavano dense stille di sangue. Le estremità finali degli arti si trovavano proprio davanti alla sagoma china, recise di netto con i palmi diretti verso lo sguardo inerme dell'uomo mutilato. Nonostante lo shock, **riuscii a notare che sulla mano sinistra era stato tracciato il simbolo di Venere, mentre sull'altra era visibile l'emblema di Marte.**

Sibilla uscì dall'oscurità ed entrò all'interno dell'area illuminata dal potente fanale. Appena fu vicina all'uomo martoriato, iniziò a sciogliere le robuste corde e provò a rassicurarlo.

«Resisti, Sidereo. Non preoccuparti, siamo venuti a salvarti, la polizia sarà qui a momenti».

«... Sidereo?», rispose l'uomo, con un filo di voce. Sembrava che ogni suono che uscisse dalla sua bocca lo allontanasse sempre di più dalla vita. «Intendi... l'astrologo? No, io... io non sono Sidereo».

Sibilla si arrestò.

«Cosa? Cosa significa che non sei Sidereo?». Nonostante le terrificanti condizioni in cui versava l'uomo, il tono della ragazza si colorò di una nota di rimprovero, come se non accettasse la sua risposta.

«Io... mi chiamo Stefano Righi... Sono un chiromante... leggo la mano. Quel bastardo... mi ha mutilato...».

Sibilla era esterrefatta. Non riusciva a credere alle sue orecchie, e quelle parole la sconvolsero molto più della visione della terribile tortura a cui era stato sottoposto l'uomo.

«Ma... non è possibile!», esclamò, portandosi le mani dietro la nuca, «questo è l'ultimo enigma, tu devi essere Sidereo, io...».

Sibilla non finì la frase. Uno scoppio fragoroso lacerò l'aria scura e rimbombò tra i dimessi piloni di cemento del parcheggio per una quantità di tempo che mi parve interminabile. D'istinto, mi gettai a terra e mi rannicchiai in posizione fetale, portando le mani alle orecchie per resistere all'insopportabile frastuono. Sibilla parve avere la mia stessa reazione e pochissimi istanti dopo la vidi sdraiarsi accanto a me, il volto distante pochi centimetri dalla punta del mio naso. A giudicare dalla rapidità con cui si era gettata al suolo e il pallore dipinto sul volto, più accentuato del solito, l'improvviso sparo doveva averla spaventata terribilmente. Con la coda dell'occhio, notai che qualcosa si stava muovendo sul suo petto e abbassai lo sguardo in direzione del resto del corpo. Tra l'incavo delle braccia vidi una grumosa chiazza rossastra che si stava formando sopra il motivo militare del giubbino protettivo, più o meno all'altezza del cuore. La macchia, dapprima di dimensioni contenute, si fece sempre più estesa ogni secondo che passava, fino a imporporare la quasi totalità del kevlar a rivestimento del lato sinistro dell'indumento. Ricordo che in quel momento, completamente rintontito dall'intera situazione, mi chiesi come mai Sibilla avesse un pomodoro nel taschino della camicetta, che in seguito al violento impatto con il pavimento si era distrutto e doveva averle imbrattato il candido abito che indossava sotto il gilet. Doveva essere sicuramente una delle sue consuete stramberie. Poi, dopo aver vagliato la razionalità di quel pensiero e averne compreso l'insensatezza, riacquistai gradualmente lucidità fino a che, finalmente, capii.

Mi alzai sulle ginocchia con le orecchie ancora fischianti e girai la sagoma immobile della ragazza sulla schiena.

Chiamai il suo nome ripetutamente, la scossi più volte ma dal corpo inerte non scaturì nessuna reazione. Piangendo, la guardai negli occhi: i brillanti bagliori che li rendevano così pieni di energia erano ormai assenti.

Ancora inebetito, mi costrinsi ad assumere una posizione eretta e mi guardai disperatamente intorno. A un certo punto vidi la coda di un impermeabile svolazzare scompostamente nel fascio tremolante di una torcia elettrica, allontanandosi da me a grande velocità in direzione della porta da cui eravamo entrati pochi istanti prima. Per riuscire a superare la protezione del giubbotto antiproiettile, il killer doveva aver sparato da distanza molto ravvicinata, ed era riuscito a ottenere dal mio sbigottimento iniziale solo pochi metri di vantaggio. Immediatamente mi lancia all'inseguimento della figura che stava correndo nell'oscurità, guidato dall'unico, martellante pensiero di vendicare la morte di Sibilla.

In seguito allo sparo, la pila mi era caduta a terra e nella concitazione mi ero dimenticato di raccoglierla. Vagavo quindi senza luce e l'unico riferimento che avevo per orientarmi in quei tenebrosi sotterranei era proprio il bagliore ondeggiante emanato dalla stessa persona che stavo inseguendo. Se lì per lì quella situazione di dipendenza mi sembrò preoccupante, a pensarci meglio costituiva in realtà un vantaggio: io sapevo sempre dove si trovasse il mio bersaglio, mentre ai suoi occhi, per contro, ero completamente invisibile. Correndo, provai a scaricargli addosso qualche colpo di Beretta ma, tra la scarsa illuminazione che mi impediva di prendere la mira correttamente e la convulsa frenesia della caccia, non riuscii a mandarne a segno neanche uno.

Zigzagammo tra le curve sotterranee e le diroccate colonne di pietra per alcuni secondi quando, all'improvviso, sentii un tonfo. Il raggio di luce volteggiò nelle tenebre, illuminando casualmente vari punti del garage e generando un ubriacante effetto discoteca, per poi schiantarsi al suolo in un rumore sordo che echeggiò brevemente nell'oscurità. Nella foga dell'inseguimento, l'assassino doveva essere inciampato. L'occasione mi mise le ali ai piedi e macinai i metri che mi separavano dal fascio orizzontale in un lampo. Quando arrivai lì, tuttavia, l'unica cosa che vidi fu proprio lo scuro oggetto cilindrico, da cui si irradiava il guizzo luminoso che si riverberava immobile su uno dei muri diroccati a custodia della segreta. Poi, sentii un altro colpo sordo, stavolta provenire da dietro di me, e un acuto dolore partì dall'estremità superiore della mia nuca, mi attraversò la schiena e si propagò lungo tutto il corpo con un brivido. Mi sentii improvvisamente debole e anche l'ultima, fioca luce della torcia si spense, e rimase soltanto il buio.

Quando ripresi conoscenza ero in un letto d'ospedale. Avevo aperto gli occhi da appena qualche secondo che subito venni attorniato da un nugolo allarmato di camici bianchi, che iniziarono a chiedermi come mi sentissi e mi posero domande elementari per valutare la mia prontezza mentale in seguito allo shock che avevo subito. «Basta enigmi, lasciatemi stare», fu il primo pensiero che mi passò per la testa. Nonostante fossi ancora piuttosto intontito, risposi a ciò che mi chiesero in una maniera che evidentemente reputarono accettabile e uno degli infermieri si allontanò dal gruppo, facendo cenno a qualcuno fuori dall'ingresso di entrare nella camera. Dopo pochi istanti l'alta sagoma dell'ispettore Fusco attraversò la soglia e si diresse al mio capezzale, con un gran sorriso stampato sul volto.

«Ciao Novellino, come stai?», mi chiese con affetto paterno, appoggiandosi delicatamente alla pediera del mio giaciglio.

«Ispettore capo», risposi, tentando un accenno di sorriso. «Non sa quanto sono felice di vederla. Dove siamo? Quanto tempo è passato dal raid al parcheggio? Ricordo che… eravamo nei sotterranei, stavo inseguendo l'assassino… poi nulla, vuoto totale».

«Soltanto un giorno. Ti abbiamo trovato svenuto nel piano inferiore con una brutta ferita alla testa. Il killer deve averti colpito alle spalle approfittando dell'oscurità. Fortunatamente siamo accorsi in tempo e ti abbiamo portato immediatamente all'ospedale più vicino e dopo poche ore sei stato trasferito a Roma. Non ti preoccupare, i dottori hanno detto che ti rimetterai presto, fra qualche giorno sarai fuori di qua».

Mi passai una mano dietro la nuca e sentii la consistente protuberanza del bernoccolo in prossimità del punto in cui il mio assalitore mi aveva aggredito. Adesso ricordavo tutto. Lo sparo, la fuga nei sotterranei del garage, la forte botta sulla testa.

«L'avete preso?».

Fusco scosse la testa con aria sconsolata.

«Purtroppo il Killer degli Astrologi è riuscito a scappare. Probabilmente aveva un'automobile di riserva da qualche parte nel parcheggio, ed è fuggito da un'uscita nascosta in uno dei piani bassi, che dava su una stradina sul retro dell'edificio».

Nell'ascoltare il breve resoconto di quel fallimento da parte delle forze dell'ordine, provai a immaginare un possibile commento sarcastico che Sibilla avrebbe potuto fare per sottolineare l'inefficacia dei suoi colleghi. Un doloroso singhiozzo mi risalì la trachea e mi tolse il fiato.

«Ha detto che ha usato una vettura di emergenza». Provai a sollevare leggermente la schiena per portare il mio viso all'altezza dello sguardo di Fusco, ma le vertigini che mi assalirono mi impedirono di terminare l'operazione. «Come fate a sapere che non se l'è svignata utilizzando il camion di cui abbiamo sentito parlare nell'intercettazione?»

«Perché abbiamo trovato il furgone di cui parli nel parcheggio», replicò prontamente Fusco. «Non ci sono dubbi che si tratti del veicolo utilizzato dal criminale per rapire le vittime. All'interno del cassone abbiamo trovato molti degli strumenti di cui si è servito per la creazione dei vari enigmi e anche il dispositivo per camuffare la voce durante la nostra conversazione telefonica. Probabilmente l'assassino attirava le sue prede all'interno del veicolo con qualche scusa, o le trascinava lì dentro dopo aver richiesto loro una consulenza. Abbiamo requisito il mezzo e adesso sta viaggiando in direzione del reparto della Scientifica, dove verrà analizzato in cerca di impronte digitali o qualche altro indizio che ci permetta di risalire all'identità del colpevole. Ma, a giudicare dalla scrupolosità con cui si è mosso finora, le probabilità sono rasenti lo zero».

«Capisco», mi limitai a osservare chinando il capo. «L'uomo rapito non era Sidereo, ha detto di chiamarsi, se non erro, Stefano Righi, e di essere un chiromante». Evitavo in ogni modo di portare la conversazione su Sibilla, cercando di posticipare il più possibile il momento in cui avremmo parlato della sua triste sorte.

«Lo sappiamo», commentò Fusco, mantenendo la stessa espressione sconfortata, «poche ore fa la sua compagna ha denunciato la sua scomparsa e l'identikit corrisponde al volto del cadavere».

Calò un triste silenzio.

«Righi è morto dissanguato poche ore dopo il suo arrivo in ospedale».

Quindi era finita così. Anche l'ultima vittima era stata assassinata, il colpevole era riuscito a scappare e Sibilla se n'era andata per sempre. Non avrei più rivisto il suo sorrisino sghembo, mai più i suoi occhi penetranti mi avrebbero guardato attraverso come se fossi fatto di vetro, nessun commento beffardo avrebbe sottolineato ogni mio più piccolo errore o dimenticanza commessa durante la giornata. Non c'era niente che potessi fare per cambiare le cose. Mi stavo rassegnando a quella dolorosissima conclusione quando, come spesso accade, quella deprimente tristezza si trasformò in energica rabbia, infiammandomi di nuove motivazioni. No, non era ancora finita, avevo ancora una missione da portare a termine. Dovevo riuscire a prenderlo, dovevo vendicarla, non potevo permettere che fosse morta invano.

«Ispettore», dissi con slancio, «non possiamo permettere che la faccia franca. Il Killer degli Astrologi sarà anche riuscito a portare a termine il suo gioco, ma dobbiamo vendicare la morte di Sibilla».

Fusco alzò le mani dal letto e assunse un'espressione sorpresa. Mi osservò dall'alto verso il basso per qualche secondo, fino a che il suo stupore non si sciolse in un bonario sorriso di comprensione.

«Novellino, l'agente Agostini non è morta. Si trova proprio in questo ospedale, in un altro reparto. Ma non ha ancora ripreso conoscenza».

A niente valsero i tentativi dell'ispettore capo, dei dottori e degli infermieri tutti di non farmi alzare dal letto. Dovevo andare da Sibilla e nessuna diagnosi o ordine di riposare avrebbe potuto farmi desistere dal mio proposito. Quando capirono che non intendevo venire a miti consigli, accettarono che mi recassi nella stanza dove la mia responsabile era convalescente, a patto di farmi accompagnare da loro e che mi portassi dietro la flebo contenente i medicinali necessari per rimettermi in sesto.

Sibilla si trovava nel reparto di terapia intensiva. Quando entrai nella sua stanza, col codazzo di medici e dell'ispettore Fusco al seguito, non riuscii a individuarla all'interno di nessun letto, tanto che inizialmente pensai che in realtà mi avessero portato in quel luogo con l'inganno con lo scopo di sedarmi e obbligarmi al riposo. Quando mi avvicinai al capezzale indicatomi da una delle infermiere, però, capii che la ragione per la quale inizialmente non fossi in grado di vederla era un'altra.

Il corpo di Sibilla era quasi completamente coperto da una delle immacolate lenzuola dell'ospedale e riuscivo a vederne soltanto la testa. Aveva i capelli raccolti in una cuffia verdognola ed era talmente pallida che l'ovale del suo viso si mimetizzava quasi perfettamente con il candido cuscino su cui era poggiata. Se non fosse stato per il minuscolo, quasi impercettibile innalzamento che con regolarità muoveva le coperte sopra il suo petto, chiunque l'avrebbe data per morta. Accanto a lei, di spalle rispetto alla porta d'ingresso, c'era il signor Agostini, che con la testa abbandonata sul bordo del letto piangeva disperatamente la sorte della figlia.

Rimasi lì qualche minuto senza dire una parola, poi chiesi ai miei accompagnatori di riportarmi nella mia stanza. Non riuscivo a sopportare quella visione. Se il pensiero della sua morte era riuscito sì a distruggermi, ma anche ad accendermi di rabbia, saperla inerme in un letto di ospedale mi riempiva invece di un profondo, desolante sconforto che non sapevo come affrontare.

Dodicesimo enigma

Il giorno seguente i medici mi dissero che il mio trauma cranico era in via di guarigione ma che sarei dovuto rimanere in ospedale per una settimana. Visto che non avevo nient'altro da fare, e soprattutto per distrarre la mente dal pensiero di Sibilla che stava lottando fra la vita e la morte, mi feci portare dall'ispettore Fusco le fotografie della scena del crimine, in modo da poter ragionare sull'ultimo quesito dell'assassino enigmista. Anche se probabilmente il gioco era finito, ero sicuro che la mia responsabile avrebbe voluto così e speravo che, una volta trovata la soluzione, mi sarei sentito meglio.

I tasselli principali che costituivano l'enigma erano sicuramente le mani amputate dello sfortunato chiromante, contrassegnate con le icone che identificavano, rispettivamente, il quesito dei numeri e quello delle lettere. La mano sinistra era stata ritrovata appoggiata sul dorso e sulla pelle del palmo erano stati evidenziati, con degli spessi tratti di pennarello, **i lunghi solchi che costituivano i segni attraverso cui i lettori delle mani riescono a vedere il futuro dei loro proprietari.**

Dopo aver fatto alcune ricerche ed essere riuscito a trovare il nome delle linee rimarcate, con l'aiuto del mio portatile disegnai in sovrimpressione una griglia sulla fotografia e riportai le denominazioni accanto a ciascuna linea, per potermi orientare meglio.

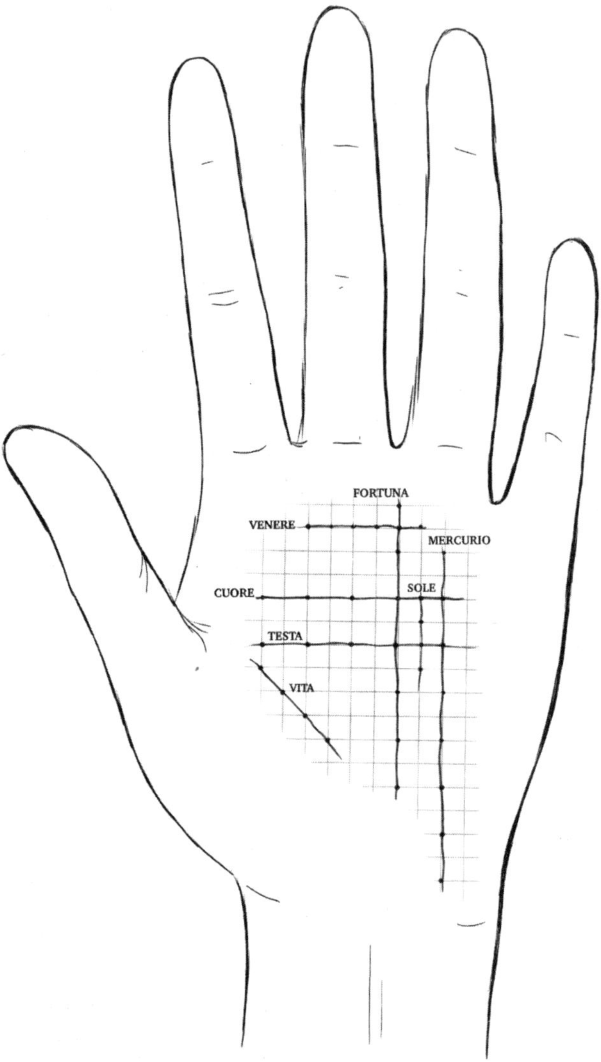

La mano destra, siglata col **segno di Marte**, non presentava invece elementi particolari. Anch'essa era stata ritrovata col palmo rivolto verso l'alto ma **capovolta di 180 gradi rispetto alla sorella.** Appena riuscii a risolvere il quesito di Venere, tuttavia, capii immediatamente la soluzione del corrispettivo maschile: **era sufficiente ragionare per somiglianza e applicare al primo risultato la stessa trasformazione suggerita dalle posizioni degli arti mutilati.**

Aver risolto l'ultimo enigma, contrariamente a quanto pensassi, non ebbe alcun effetto benefico sul mio umore. Anzi, sapere che non ci sarebbero stati altri quesiti da risolvere insieme a Sibilla mi dette il colpo finale e mi fece crollare in una profonda, incurabile apatia.

A una settimana esatta dall'inizio del mio ricovero venni dimesso e l'ispettore Fusco mi riaccompagnò a casa. Dopo quello che avevo passato, ovviamente, non era necessario che tornassi immediatamente al lavoro e mi vennero accordati dei giorni di riposo affinché potessi ristabilirmi completamente. Le mie giornate passavano una identica all'altra: vagavo per le stanze della mia abitazione senza meta, incapace di concentrarmi su niente. A volte capitava che mi attraversasse l'idea di fare visita a Sibilla, ma ogni volta, puntualmente, la sensazione di depressione che mi aveva assalito quando la vidi il giorno del mio risveglio si ripresentava e desistevo, confidando nella vana speranza che il telefono squillasse per comunicarmi la notizia che la ragazza si era finalmente svegliata e stava bene.

Tutto trascorse immutabile finché un giorno, in cui stavo vegetando sul divano come al solito, venni improvvisamente assalito da un'idea.

Chiamai il signor Agostini, di cui avevo preso il numero di telefono un giorno che era venuto a visitarmi nella mia stanza d'ospedale. Gli chiesi se avesse una copia aggiuntiva delle chiavi di casa della figlia e, alla sua risposta affermativa, gli domandai se potesse prestarmele. Passai dalla sua abitazione a prenderle e poi mi recai all'appartamento di Sibilla.

Tutto nella piccola mansardina era immutato rispetto all'ultima e unica volta in cui ci avevo messo piede. I tappeti, i soprammobili, i cuscini e gli altri elementi d'arredo, dai più piccoli ai più grandi, sembravano nella stessa identica posizione, come se nessuno ci avesse più abitato da allora. Mi abbassai per addentrarmi all'interno della stanza dal tetto discendente e presi una raccolta di parole crociate dal comodino accanto al divano. Mi voltai per andarmene ma, proprio mentre stavo per richiudere la porta alle mie spalle, dallo spiraglio vidi il cestino della spazzatura a lato della scrivania ed entrai nuovamente nell'angusta soffitta.

Nel rotondo secchio di plastica, rivestito da una busta della spazzatura trasparente, c'era ancora il regalo che il signor Agostini aveva fatto alla figlia per il suo compleanno. Stavo per prenderlo quando il mio occhio cadde su un altro oggetto, che fece la fine dello sgradito dono nella stessa occasione, ovvero la busta contenente il biglietto di auguri. Senza una ragione precisa, la mia mano deviò a mezz'aria dalla scatola in favore della missiva spiegazzata, la afferrai e, dopo averla messa nella tasca posteriore dei pantaloni, lasciai definitivamente casa di Sibilla e mi diressi verso l'ospedale.

Nonostante fosse orario di visite, la stanza in terapia intensiva era deserta, a eccezione proprio dell'emaciata ragazza ricoverata che giaceva priva di conoscenza sul letto. Il monitor che teneva traccia dei segnali vitali chioccava un triste ritornello di deboli bip, uniche testimonianze della presenza di vita nel corpo di Sibilla. Era ancora più bianca dell'ultima volta che l'avevo vista e le labbra, già di per sé smunte e sottili, erano di un pallore talmente cadaverico da risultare invisibili all'interno dell'ovale del volto. Le poggiai una mano sulla fronte. Era fredda come quella di un morto.

Sconfitto lo sbigottimento iniziale, presi una sedia posta

intorno a uno dei tavolini per i visitatori e tirai fuori dalla borsa una delle riviste che avevo trafugato dalla sua abitazione. Seguendo lo stesso procedimento dell'ultima volta, aprii una pagina a caso e iniziai a leggere ad alta voce le definizioni di uno degli schemi ancora irrisolti.

«1 orizzontale: si gratta sugli spaghetti».

Nessuna risposta.

«Dai, Sibilla, questa è facile, mi stupisce che tu non la sappia», tentai di provocarla, «10 lettere, adesso dovresti arrivarci di sicuro».

L'acuto segnale acustico del macchinario elettronico fu tutto ciò che fece eco alle mie parole. Provai a leggere le altre definizioni, inserendo le soluzioni ogni volta che mi venisse in mente la risposta fino a che, a griglia completata, mi arresi e mi alzai dalla sedia per andarmene.

Stavo per uscire dall'asettica camera quando, nell'infilarmi il giacchetto, il dorso della mia mano destra passò accidentalmente sopra la superficie cartacea della busta, riportandomi alla mente la sua esistenza. Tornai indietro e mi appoggiai al supporto di plastica ai piedi del letto con la lettera in mano. Non so se Sibilla, se fosse stata vigile, avrebbe acconsentito ma tanto valeva fare un tentativo. Passai la punta dell'indice sotto l'aletta della busta, staccando la parte appiccicosa dalla carta sottostante, rimossi il foglio piegato che stava al suo interno e poi, dopo averlo aperto, iniziai a leggere sommessamente.

Ciao, bambina mia

non so perché ti sto scrivendo questa lettera. Negli ultimi mesi ti ho vista talmente tante volte in televisione che alcune sere ho avuto come l'impressione che tu fossi seduta sul divano accanto a me e di poterti finalmente parlare. So che è un pensiero stupido, come stupida è la convinzione che leggerai queste parole, destinate a fare compagnia a qualche vecchio cruciverba sul fondo del cestino della spazzatura. Ma non è un gran problema. In fondo, non è a mia figlia che sto scrivendo ma a me stesso, nel vano tentati-

vo di convincermi che tu stia bene e di avere la possibilità di fornirti un qualche supporto nella sfida contro il terribile nemico che stai affrontando.

Il Killer degli Astrologi... un nome buffo per una persona tanto pericolosa, non è vero? Sentir ripetere in continuazione questo strano pseudonimo mi ha fatto pensare al giorno in cui io e tua madre abbiamo preso la decisione di darti un nome tanto stravagante e atipico come Sibilla (anche se, siamo sinceri, è stata Marta a volerti chiamare così. Io ho soltanto acconsentito). Ne sei sempre andata orgogliosa, dicevi che era la cosa più bella che ti avessimo mai regalato. Ti brillavano gli occhi quando, ancora piccolissima, ci recitavi la leggenda della tua antica omonima, la Sibilla Cumana, sacerdotessa di Apollo che scriveva i suoi oracoli sulle foglie di non ricordo quale pianta e lasciava sadicamente agli interroganti l'arduo compito di ricostruire l'enigma delle sue risposte disperse nel vento. Sono sicuro che sia stata proprio quella storia a farti appassionare così tanto all'enigmistica, che ti ha fatto diventare l'incredibile donna che sei ora. Quante volte hai litigato con tua madre quando ti raccontava che aveva scelto quel nome affinché, al pari delle profezie della Sibilla, potesse indicarti la via giusta da percorrere, garantendoti un futuro di soddisfazione e felicità. Quella spiegazione, che si basava su un fondamento di irrazionalità che non riuscivi ad accettare, non ti piaceva neanche un po' e ricordo che ti tappavi le orecchie ed emettevi rumorosi versi dalla bocca pur di non ascoltare la sua versione, così in contrasto col tuo modo, ben più logico e ordinato, di vedere il mondo.

Sai, le volte, ormai praticamente inesistenti, in cui ho l'opportunità di vedere i tuoi occhi del colore del cielo, la mia mente viaggia indietro nel tempo e non riesco a non pensare a Marta. Osservando il vostro rapporto ho capito che legami indissolubili possono crearsi anche fra persone completamente diverse tra di loro. E non perché fra voi due corresse buon sangue, sia chiaro. Avete sempre vissuto nel conflitto, come spesso avviene a due caratteri forti che sono costretti a relazionarsi nella vita di tutti i giorni. No, ciò che vi univa era qualcosa di diverso, un elemento segreto e indescrivibile di cui io non ero degno di comprendere la natura. Era come se foste l'una l'esatto negativo dell'altra e, proprio come le facce della stessa medaglia, fosse impossibile per voi esistere separatamente. Non è un caso che quando Marta si tolse la vita le cose fra di noi siano degenerate. Lei era la diga che conteneva gli aspetti più oscu-

ri della tua anima e, appena quel sostegno crollò, tutto l'astio che provavi nei suoi confronti e che non sei mai riuscita a esprimere è fuoriuscito in un colpo solo con una dirompente forza distruttrice, travolgendomi senza che potessi opporre alcuna difesa e facendomi, lentamente, annegare.

Dal giorno del suicidio di tua madre sono passati anni e non ho mai smesso di andare alla ricerca degli errori commessi, di chiedermi cosa avessi fatto di tanto sbagliato per meritare non tanto il tuo odio, con cui potrei convivere, quanto la tua indifferenza, che ogni giorno invece mi uccide. Ho scavato nei meandri più reconditi del nostro passato insieme, costringendomi a riaprire cassetti di cui mai avrei voluto nuovamente vedere il contenuto. Ma è stato tutto inutile, e sai perché? Perché entrambi sappiamo perfettamente che non ho mai fatto niente di male. E come avrei mai potuto farti del male? La verità è che io, a differenza tua e di tua madre, sono una persona comune, un semplice avvocato di città intercambiabile con altri miliardi di esseri umani, senza niente di speciale. Ogni volta che mi guardi, quello che vedi è soltanto un opaco riflesso della tua figura, che hai preferito coprire con il telo del distacco pur di non essere costretta a confrontarti con l'immagine indesiderata che quello sbiadito specchio ti restituisce. La semplicità, ecco la mia più grande colpa, ed è proprio quella semplicità che non mi hai mai perdonato e mai potrai perdonarmi.

Ho imparato a convivere con l'idea che per te non sarò mai niente di più che un disturbo, una presenza fastidiosa che vorresti eliminare dalla tua quotidianità, come si fa con gli ospiti sgraditi dopo troppi giorni di permanenza o con gli insetti che, di tanto in tanto, infestano la cucina o i bagni di casa. Nonostante ciò una parte di me, probabilmente la più ingenua, nutre ancora la speranza che un giorno mi concederai la possibilità di trascorrere insieme, anche se malvolentieri, alcuni stralci della tua vita, come due estranei a cui capita di aspettare la corriera alla stessa fermata per qualche minuto. Per me sarebbe comunque sufficiente e sono sicuro che, in quegli sbadati sprazzi di tempo, riuscirei a trovare la mia felicità, anche se alla fine di quelle brevi attese saremo costretti a salire su due autobus diversi, ognuno diretto verso il proprio capolinea.

Ti vorrò sempre bene. So quanto questo ti causi dolore ma, come io ho imparato ad accettare la tua lontananza, tu dovrai convivere con la consapevolezza che al mondo esiste almeno una persona per cui tu vali più di qualsiasi altra cosa. Il mio amore è il fardello che dovrai portare sempre con te e di cui, qualunque cosa accada, non ti libererai mai.

Tanti auguri
Papà

Girai il foglio e vidi che sul retro era vergato un piccolo *post scriptum*.

Qualche giorno fa, mentre stavo guardando uno dei tanti servizi sul Killer degli Astrologi, mi è venuta in mente una conversazione che ebbi con tua madre quando eri ancora in fasce e di cui non credo di averti mai parlato. Ricordo che eravamo a letto con le luci già spente quando mi disse, non so se in piena coscienza o durante la fase di dormiveglia che precede il sonno, che eri una bambina speciale perché eri nata sotto una stella speciale. ***Mi spiegò che, contrariamente a quanto si pensa, i segni zodiacali in realtà non sono dodici, ma tredici: ce n'è un altro, sconosciuto ai più, che si chiama Ofiuco o Serpentario. Il sole è presente in questa costellazione soltanto per pochissimi giorni all'anno, più o meno a cavallo tra lo Scorpione e il Sagittario.*** *Tu, bambina mia, sei nata proprio sotto questo particolarissimo segno. Un segno segreto, unico, esattamente come te.*

Chissà che questo dettaglio non possa tornarti utile nella tua ricerca.

Ti voglio bene (di nuovo)
Papà

Il lento picchiettio emanato dal monitor a fianco di Sibilla crebbe gradualmente di intensità, fino a che non assunse un serrato ritmo martellante. La linea verdastra, dapprima piatta e attraversata da deboli alterazioni, impazzì e schizzò incontrollatamente nella parte superiore e inferiore dello schermo. Le palpebre di Sibilla si spalancarono di colpo e i suoi occhi di ghiaccio sembrarono ritornare direttamente dal mondo dei morti.

«Ne manca uno. Non è ancora finita».

È il momento di incastrare il Killer degli Astrologi!
Rispondi a queste tre domande e confronta le soluzioni con quelle esposte nell'ultimo capitolo!

Quali sono il nome e il cognome del Killer degli Astrologi?

In quale capoluogo di provincia si svolgerà l'ultimo omicidio?

In che giorno e mese del 2024 si svolgerà l'ultimo omicidio?

«Non lo vedi, Novellino? Compro una rivista».

«Vuoi fare un cruciverba?».

Le labbra di Sibilla si incresparono in un tenue sorriso, da cui trapelava al tempo stesso sorpresa e divertimento. Per quanto fosse il pensiero più ovvio, evidentemente non le era venuto in mente.

«No, voglio leggere il mio oroscopo».

«L'oroscopo? Ma tu non credi a queste cose».

Sibilla estrasse alcune monete dalla tasca e le porse gentilmente al negoziante. Mentre ci allontanavamo in direzione di un parchetto antistante al chiosco, aprì la rivista che aveva acquistato, andò rapidamente alle ultime pagine e, sempre sorridendo, rispose:

«Lo so, ma oggi sono curiosa di sapere cosa ci riserva il futuro. Chissà, in fondo potrei anche sbagliarmi...».

con le sue iridi azzurrine e un largo sorriso le illuminava il volto.

«Seguimi», mi ordinò.

Camminammo senza meta per le vie di Trastevere e per vari minuti nessuno di noi disse una sola parola. Fu lei la prima a rompere il silenzio e, mentre stavamo raggiungendo le sponde del fiume che tranquillo si snodava sotto il vespertino cielo della capitale, come se fosse un argomento di conversazione dei più comuni, mi disse:

«Mi dispiace per Borboni. Non meritava di fare quella fine».

Non sembrava triste. Credo che quella lapidaria constatazione fosse il risultato finale di un'elaborazione interiore ben più prolungata, con cui ormai aveva finito di fare i conti.

«Lo so», mi limitai a rispondere. Ero sincero.

Risalimmo le rive del Tevere chiacchierando dell'incredibile avventura che avevamo vissuto, ripercorrendo a ritroso tutte le sfide che ci avevano visto impegnati per quasi un anno. Rinfrancato dal moto di confidenza che Sibilla stava dimostrando nei miei confronti, ero sul punto di raccontarle del dialogo che avevo avuto con suo padre il giorno in cui mi consegnò il regalo per il suo compleanno, sperando di poter intercedere per lui, quando lo sguardo acuto della mia accompagnatrice venne rapito da qualcosa. Guardai nella stessa direzione e vidi che ad aver attirato così prepotentemente la sua attenzione era stato un piccolo chioschetto ottagonale, uno di quei tipici botteghini di strada al cui interno sono generalmente ospitate molte edicole della città. Senza dire una parola si fiondò in quella direzione e, quando la raggiunsi, vidi che stava sfogliando alcuni dei giornali esposti sul banchetto.

«Sibilla, cosa stai facendo?»

All'uscita, Sibilla aveva un'espressione serena. La mano era ancora serrata intorno al misterioso dono datole dal Killer degli Astrologi e, senza badare alla discrezione, puntai avidamente lo sguardo in quella direzione per poter scoprire di cosa si trattasse. In quel momento la mano dell'investigatrice si mosse verso l'alto, fermandosi poco sopra il taschino della camicetta, più o meno all'altezza del cuore. Fu soltanto un istante, ma appena le dita affusolate liberarono il piccolo oggetto dalla stretta dei polpastrelli, facendolo cadere all'interno del taschino, riuscii finalmente a identificarlo. Era la tessera di un puzzle, completamente bianca, probabilmente facente parte del disegno di una nuvola, o della schiuma di un'onda, o di un crinale innevato. Quel semplice, rapidissimo gesto fu sufficiente, e in un istante capii qual era la domanda che Sibilla aveva fatto a Elena Ignoti e la risposta che, attraverso quell'insolito regalo, lei le aveva dato.

Rifacemmo il percorso all'inverso e dopo qualche minuto fummo nuovamente fuori dal triste luogo di detenzione. Stavamo per dirigerci verso la volante con cui eravamo arrivati quando Sibilla mi bloccò, afferrandomi per una spalla.

«Novellino, vieni con me».

Rimasi immobile, non sapendo esattamente cosa rispondere. Come se sperassi di ricevere un suggerimento su cosa avrei dovuto dire o su come avrei dovuto comportarmi, guardai l'ispettore Fusco, che però si stava dirigendo a passi veloci verso la vettura che ci stava aspettando.

«Sai, aver finalmente chiuso il caso una volta per tutte mi ha messo di buonumore», lo sentii urlare a volume sempre più alto man mano che si allontanava da noi. «Per oggi, penso che ti concederò la giornata libera. Divertiti!».

Mi girai nuovamente verso Sibilla. Mi fissava divertita

un veloce cenno di assenso mentre si toccava il polso con la punta di due dita, segno che all'agente sarebbero stati concessi soltanto due minuti.

«Va bene, ma noi rimarremo sulla porta in modo da tenere costantemente d'occhio la situazione. Ti va bene?».

Sibilla scosse affermativamente la testa. Uno dopo l'altro uscimmo dalla stanza degli incontri, lasciando le due donne, che fino al giorno prima si erano sfidate in un gioco mortale, completamente sole. La poliziotta fu la prima a parlare e la vidi articolare un'unica, brevissima frase. Parlarono per qualche decina di secondi fino a che, a un certo punto, la detenuta inserì le mani ammanettate all'interno della tuta e, con uno scatto repentino, ne estrasse un oggetto quadrato di piccole dimensioni, che da quella distanza non riuscii a identificare. A quel movimento, l'ispettore e i secondini si allarmarono immediatamente e fecero per irrompere nella sala, ma appena compresero che non si trattava di qualcosa di pericoloso, si tranquillizzarono e rimasero fermi sul posto, seppur rimanendo all'erta. Come avesse fatto la Ignoti a portare quel misterioso oggetto con sé all'interno del carcere, superando i rigidi controlli all'ingresso, non avrei saputo dirlo e a giudicare dall'espressione stupita e anche un po' imbarazzata delle guardie carcerarie, non ne avevano idea neanche loro. Senza dire una parola, la donna posò il quadratino al centro del tavolo e lasciò il dorso in quella posizione fino a che non venne raggiunta dalla pallida mano di Sibilla, che si posò sopra alla sua. Poi, Elena Ignoti ritrasse velocemente il braccio, lasciando sopra il tavolo soltanto quello dell'investigatrice, che chiuse la mano sull'oggetto e lo trascinò verso di sé. Infine, come se si fossero messe d'accordo, entrambe si girarono verso di noi e con un breve cenno del capo ci comunicarono che il loro incontro poteva considerarsi concluso.

Non so dire se quell'ultima constatazione servì a rendere meno amara all'assassina la scoperta di quella terribile verità, visto che le rughe del suo volto rimasero immobili nella stessa espressione di puro dolore. In fondo, si sarebbe meritata quell'ultima, epifanica redenzione? Eravamo pur sempre di fronte a qualcuno che aveva brutalmente torturato e ucciso dodici persone.

L'ispettore Fusco si abbassò la manica e guardò il suo orologio da polso, dopodiché si rivolse a Sibilla. «Bene, direi che adesso possiamo andare. Abbiamo fatto luce su tutti gli elementi dell'indagine e possiamo finalmente completare il verbale di archiviazione del caso. Immagino che la domanda che volevi porre a Ignoti fosse quella sull'identità di Sidereo, giusto?»

«Ti sbagli. Non è quello che vuole chiedermi».

Io e Fusco ci girammo di scatto verso la detenuta. Era stata lei a parlare. Sibilla fissò intensamente la donna per qualche secondo fino a che, infine, disse:

«Lasciateci da sole. Uscite tutti dalla stanza, adesso».

«Cosa?». L'espressione basita dell'ispettore Fusco era condivisa dalle guardie che avevano supervisionato l'interrogatorio. «Lo sai che a nessuno è permesso rimanere da solo con un detenuto. Di questa pericolosità, poi!».

«E da quando in qua i divieti mi hanno impedito di fare qualcosa?»

«Ma...».

«Fusco, me lo devi», lo interruppe Sibilla prima che l'ispettore potesse aggiungere altre motivazioni al suo rifiuto. Nonostante la perentorietà della richiesta, dal bianco dei suoi occhi non traspariva la solita tracotanza ma una flebile, dolce delicatezza.

«Te lo chiedo per favore».

Fusco tirò un profondo sospiro. Voltò lo sguardo verso uno dei secondini all'ingresso, il quale gli fece di rimando

la tiratura. Inizialmente, a redigere gli oroscopi era un team di scrittori ma di recente gli autori dei vaticini sono stati sostituiti da un più efficiente, e molto meno costoso, algoritmo di scrittura creativa basato su un'intelligenza artificiale, capace di interpretare le necessità degli esseri umani meglio degli uomini stessi e di fornire risposte *ad hoc* ai loro bisogni. L'ufficio in cui abbiamo arrestato la Ignoti contiene proprio il computer su cui è installato il programma, il quale viene settimanalmente lanciato da una persona esterna allo staff della casa editrice che, ignara di tutto, si limita a ricevere gli oroscopi creati dal software e a pubblicarli sul numero in uscita. Fortunatamente, ieri l'uomo ha avuto un imprevisto e non è riuscito a recarsi nello studiolo al solito orario, che evidentemente la Ignoti conosceva.

Per questo i dirigenti del giornale non si sono mai preoccupati per l'incolumità di Sidereo: perché, a tutti gli effetti, non c'era nessuno di cui doversi preoccupare».

«Un inganno...». Il volto di Elena Ignoti venne attraversato da un subitaneo lampo di comprensione. Gli anni di preparazione che aveva dedicato a orchestrare l'intricata vendetta non erano serviti a niente. «Si è trattato soltanto di un inganno! Chiara è morta a causa di un lurido imbroglio!».

Nonostante si trovasse al cospetto di una pluriomicida, l'ispettore Fusco si intenerì di fronte alla visione della donna, distrutta dalla rivelazione di cui si era fatto portavoce. «Sì, è così. Adesso, però, la verità è venuta a galla e non c'è niente che possa fermare la sua diffusione. Sono sicuro che già da domani i giornali titoleranno sullo scandalo dell'astrologo inesistente e nessuno vorrà più leggere gli oroscopi creati da una macchina spacciata per una persona reale. L'era di Sidereo, e di "Scoop" con lui, è giunta al termine».

questione sarebbe stata proprio la mia responsabile invece, dopo qualche secondo di silenzio, a formulare quella domanda ad alta voce fu Elena Ignoti.

«Perché Sidereo non era nel suo ufficio a Chieti?».

Le palpebre di Sibilla si chiusero in due strettissime feritoie, dalle quali partirono vivide occhiate indagatrici dirette verso l'assassina. Era evidente che sperava che fosse Elena Ignoti stessa a possedere la risposta alla questione ancora irrisolta. Invece, contro ogni aspettativa, la verità su quell'ultimo, enigmatico aspetto arrivò dall'ispettore Fusco.

«A questo posso rispondere io. Dopo la cattura della Ignoti abbiamo contattato la redazione di "Scoop" e stavolta, con le cattive, li abbiamo costretti a parlare».

L'attenzione si spostò tutta sull'attempato ispettore. Appena i nostri volti si girarono verso di lui fece un piccolo sussulto, come se non fosse pronto. Era sempre così: ogni volta che provava a darsi arie da duro, nel giro di pochi secondi finiva per dire o fare qualcosa di goffo, distruggendo l'impressione di risolutezza che stava cercando di trasmettere. Anche Elena Ignoti, che fino a quel momento aveva fissato unicamente Sibilla, sembrò interessarsi a quello che Fusco aveva da dire.

«Ecco, non so bene come dirlo… Sidereo non esiste».

Silenzio. Tutti, Sibilla compresa, eravamo scioccati da quella lapidaria rivelazione.

«Ho parlato con il direttore generale della testata e mi ha detto che Sidereo non è altro che un personaggio inventato da lui decenni fa. Un astrologo che non si fa mai vedere e la cui identità è segreta… avrebbe sicuramente fatto scalpore e tutti avrebbero voluto leggere i suoi oroscopi, e, infatti, così è stato. Nel giro di pochi mesi la figura del misterioso veggente divenne famosissima e "Scoop", in cui le sue profezie venivano pubblicate, decuplicò

tramortiva e successivamente le rapiva, trasportandole di volta in volta con il suo furgone nella zona designata».

«Vi stupireste di quanto sia facile raggirare persone che per tutta la loro vita non hanno fatto altro che approfittarsi dell'ingenuità altrui». Sentire Sibilla che riassumeva la dinamica dei sequestri doveva aver rievocato in Elena Ignoti quel sentimento di vendetta che l'aveva spinta a commettere degli atti tanto crudeli, e i suoi lineamenti erano adesso contratti in un sardonico ghigno di sfida.

«Troppo tardi ho capito come utilizzare quei luoghi», riprese l'investigatrice con tono sconsolato, «purtroppo a forza di fare cruciverba sono abituata a ragionare con lettere e parole piuttosto che con le immagini, altrimenti avrei potuto arrivarci prima. **Osservando la posizione geografica delle località in cui erano stati consumati i delitti, e disponendole nell'ordine zodiacale, si otteneva una figura, per la precisione un tridecagono, cioè un poligono con tredici lati. Il vertice mancante era quello corrispondente all'ultimo segno zodiacale, cioè l'Ofiuco, tra lo Scorpione e il Sagittario.** Ecco perché, quando ci siamo recati al parcheggio di Lisciano, mi sembrava che ci fosse qualcosa che non andasse: dai calcoli effettuati durante il viaggio risultavano due possibili luoghi, nonostante fossi convinta che mancasse un solo segno all'appello! **Tracciando i due lati mancanti tra le due città di Pagliare e Taranta Peligna seguendo l'angolo del tridecagono, che è di circa 152°, si risaliva proprio alla città di Chieti, dove il killer aveva scoperto trovarsi l'ufficio del misterioso astrologo Sidereo**».

Ogni tassello era finalmente andato al suo posto. La soluzione dell'Enigma dello Zodiaco era stata rivelata e ogni dubbio, considerazione, ipotesi che aveva portato alla sua formulazione finale era stata chiarita. Tuttavia mancava ancora un ultimo, importantissimo interrogativo cui non era stata data risposta. Ero sicuro che a mettere sul tavolo la

mente arrogante e prepotente nei confronti di Chiara e della sua credulità verso gli oroscopi ma che, nei mesi successivi, divenne prima fidanzato e infine marito della Innocenti, poco dopo la loro uscita dall'istituto. Questo chiaramente distrusse emotivamente Elena, che per anni tagliò i rapporti con la coppia, incapace di accettare la relazione del suo nemico con la donna a cui teneva più della sua stessa vita. Tuttavia, grazie al riavvicinamento di Chiara, riuscì a riallacciare i rapporti con loro, trovando anzi in Esposti un alleato nella lotta in tribunale contro Sidereo. Purtroppo, sappiamo tutti come andò a finire la causa. L'astrologo venne dichiarato innocente e Giovanni Esposti si suicidò. Credo, a giudicare dal contenuto dell'ultimo capitolo, annegandosi».

Sibilla si fermò. Probabilmente stava aspettando che la Ignoti confermasse quell'ultimo dettaglio su cui non aveva l'assoluta certezza, ma l'assassina rimase invece in silenzio. Tuttavia, non c'era bisogno che parlasse per sapere che le cose erano andate esattamente come l'investigatrice aveva esposto nel suo triste racconto. L'ombra di dolore che le era calata davanti agli occhi era sufficientemente esplicativa.

«Capisco...», commentò laconicamente Fusco, anche lui avvilito dal mesto resoconto, «ma se le lettere non formavano il nome dell'ultima località, come hai fatto a capire che l'omicidio di Sidereo si sarebbe svolto a Chieti?»

«Osservando i luoghi in cui erano state uccise le altre vittime», rispose prontamente Sibilla. «Come deducibile sin dal primo omicidio, quello del cartomante Lunarius, spesso gli assassinati non erano autoctoni del luogo in cui perdevano la vita. Questo perché, quando necessario, il killer DOVEVA trasportare le vittime designate in quelle località per poter dare senso al suo enigma. Con la scusa di richiedere una profezia, fissava degli appuntamenti con loro, le

omicidio, così le lettere servissero per ottenere il nome del luogo dove il killer avrebbe colpito l'ultima volta. Ma, in realtà, le cose erano completamente diverse.

Mettendo in ordine le soluzioni secondo l'ordine astrologico si ottenevano tre parole: Verdi, Neo, Mori. Ora, in apparenza questi termini non hanno niente a che vedere con la catena di omicidi ma in realtà contenevano un'indicazione molto importante, direi fondamentale. **L'identità dell'assassino.**

Queste tre parole, infatti, facevano riferimento ad altrettanti segni particolari del killer, per la precisione gli occhi verdi, i capelli mori e il neo sopra il labbro. Per risalire alla sua identità era necessario trovare nella pagina dell'annuario della Stella la figura che combaciasse con questa descrizione, il cui nome era leggibile nel retro di uno dei fogli presenti nella stanza 108 dell'istituto».

Fusco si voltò verso la donna incarcerata, come per sincerarsi che l'identikit fornito dall'agente corrispondesse a quello dell'assassina. In effetti, gli elementi descritti erano tutti presenti tra i lineamenti di Elena Ignoti. Gli occhi verdi, seppur sbiaditi dal tempo e dalla sofferenza, i capelli scuri che mostravano i primi accenni di bianco, il neo sopra la parte sinistra del labbro.

«Ma c'era un altro modo per capire che il vero assassino non fosse Giovanni Esposti», riprese Sibilla, «ovvero **il diario che il killer aveva lasciato nella stanza dell'orfanotrofio dove aveva vissuto la persona che, esattamente come il marito, amava più di ogni altra cosa e il cui suicidio l'ha spinta a cercare vendetta: Chiara Innocenti.** Chiara ed Elena si erano conosciute da bambine proprio alla Stella, ma mentre la prima considerava il loro rapporto una semplice amicizia, per quanto fortissima, per Elena era invece qualcosa di più, molto di più. Era innamorata di lei.

Le cose si complicarono all'arrivo di Giovanni, inizial-

indicare un giorno dell'anno, visto che la logica impone che dodici cifre formino un numero ben più lungo di quello necessario a esprimere una qualsiasi data. Questo dubbio mi ha attanagliato per gran parte dell'indagine, almeno fino al giorno in cui il Killer degli Astrologi ci ha telefonato e ho capito come interpretare il suo indizio».

Per tutta la durata della spiegazione, Sibilla non aveva smesso neanche per un istante di guardare Elena Ignoti. Nonostante la detenuta, più di chiunque altro, fosse a conoscenza delle soluzioni che l'agente stava illustrando, sembrava che quelle spiegazioni fossero rivolte direttamente a lei.

«*Ad Ariete, Toro, Leone, Gemelli, Pesci e Vergine si sottraggono Bilancia, Acquario, Sagittario, Scorpione, Cancro e Capricorno.* **Ecco il motivo di tutti quei numeri: per ottenere la soluzione della prova di Venere era necessario prima effettuare un'operazione. Mettendo in ordine le risposte dei rispettivi segni zodiacali si ottenevano due numeri di sei cifre ciascuno, cioè 381627 e 381495. Sottraendoli, come suggerito dall'inizio, si otteneva la VERA soluzione, cioè 132, che indicava appunto 13/2, il 13 febbraio, giorno in cui era stabilito che il Killer degli Astrologi colpisse per l'ultima volta**».

Gli occhi di Fusco si erano ristretti in una fessura appena visibile. Sibilla stava spiegando il modo in cui aveva risolto l'enigma con una velocità molto sostenuta, e non ero sicuro che l'ispettore capo fosse in grado di tenere il filo dei suoi rapidi ragionamenti.

«Gli altri enigmi presenti sulle undici scene del crimine», continuò Sibilla senza curarsi dello sforzo stampato sul volto dell'ispettore, «erano, appunto, gli indovinelli di Marte. Risolvendoli si potevano ottenere altrettante lettere ed era naturale pensare che, come le cifre ottenute dai quesiti di Venere fossero necessarie per ricavare la data dell'ultimo

quello scambio, «ma prima ho l'obbligo di ricordare all'agente Agostini che deve ancora spiegarci la risposta dell'Enigma dello Zodiaco. Mi hai detto che ci avresti esposto i ragionamenti che ti hanno fatto capire dove e quando l'assassino avrebbe colpito per l'ultima volta soltanto in presenza di Elena Ignoti e sei stata, come-tutte-le-volte, accontentata. Adesso siamo qua e mi devi una spiegazione. La devi a tutti noi».

Sibilla ritrasse il corpo verso la sedia, chinò la testa e rimase in silenzio per qualche secondo. Il prorompente ardire con cui poco prima si era tesa in avanti si era improvvisamente spento, come una lumaca che si fosse rintanata nel suo guscio a causa di un inaspettato stimolo esterno. Quando sollevò nuovamente il capo notai che con gli occhi stava cercando lo sguardo della Ignoti, la quale si limitò ad annuire succintamente.

«Un patto è un patto, Fusco. Mi sembra giusto che ti dica come ho fatto a risolvere l'enigma».

L'investigatrice emise un profondo sospiro e si preparò a fornire la lunga spiegazione.

«Sappiamo tutti come era strutturato il gioco. Dodici omicidi, uno per ogni segno zodiacale, ognuno dei quali era collegato a un differente enigma diviso in due parti, la prova di Marte e la prova di Venere. Tuttavia, prima ancora di capire la natura degli enigmi, era necessario comprendere in cosa consistesse la soluzione. **Gli elementi da trovare per incastrare il Killer degli Astrologi erano tre: il luogo dove sarebbe stato compiuto l'ultimo omicidio, la data e l'identità del colpevole.**

Come ho capito sin da subito, le soluzioni dei quesiti associabili alla divinità femminile consistevano sempre in cifre, le quali andavano a formare una stringa da cui poi ricavare una data. Tuttavia, inizialmente non riuscivo a capire come fosse possibile che così tanti numeri potessero

ca di pioggia, si stagliava con corrucciata severità in mezzo a quel clima di buonumore generale.

Appena entrammo nel salone adibito agli incontri tra i visitatori e i carcerati, ci accomodammo sulle tre sedie che i secondini avevano fatto preparare in vista del nostro arrivo. Dopo qualche secondo, scortata da due guardie armate, Elena Ignoti entrò nella stanza. Aveva sempre la stessa espressione spenta ma, a differenza del giorno precedente in cui sembrava completamente assente, nel suo sguardo si poteva riconoscere la consapevolezza del momento che stava vivendo. Venne fatta accomodare sulla seggiola dalla parte opposta alla nostra e, dopo aver appoggiato le manette sopra la fredda superficie metallica del lungo tavolo, si rivolse direttamente a Sibilla.

«Immaginavo che saresti venuta. Scommetto che sei stata tu a richiedere questo incontro».

Sibilla non rispose e si limitò a fissare di rimando le acquose iridi della detenuta. In effetti, la Ignoti ci aveva visto giusto. Era stata proprio l'investigatrice a esigere quell'insolita riunione e, come al solito, si era impuntata affinché la sua pretesa venisse esaudita.

«So perfettamente perché sei qui e cosa mi vuoi chiedere. Perché non tagliamo corto e mi fai la domanda che ti sta tormentando?».

Nonostante il contenuto della frase fosse poco conciliatorio, il tono con cui l'assassina l'aveva pronunciata era invece stranamente accomodante, come se anche lei non aspettasse altro che poter rispondere a quel fantomatico interrogativo e liberarsi di un grosso, insostenibile peso. Sibilla sporse leggermente il petto in avanti e si passò velocemente la lingua sulle labbra, come se stesse preparandosi a dire qualcosa.

«Scusate se interrompo la vostra deliziosa chiacchierata», si intromise l'ispettore Fusco, fermando sul nascere

avevamo trovato l'assassina. Come lei, era perfettamente immobile, intenta a fissare qualcosa dentro la stanza che dall'ingresso del corridoio non riuscivo a rilevare. Mi diressi a passi veloci verso di lei e, appena le fui accanto, notai che era sconvolta. Feci un passo in avanti per guardare all'interno dell'ufficio, in modo da capire cosa mai avesse potuto causare una simile reazione non soltanto alla nostra acerrima nemica, ma anche alla mia intrepida amica.

Contro ogni pronostico, dentro la stanza non c'era nessuno. Le quattro anguste pareti rivestite da una azzurrognola carta da parati ospitavano soltanto una poltroncina di pelle nera e una piccola scrivania di legno, sopra la quale era appoggiato un computer spento corredato di mouse e tastiera. Sembrava una postazione adibita a qualche compito particolare, ma di quale si trattasse non avrei veramente saputo dirlo. A giudicare dal tono stupefatto con cui Sibilla pronunciò la frase successiva, era evidente che non riuscisse a capirlo neanche lei.

«Co-cosa significa? Dov'è Sidereo?».

Il giorno successivo, quando ci fecero entrare nella sezione femminile del carcere di Regina Coeli, il cielo era terso e limpido come non lo era stato da molto tempo. Sembrava che la primavera fosse arrivata con un mese di anticipo, riscaldando con i suoi tiepidi raggi gli sparuti cespuglietti che di tanto in tanto facevano capolino tra il selciato del cortile, in cui i detenuti della prigione di massima sicurezza erano soliti godere della loro ora d'aria. Forse per la temperatura mite e piacevole, forse per l'importante cattura avvenuta meno di ventiquattr'ore prima, le espressioni stampate sui volti dell'ispettore Fusco e dei secondini che ci stavano accompagnando verso la stanza delle visite erano visibilmente distese e rilassate. L'unica nota stonata era costituita dal broncio di Sibilla che, come una nuvola cari-

posare l'arma sul pavimento e, mentre portava le braccia in alto, si voltò verso di noi.

Era una donna.

«La persona che avete di fronte», continuò Sibilla boccheggiando, «è Elena Ignoti, meglio nota come Killer degli Astrologi e creatrice dell'Enigma dello Zodiaco».

Gli agenti delle forze speciali ci raggiunsero, saettarono accanto a noi e immobilizzarono a terra la donna, che durante l'intera operazione non oppose alcun tipo di resistenza. Dopo averle infilato le manette la misero nuovamente in piedi e tornarono verso la nostra direzione, con l'intento di portarla giù per le scale. Mentre il gruppo mi passava accanto, ne approfittai per guardare in volto il nemico a cui stavamo dando la caccia da più di sei mesi. Da quella distanza ravvicinata ero in grado di notare dettagli che prima non riuscivo a inquadrare, come i numerosi capelli bianchi che le striavano in più punti la scura chioma e gli occhi, colorati di un verde sbiadito e che mi ricordarono due fondi di bottiglia. Doveva avere circa cinquant'anni ma lo sguardo, completamente privo di vita e attraversato da profonde rughe di tristezza, gliene aggiungeva almeno altri dieci. Per quanto fosse impossibile, ero sicuro di averla già vista da qualche parte. Non sembrava affatto pericolosa, anzi. Fissava impotente un punto imprecisato ai suoi piedi e sembrava che fosse del tutto inconsapevole di quello che le stava accadendo intorno. Poi, sempre sotto l'attenta supervisione del plotone di poliziotti armati, venne scortata verso i piani bassi e scomparve tra le serpeggianti rampe di scale.

Alzai la testa e vidi che Sibilla non era più accanto a me. Diressi lo sguardo verso la porta dalla parte opposta dell'andito e scorsi la pallida sagoma dell'investigatrice occupare la stessa posizione in cui, pochi secondi prima,

stavamo cercando e che non ci sarebbe stato bisogno di salire ulteriormente.

In fondo al lungo corridoio che si stagliava davanti a noi, davanti a una porta spalancata verso uno dei tanti uffici del condominio, si trovava una sagoma di spalle, perfettamente immobile. Indossava un lungo impermeabile, che riconobbi immediatamente essere lo stesso della figura che avevo inseguito nei sotterranei del parcheggio di Lisciano, e copriva interamente la sagoma della misteriosa figura a eccezione dei corti capelli scuri. L'identico capo di abbigliamento non era l'unico indizio del fatto che fossimo al cospetto del Killer degli Astrologi. Anche da quella posizione defilata, infatti, era ben visibile la pistola che stava puntando di fronte a sé, in direzione di un bersaglio indefinito all'interno della stanza.

Alle mie spalle sentii un forte rumore di passi. Le squadre speciali ci stavano raggiungendo. Fusco estrasse velocemente la sua arma dalla fondina, la puntò con decisione verso la schiena dell'assassino e, con tono fermo e risoluto, gridò: «Giovanni Esposti, le ordino di appoggiare lentamente la pistola ai suoi piedi e di alzare le mani dietro la testa. La dichiaro in arresto per gli omicidi del Killer degli Astrologi».

«Ti sbagli, Fusco». L'esclamazione non proveniva dalla misteriosa figura all'altro capo del corridoio, ma da Sibilla. Era appoggiata a uno dei muri laterali e respirava affannosamente. Adesso che si era fermata, l'adrenalina che le aveva dato energia fino a quel momento doveva essere calata e stava facendo i conti con il suo precario stato di salute. «La persona che hai davanti non è Giovanni Esposti».

Fusco inclinò leggermente il capo in direzione di Sibilla, facendo attenzione a non perdere di mira il suo bersaglio. Nello stesso momento, la misteriosa sagoma obbedì agli ordini dell'ispettore, fletté leggermente le ginocchia per

OFIUCO

13/2/2024

«Accosta l'automobile, dovrebbe essere questo!».

Fusco inchiodò bruscamente, a causa dello scarso preavviso con cui Sibilla gli aveva detto di fermarsi. Dal lunotto posteriore vidi che anche le volanti che ci stavano seguendo si bloccarono tutte in un colpo, colte di sorpresa dall'inattesa frenata della macchina in testa. Nonostante fossimo ancora parzialmente in movimento, la ragazza si catapultò fuori della vettura, correndo a perdifiato verso uno dei portoni che ordinatamente si susseguivano lungo quella via del centro di **Chieti.** Come riuscisse a essere così esplosiva, considerando che fino al giorno prima era immobilizzata a letto priva di coscienza, in bilico fra la vita e la morte, era un mistero.

Io e Fusco scendemmo dalla volante a nostra volta e, circondati dagli sguardi increduli degli ignari passanti, precedemmo le squadre speciali, irrompendo all'interno della palazzina segnalata da Sibilla. Appena entrammo nell'androne vedemmo la scattante sagoma dell'intrepida agente salire le scale e le andammo dietro. Riuscimmo a raggiungerla soltanto quando si fermò in corrispondenza del pianerottolo del primo piano per verificare se stesse accadendo qualcosa di sospetto, operazione che ripetemmo anche nei ballatoi superiori. Poi, appena giungemmo al quinto piano, capimmo di aver trovato la persona che

SCORPIONE

Enigma di Venere = 4

I segni delle monete corrispondono all'ottavo esagramma del libro I-Ching ma visto che le monete sono divise in due si deve prendere la metà, cioè "4".

Enigma di Marte = O

I segni delle monete corrispondono all'esagramma 48, ovvero "Il Pozzo", che è a forma di "O".

BILANCIA

Enigma di Venere = 3

Dividendo ognuna delle linee in tante parti quante sono le lettere che compongono il nome della linea stessa, si può associare una delle lettere a ogni punto. Prendendo soltanto le lettere in comune all'intersezione tra le linee, si ottengono tre lettere: "t-r-e".

Enigma di Marte = E

Il rovesciamento della mano indica che bisogna prendere la prima soluzione e rovesciarla. Il simbolo "3" diventa così una "E".

ghette sono racchiuse entrambe nelle sezioni con il simbolo di Venere.

Enigma di Marte = I

La prima linea indica la lettera "I", l'unica contenuta nel bordo che ha il simbolo di Marte dentro di sé.

ARIETE

Enigma di Venere = 3

Le descrizioni delle figure contengono tre elementi che vengono ripetuti due volte: Padre, Figlio e Spirito (Santo), cioè gli elementi della Trinità.

Enigma di Marte = V

La figura superiore indica che bisogna prendere la lettera centrale (cioè il cuore) delle figure sottostanti: diaVolo, manoVella, stiVale.

CAPRICORNO

Enigma di Venere = 5

Le lettere in grassetto nella parte superiore sono l'anagramma del numero "Cinque".

Enigma di Marte = O

I due numeri in grassetto nella parte inferiore indicano "13" quindi la "O", che è la 13ª lettera dell'alfabeto italiano.

VERGINE

Enigma di Venere = 7

La soluzione dell'equazione 2 x 1 + 4 – 3 = 3.

Tuttavia per farla tornare bisogna fare prima la somma 1 + 4 tra parentesi, le quali sono costituite dalle braccia della vittima. Quindi 2 x (1 + 4) – 3 = 7.

Enigma di Marte = N

Secondo l'Astragalomanzia, il triplo uno è il "Colpo del cane". La terza zampa dell'animale è la terza lettera, cioè la "N".

no fra la Madonna e San Giovanni Evangelista", e anche il dito indica quell'opera, che si trova sulla facciata del Duomo di Spoleto. Nel diagramma con le "X", quella in maiuscolo indica la posizione della lettera nel libro che Gesù tiene in mano nel mosaico.

GEMELLI

Enigma di Venere = 6
I due specchi sono puntati sui gemelli. Le vittime, da due, diventano sei contando anche i riflessi.
Enigma di Marte = R
I frammenti di vetro indicano una delle lettere di "Futuro", in maiuscolo nella didascalia. Il frammento più grande indica la quinta lettera.

CANCRO

Enigma di Venere = 9
Raddrizzando la parte inferiore del simbolo del Cancro sulla punta del pendolo si ottiene il numero.
Enigma di Marte = D
Applicando la regola del moto del pendolo e facendolo oscillare partendo dal simbolo di Marte, si ottiene la frase "Iniziale Cognome". La prima lettera del cognome della vittima è, appunto, la "D".

SAGITTARIO

Enigma di Venere = 1
"Ai lati" al contrario (quindi partendo dalla fine) si legge "Italia", che è il numero 1 della Smorfia.
Enigma di Marte = M
I numeri nello stomaco e in bocca alla vittima corrispondono alle figure della Smorfia che iniziano per "M".

PESCI

Enigma di Venere = 2
Le due linee indicano "2" in numeri romani. Le due stan-

SOLUZIONI ENIGMI ZODIACO

TORO

Enigma di Venere = 8

Specchiando le corna del simbolo del Toro si ottiene la figura del numero 8.

Enigma di Marte = E

I numeri indicano le lettere "E" all'interno del nome del relativo segno zodiacale.

ACQUARIO

Enigma di Venere = 8

I ritagli delle carte corrispondono alla posizione della lettera nel nome della carta stessa. Ad esempio l'ultima carta, il Sole, è tagliata in quattro parti e il ritaglio corrisponde alla seconda parte a partire dall'alto. Quindi andrà presa la seconda lettera della parola "Sole", appunto la "O". Applicando il ragionamento a tutte le carte si ottiene "otto".

Enigma di Marte = R

Salvando l'Appeso, cioè girando la carta e quindi rimettendolo in piedi, le gambe della figura modificata formano una "R".

LEONE

Enigma di Venere = 1

Il messaggio rovesciato ripete "Nazioni Unite", cioè "ONU". Al contrario "ONU" è "Uno".

Enigma di Marte = I

La scritta indica la didascalia sotto il mosaico di "Cristo in tro-

Indice

Nuova Narrativa Newton

Ultimi volumi pubblicati

Mike Omer, *Nella mente del serial killer*
Romy Fölck, *Non entrate in quella casa*
Anthony Riches, *L'impero. La battaglia impossibile*
A.J. Banner, *Il testimone perfetto*
Jess Ryder, *La ex moglie*
Brian McGilloway, *Il cadavere nel fiume*
Jenny Blackhurst, *La figlia adottiva*
G. L. Barone, *L'alchimista di Venezia*
Franco Matteucci, *Il mistero del cadavere sul treno*
Claudio Aita, *La casa del manoscritto maledetto*
Guido Dieckmann, *Il patto dei sette templari*
Alex Connor, *Goya Enigma*
T.R. Ragan, *Il peso di uccidere*
Cynthia Clark, *Mi chiamo Elizabeth e sono un'assassina*
Laura Elliot, *Colpevole*
Alison Belsham, *Il ladro di tatuaggi*
Stuart MacBride, *Strade insanguinate*
Massimiliano Colombo, *L'aquila della decima legione*
Kerry Wilkinson, *Il matrimonio degli inganni*
Kate Mosse, *La città dei labirinti senza fine*
Massimo Lugli - Antonio Del Greco, *Quelli cattivi*
Michelle McNamara, *Dieci brutali delitti*
Marcello Simoni, *L'enigma dell'abate nero*
Massimo Binarelli, *Il mistero del collegio abbandonato*
Alessandro Troisi, *La biblioteca del diavolo*
A.G. Riddle, *Un mondo di ghiaccio*
Andrea Frediani, *La guerra infinita*
Jack Whyte, *La fratellanza dell'impero*

Angela Marsons, *Linea di sangue*
Barbara Copperthwaite, *Un'amica quasi perfetta*
Henry Venmore-Rowland, *L'imperatore tiranno*
Raffaele Malavasi, *Due omicidi diabolici*
Alessandra Carnevali, *Delitto in alto mare*
Rachel Sargeant, *I perfetti vicini di casa*
S.E. Lynes, *La maestra bugiarda*
Harry Sidebottom, *Gli ultimi eroi di Roma*
Gavino Zucca, *Il delitto di Saccargia*
Paolo Pinna Parpaglia, *Quasi innocente*
Jeroen Windmeijer, *La biblioteca dei labirinti*
Alex Marwood, *Una ragazza malvagia*
Clare Boyd, *Una bugia perfetta*
Eric Rickstad, *La notte dei delitti*
Luis Zueco, *Il monastero*
Kimberly Belle, *Una madre perfetta*
Max e Francesco Morini, *Il giallo di Ponte Sisto*
Simon Wood, *Otto anni prima*
Jo Jakeman, *Quella mattina prima di morire*
Holly Seddon, *Il segreto di Sarah*
Douglas Jackson, *La conquista di Roma*
Liz Fenton e Lisa Steinke, *Un uomo tranquillo*
Liz Lawler, *La paziente scomparsa*
Andrea Frediani, *L'enigma del gesuita*
Matteo Strukul, *Le sette dinastie*
Fabio Delizzos, *Il quadro segreto di Leonardo*
Barbara Frale, *Cospirazione Medici*
Robert Bryndza, *I cinque cadaveri*
Angela Marsons, *Le verità sepolte*
E.R. Ramzipoor, *Il ventriloquo*
C.S. Forester, *Greyhound*
David Barbaree, *Il potere di Roma*
Nicola Rayner, *Un marito quasi perfetto*
Andy Stone - Linda Lafferty, *Il quadro maledetto di Caravaggio*
Scarlett Thomas, *Il gatto dell'altro mondo*
Massimo Lugli, *Il giallo Pasolini*
Alex Connor, *I Lupi di Venezia*
Sharon Bolton, *L'uomo di carta*
Tami Hoag, *Unica testimone*
Erin Kelly, *Il cattivo psichiatra*

Simon Scarrow, *Lunga vita all'impero*
Sarah Flint, *Amore di mamma*
Roberto Genovesi, *I due imperatori. La saga della legione occulta*
Andrew Martin, *Il delitto dell'artista maledetto*
Sue Watson, *La casa delle bugie*
Fabrizio Santi, *La stanza segreta degli enigmi*
Letizia Triches, *Delitto a villa Fedora*
Jess Ryder, *I segreti di Westhill House*
Samantha Downing, *Il matrimonio dei segreti*
Roberto Ciai - Marco Lazzeri, *La guerra dei papi*
Teresa Driscoll, *La promessa dell'assassino*
Roberto Fabbri, *Le tre legioni*
Sarah A. Denzil, *La figlia silenziosa*
Luigi De Pascalis, *Il pittore maledetto*
Roberto Carboni, *Il giallo di Villa Nebbia*
Ben Kane, *La spada della guerra*
Filippo Semplici, *I misteri di Borgoladro*
Vito Bruschini, *La strage*
Massimiliano Colombo, *L'ombra dell'imperatore*
Pierpaolo Brunoldi - Antonio Santoro, *La profezia del tempio perduto*
Daniele Salerno, *L'enigma dell'ultimo templare*
Antonio Del Greco - Massimo Lugli, *Inferno capitale*
J.S. Monroe, *Colpevoli d'innocenza*
Stuart MacBride, *Appuntamento con la morte*
Andrea Frediani, *Il bibliotecario di Auschwitz*
G. L. Barone, *La pergamena dei segreti*
Barbara Frale, *La torre maledetta dei templari*
K.M. Ashman, *Il trionfo dell'impero. La caduta della Britannia*
Leopoldo Mendívil López, *L'enigma dell'ultima profezia*
Riccardo Landini, *Il giallo della villa abbandonata*
S.D. Monaghan, *La famiglia al numero 13*
Suzy K Quinn, *La maestra cattiva*
Valerie Keogh, *La gemella bugiarda*
Dreda Say Mitchell, *La stanza degli ospiti*
Matteo Di Giulio, *L'enigma delle tre pergamene*
Angela Marsons, *Il primo cadavere*
Jane Shemilt, *Amici sospetti*
Kimberly Belle, *La scomparsa di Sabine Hardison*
Helen Fields, *La vittima sbagliata*
Franco Matteucci, *Un caso troppo complicato per l'ispettore Santoni*

Simon Scarrow, *La flotta degli invincibili*
Rachel Sargeant, *Il segreto del professor Brock*
Armando Comi, *Il santuario degli eretici*
Alex Marwood, *Non fidarti di loro*
Paolo Pinna Parpaglia, *Vendetta privata*
Marcello Simoni, *Il segreto del mercante di libri*
Robert Bryndza, *Ultimo respiro*
Patricia Gibney, *Uccidere ancora*
Anthony Riches, *L'impero. L'altare di Roma*
Alessandra Carnevali, *Il mistero del cadavere nella valigia*
Gilly Macmillan, *Una cattiva baby-sitter*
Gavino Zucca, *Il misterioso caso di Villa Grada*
K.M. Ashman, *La guerra dei templari*
Ed James, *La morte non mente mai*
Clare Boyd, *Tre segreti*
Harry Sidebottom, *Il ritorno del centurione*
Joseph Kanon, *Il complice*
Raffaele Malavasi, *Sei sospetti per un delitto*
Jeroen Windmeijer, *Il manoscritto perduto della massoneria*
Mark Raabe, *Stanza 19*
S.E Lynes, *Non essere cattiva*
Sharon Doering, *L'uomo alla finestra*
Keri Beevis, *Omicidio perfetto*
Caroline Mitchell, *Una mamma silenziosa*
Alberto Beruffi, *Prima di morire*
Salvo Toscano, *La tana del serial killer*
Danilo Pennone, *Delitto alle saline*
Max e Francesco Morini, *Il mistero della casa delle civette*
Gordon Doherty, *L'impero invincibile*
Alex Connor, *I cospiratori di Venezia*
Steve Robinson, *La moglie del mercante di storie*
Jack Fairweather, *Volontario ad Auschwitz*
Barbara Copperthwaite, *Il suo ultimo segreto*
Rachel Caine, *Il delitto di Killman Creek*
Jenny Blackhurst, *La strana morte di Evie White*
Marcello Ciccarelli e Bruno Di Marco, *La confraternita degli assassini*
Douglas Jackson, *Per la salvezza di Roma*
Mario Escobar, *Il libro segreto di Hitler*
Roberto Fabbri, *L'Imperatore di Roma*
Alex Connor, *Tempesta maledetta*

Matteo Strukul, *La corona del potere*
Massimo Lugli - Antonio Del Greco, *Il giallo di via Poma*
Simon Scarrow, *Il traditore di Roma*
Fabio Delizzos, *La profezia perduta del faraone nero*
Samantha Downing, *Non uccidere domani*
Robert Bryndza, *La casa nella nebbia*
Andrea Frediani, *I tre cavalieri di Roma. Invasion Saga*
Adele Parks, *Bugie, bugie, bugie*
Roberto Genovesi, *I Guardiani di Roma. La saga della Legione occulta*
Luis Zueco, *Il libro maledetto*
Mark Greaney, *The Gray Man*
Andrea Frediani, *I Lupi di Roma*
Alessandro Carlini, *Gli sciacalli*
Letizia Triches, *Omicidio a regola d'arte*
Sarah A. Denzil, *Un perfetto colpevole*
Alison James, *A letto con il nemico*
Alex Connor, *Venezia Enigma*
Mario Mazzanti, *Il mistero di Chinatown*
Massimo Smith, *Il mistero di piazza dell'Odio*
Caroline Mitchell, *Verità e bugie*
Dreda Say Mitchell, *I segreti di Rachel Jordan*
Sue Watson, *Conosco il tuo segreto*
Roberto Ciai con Marco Lazzeri, *La profezia perduta di Giordano Bruno*
Giulio Castelli, *La battaglia del Leone di Venezia*
Roberto Carboni, *La collina dei delitti*
Kate Mosse, *Guerra senza confini*
Riccardo Landini, *Segreti che uccidono*
Patricia Gibney, *Nessun luogo è sicuro*
Jesús Valero, *Il falso manoscritto*
Alison Belsham, *L'imbalsamatore*
Nicole Trope, *Chi è il ragazzo nella foto?*
Anthony Riches, *L'impero. La vittoria impossibile*
Angela Marsons, *Quelli che uccidono*
Matteo Strukul, *Dante enigma*
Luca Arnaù, *Le dieci chiavi di Leonardo*
Matteo Di Giulio, *La stanza dei tre cadaveri*
Helga Glaesener, *L'eredità della papessa*
Peter Hogenkamp, *Cospirazione Vaticano*
Damion Hunter, *I Centurioni*
Stuart MacBride, *Il giardino dei delitti*

Max e Francesco Morini, *Mozart deve morire*
Carmelo Nicolosi De Luca, *I serpenti del Vaticano*
Simon Scarrow, *Blackout*
Sarah Pearse, *Il sanatorio*
Nicola Riolo, *Trappola in fondo al mare*
Tarryn Fisher, *Tre mogli*
Marcello Simoni, *La profezia delle pagine perdute*
Gavino Zucca, *Assassinio a Pedra Manna*
Laura Elliot, *Due anni dopo*
Vincent Spasaro, *Morte sul vulcano*
Christopher Golden, *La stanza di Pandora*
Massimo Lugli, *L'ultimo guerriero*
Paolo Pinna Parpaglia, *Inviato a giudizio*
Salvo Toscano, *Memorie di un delitto*
Joy Ellis, *La palude della morte*
Alex Gough, *La sentinella di Roma*
Barbara Frale, *Leonardo da Vinci. Il mistero di un genio*
Elina Backman, *Un misterioso delitto a Helsinki*
Mario Escobar, *La bibliotecaria di Saint-Malo*
Kimberly Belle, *Il lago dei misteri*
Valerio Marra, *Una notte buia di settembre*
Gordon Doherty, *Sangue sul campo di battaglia*
G. L. Barone, *Cospirazione Gonzaga*
Andrea Frediani, *Attacco all'impero. Invasion Saga*
Domenico Notari, *La misteriosa morte dello scrittore Egidio Valdés*
Claire McGowan, *Indovina chi è l'assassino*
Amy Suiter Clarke, *Sono io l'assassino*
Alessandra Carnevali, *Lo strano caso del maestro di violino*
Fabio Delizzos, *L'inganno Machiavelli*
Alex Connor, *La saga dei Borgia. Ascesa al potere*
Andrea Frediani, *L'ultimo soldato di Mussolini*
Sonia Sacrato, *La mossa del gatto*
Alex Pine, *Il killer di Natale*
Simon Scarrow, *Impero senza confini*
Robert Bryndza, *Sangue freddo*
Massimo Lugli – Antonio Del Greco, *Il baby killer della Banda della Magliana*
Luigi Simeoni, *I Lupi di Hitler*
Antonio Lanzetta, *L'uomo senza sonno*
K.M. Ashman, *L'onore del legionario*

Ross Greenwood, *Il killer della neve*
Raffaele Malavasi, *Undici morti non bastano*
Marcello Simoni, *Il mistero delle dieci torri*
Giulio Castelli, *Un solo Re*
Giuseppe Esposito, *L'alchimista dei colori maledetti*
Emiliano Pianini, *Ho ucciso*
C.D. Major, *La ragazza sbagliata*
Barbara Frale, *I labirinti di Notre-Dame*
Roberto Carboni, *Il segreto dell'antiquario*
C.J. Maetis, *Il circolo Freud*
Erin Kelly, *Il mistero del Lago dei cigni*
Massimiliano Colombo, *Il prigioniero di Cesare*
Luigi De Pascalis, *La congrega segreta*
Patricia Gibney, *I bambini silenziosi*
Bryan Christy, *In compagnia del serial killer*
Roberto Genovesi, *Il leone di Svevia*
Steve Matthews, *La stanza segreta di Auschwitz*
Alex Smith, *Giovani ragazze scomparse*
Roberto Fabbri, *L'eredità di Alessandro Magno*
Pierpaolo Brunoldi, *Il libro maledetto del Cardinale*
Chicca Maralfa, *Lo strano delitto delle sorelle Bedin*
Alex Connor, *La saga dei Borgia. Un solo uomo al potere*
Alice Hunter, *La moglie del serial killer*
Samantha Downing, *Nel bene e nel male*
Massimo Aureli, *Il mistero Borromini*
Anthony Riches, *L'impero. Roma ha vinto*
Alessandro Carlini, *Il nome del male*
Gilly Macmillan, *Un tranquillo weekend di delitti*
Simon McCleave, *La morte non sbaglia*
Sebastiano Ambra, *La misteriosa scomparsa di Don Vito Trabìa*
Alessandro Troisi, *La dinastia dei re*
Andrea Frediani - Matteo Renzoni, *Le Williams*
Jason K. Foster, *La Casa delle Torture*
A.G. Riddle, *Guerra solare*
Angela Marsons, *Vittime innocenti*
Matteo Strukul, *Il cimitero di Venezia*
Tim Sullivan, *Un cadavere a Clifton Down*
Alessandro Leopizzi, *Assalto all'impero*
Massimo Lugli, *Il giallo del nano della stazione*
Jane Shemilt, *Il paziente sbagliato*

Stuart MacBride, *La teoria dell'assassino*
Kiersten Modglin, *La casa nel bosco*
B.P. Walter, *L'ospite*
Letizia Triches, *Delitti all'imbrunire*
Tarryn Fisher, *La famiglia sbagliata*
Harry Sidebottom, *I ribelli di Roma*
Paolo Pinna Parpaglia, *Chi ha ucciso Desiré Bellanova?*
Robert Bryndza, *La verità sul caso Joanna Duncan*
Marcello Simoni, *Il castello dei falchi neri*
Gordon Doherty - Simon Turney, *L'ascesa dell'impero. I figli di Roma*
Gastone Breccia, *L'ultima città dell'impero*
LJ Ross, *Delitto a Holy Island*
Gavino Zucca, *Giallo sulla Riviera del Corallo*
Riccardo Landini, *La strana morte di Alessandro Cellini*
Salvo Toscano, *L'intruso*
Liz Lawler, *La seconda moglie*
Paolo Navi, *Il mistero della carrozza N.12*
Alessandra Carnevali, *Il delitto della vedova Ruzzolo*
Luca Arnaù, *L'enigma di Leonardo*
Andrea Frediani, *L'eroe di Atene. La saga di Teseo*
Caroline Mitchell, *Il killer di mezzanotte*
Catherine Hokin, *La bambina con la stella gialla*
Alex Connor, *La saga dei Borgia. Fine di una dinastia*
Danilo Pennone, *Delitto di Ferragosto*
Alberto Beruffi, *Il caso dei tre bambini scomparsi*
Gabriel Albiac, *Il segreto Machiavelli*
S.E. Lynes, *I vicini di casa*
Pierpaolo Brunoldi - Antonio Santoro, *L'inverno della morte rossa*
Sandie Jones, *Una donna di troppo*
Alison Belsham - Nick Higgins, *Morte a Kabul*
Sonia Sacrato, *L'istinto del gatto*
Sarah Pearse, *Il santuario*
Davide Cossu, *Il quinto sigillo*
G. L. Barone, *L'eredità degli Sforza*
Douglas Jackson, *L'orgoglio di Roma*
Megan Collins, *Delitto di famiglia*
John L Parker Jr., *Corsa per la vittoria*
Iacopo Cellini, *Il gioco di Andromeda*
Angela Marsons, *Promessa mortale*
Alex Pine, *Omicidio di Natale*

Alexandra Benedict, *A cena con l'assassino*
Fabio Delizzos, *La biblioteca segreta di Einstein*
Andrea Frediani, *Il nazista che visse due volte*
Simon Scarrow, *Per l'onore di Roma*
Rita Herron, *Urla nella neve*
Ross Greenwood, *Il killer di ghiaccio*
Elina Backman, *Il serial killer di Helsinki*
Barbara Frale, *Maledizione Notre-Dame*
Amy McCulloch, *Pericolo ad alta quota*
Lucy Clarke, *L'isola dei sogni*
Susan Walter, *Una casa tutta per noi*
Joel C. Rosenberg, *Cospirazione Cremlino*
Matteo Strukul, *Tre insoliti delitti*
K.M. Ashman, *Sotto i vessilli di Roma. Il trionfo dell'impero saga*
Patricia Gibney, *Un alibi di ferro*
Luigi Simeoni, *I delitti del Fante di Cuori*
Louisa Morgan, *Il romanzo segreto delle streghe*
Anthony Riches, *L'impero. La vendetta del gladiatore*
Jackie Kabler, *Una coppia davvero perfetta*
Darby Kane, *La verità sul caso Ridgefield*
Shalini Boland, *La famiglia perfetta*
Susan Lewis, *Il mistero di Edward Blake*
Freida McFadden, *Una di famiglia*
Ruth Ware, *Una ragazza speciale. The It Girl*
Alex Connor, *I segreti dell'amante del papa. Vizi Capitali Saga*
Petra Johann, *Il caso del libraio Erik Lange*
Alice Hunter, *La figlia del serial killer*
A.G.Riddle, *La colonia perduta*
Simon Scarrow, *La notte dei cadaveri*
Marcello Ciccarelli - Bruno Di Marco, *Il mistero del codice Fibonacci*
Harry Sidebottom, *Tempo di guerra*
Roberto Genovesi, *Il ragazzo che liberò Auschwitz*
Matteo Strukul, *Il ponte dei delitti di Venezia*
Antonio Lanzetta, *Delitto in riva al mare*
Tarryn Fisher, *Una semplice bugia*
Kathryn Foxfield, *Le brave ragazze muoiono prima*
Gavino Zucca, *Doppio mistero sotto la rocca*
Robert Bryndza, *Indizi mortali*
Massimo Lugli - Antonio Del Greco, *Quei bravi ragazzi del Circeo*
Andrea Frediani, *I traditori dell'impero. Invasion saga*